# 倭国の古代学

坂 靖――著

新泉社

# はじめに

「日本」と「天皇」のはじまりは、飛鳥時代の後半期にあたる天武天皇の時代であると考えられる〔吉村一九九八、熊谷二〇〇一〕。これについては、飛鳥時代の前半期にあたる推古天皇の時代までさかのぼるという説〔吉田孝二〇〇六〕もある。木簡など新たな出土資料によって、天武天皇以前となることが判明する余地は残されているものの、飛鳥時代より以前に「日本」という国号や「天皇」は存在しなかったと確言できる。飛鳥時代は、文字どおり飛鳥に政治の中心があった時代である。

「日本」という国号や天皇号が成立する以前の飛鳥に本拠地をおいて、倭国統治の主導権を握っていたのが、蘇我氏である。私は、蘇我氏の出自を朝鮮半島西南部に求めた。そして、五世紀代に飛鳥に入り土地開発をおこなって、この地に、天皇に連なる大王を招き入れるまでの過程を『蘇我氏の古代学　飛鳥の渡来人』〔坂　二〇一八〕で著した。

次に、奈良盆地東南部・中央部の有力地域集団が成長し、五世紀代に倭国の王として中国に遣使するまでの過程を描出した『ヤマト王権の古代学　「おおやまと」の王から倭国の王へ』〔坂二〇二〇ａ〕を著した。日本史の時代区分では、弥生時代から古墳時代中期までにあたる。

本書で主に扱うのは、この両著の中間の時代にあたる。中国や朝鮮半島とつながった、さまざまな権力層が各地で屹立し、戦乱と融和をくり返すなかで、六世紀にいたって大王と氏族による権力の仕組みを完成させるまでの過程である。先の両著でもその概要を記しているが、本書で詳述することとしたい。あわせて、その前後の時代についての私見は、先の両著をご参照いただければ幸いである。

これらの著作の表題にある「古代学」は、文献史学、考古学、民俗学など多方面の方法論によって古代史を究明し、再構成しようとするものである。角田文衞氏〔角田 一九五四〕、上田正昭氏〔上田 二〇一五〕などが提唱する古代史研究の理念・理想である。同志社大学で私が教えをうけた森浩一氏は、古代学を一種の努力目標であるとし、古代学研究会を設立して、一九四九年に学術雑誌『古代学研究』を創刊した。「日本」以前の倭国の歴史を扱う場合、中心となるのはあくまで考古学である。遺跡・遺構・遺物などの考古資料は同時代の実態そのものを示していることから、史実を明らかにするために不可欠な存在である。同時代の国内の文献資料は存在しないか、あるいは失われており、後世に遺跡などをもとに後付けされた記録が残っているにすぎない。金石文には同時代に記されたものもあるが、その解釈に差違が生じており、年代やその書かれた全容を必ずしも把握できているわけではない。

ただし、考古学だけでは、期待に沿うような歴史叙述を達成することはむずかしい。金石文や文献資料と考古学を重ねあわせたとき、新たな地平が開け、別の角度から歴史をみることも可能になると考える。そして、難解といわれがちな考古学を、実在が確かな歴史上の人物や、実際におこった戦争や事件と重ねあわせたとき、倭国の歴史は、いささかでもわかりやすくなるであろう。小林行雄氏が述べるとおり、考古学が歴史学であるためには、周囲にある垣根をとり払い、実証のうえに立った推理の学として、研究をすすめるべきである〔小林 一九六二〕。

いま、世界には新型コロナウイルス感染症が蔓延し、海外渡航が制限され、未来への展望がひらけない。ますます自国第一主義が横行し、日本においても史実を史実として認めない歴史修正主義や、皇国史観が再び頭をもたげてきた。もともと古代史には定説が少なく、歴史資料の資料批判に基づかない珍説や奇説が横行する分野だが、それにしても近年はそうした傾向が助長されている。我が国が、世界最古の国家であるなどというように書かれた「トンデモ本」や、隣国の歴史を偏見と欺瞞でつつみ、なんら実証することなく、自己流の解釈で史実の欠片をも記さない「ヘイト本」などが巷の歴史書のコーナーにあふれる現状は、誠に目を覆うばかりである。

本書や先の両著は史実を明らかにして、古代史を再構成するという「古代学」の目標に近づくためのひとつのアプローチである。文献史学、考古学、民俗学などにおいて、正しく歴史資料を扱い、その資料批判をおこなうのが歴史研究であり、その道をたどれば必ず史実に近づく。本書は先の両著の締めくくりの意味をこめて、表題を「倭国の古代学」とした。「古代学」の目標を掲げた三著が通史としての「日本」以前の倭国の歴史であり、本書でそのまとめを記述しようとするものである。

なお、本書では、先の両著と同様に、古墳時代を前期・中期・後期の三時期に区分する。文献資料は、内容を簡略化し、口語訳を中心に記述した。その際、主に参考にしたのは、井上秀雄他訳注『東アジア民族史一　正史東夷伝』平凡社東洋文庫（一九七四）、金富軾（井上秀雄訳注）『三国史記一〜三』平凡社東洋文庫（一九八〇〜一九八六）、金富軾（井上秀雄・鄭早苗訳注）『三国史記四』平凡社東洋文庫（一九八八）、井上光貞監訳『日本書紀上・下』中央公論社（一九八七）、武田祐吉訳注『新訂古事記』角川文庫（一九七七）である。

また、推古天皇、天武天皇などといった、漢字二文字による漢風諡号は、『古事記』『日本書紀』完成後の奈良時代中頃以降に、新たに天皇の事績などにあわせて追加されたものである。『古事記』『日本書紀』には、和風諡号が記載されており、人物名・同時代の地名などと関連する場合もあると考えられる。本書では、便宜上、漢風諡号を用いることとするが、必要に応じて併記することとする。

このほか、旧国名や広域地名については、「ヤマト」「キビ」「カワチ」「コシ」「キ」など原則として片仮名表記とし、そのなかの一部地域を指す場合は、「ふる」「かづらぎ」「みしま」など平仮名表記とした。

倭国の古代学

# 目次

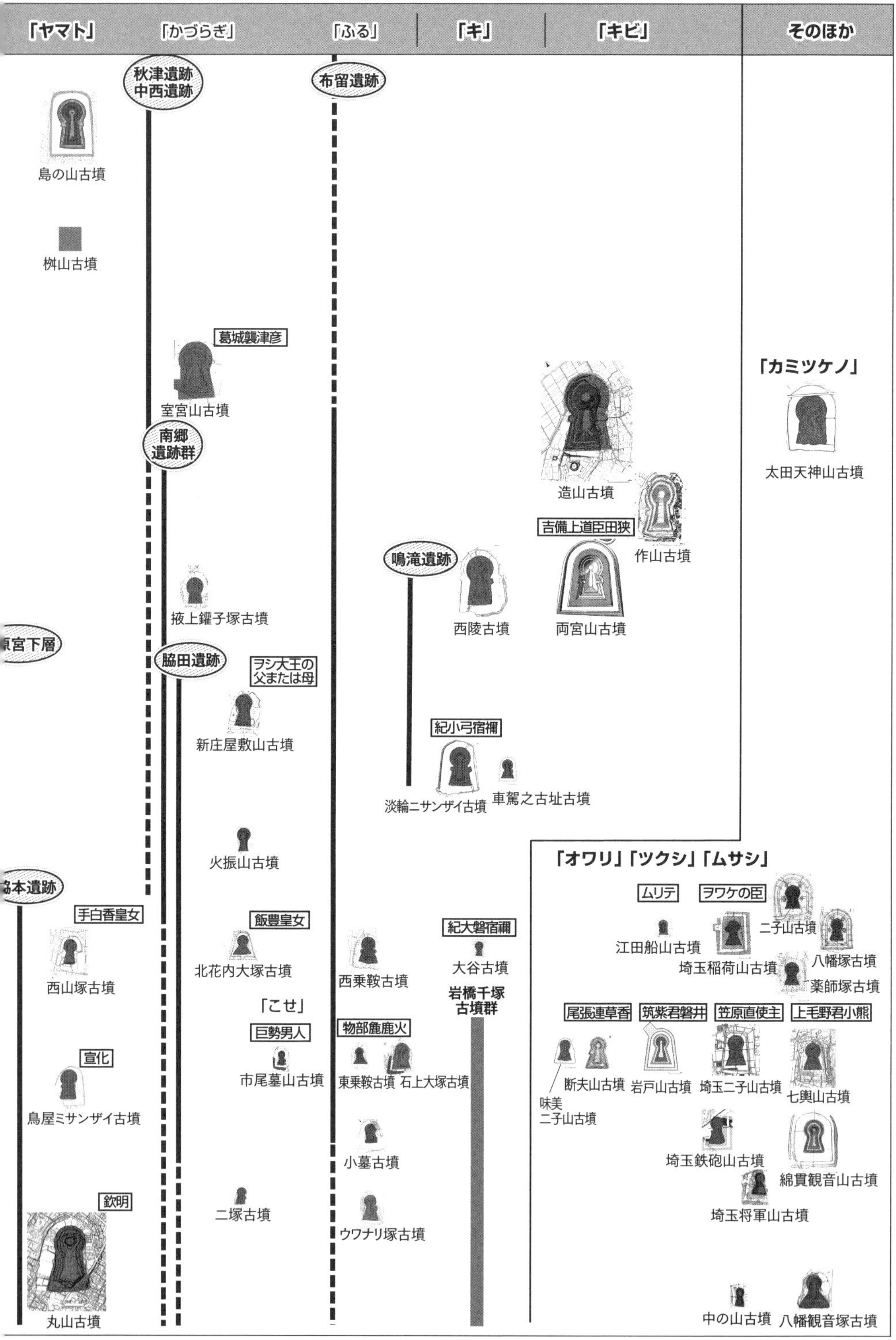

「ヤマト」
「かづらぎ」
「ふる」
「キ」
「キビ」
そのほか
秋津遺跡
中西遺跡
布留遺跡
島の山古墳
桝山古墳
葛城襲津彦
室宮山古墳
南郷
遺跡群
「カミツケノ」
太田天神山古墳
造山古墳
吉備上道臣田狭
作山古墳
鳴滝遺跡
西陵古墳
両宮山古墳
掖上鑵子塚古墳
宮下層
脇田遺跡
ヲシ大王の
父または母
新庄屋敷山古墳
紀小弓宿禰
淡輪ニサンザイ古墳
車駕之古址古墳
火振山古墳
「オワリ」「ツクシ」「ムサシ」
本遺跡
手白香皇女
ムリテ
ヲワケの臣
江田船山古墳
二子山古墳
飯豊皇女
紀大磐宿禰
八幡塚古墳
北花内大塚古墳
西乗鞍古墳
大谷古墳
埼玉稲荷山古墳
西山塚古墳
薬師塚古墳
「こせ」
岩橋千塚
古墳群
巨勢男人
物部麁鹿火
尾張連草香
筑紫君磐井
笠原直使主
上毛野君小熊
宣化
市尾墓山古墳
東乗鞍古墳
石上大塚古墳
断夫山古墳
岩戸山古墳
埼玉二子山古墳
七輿山古墳
味美
二子山古墳
鳥屋ミサンザイ古墳
小墓古墳
埼玉鉄砲山古墳
綿貫観音山古墳
欽明
二塚古墳
ウワナリ塚古墳
埼玉将軍山古墳
丸山古墳
中の山古墳
八幡観音塚古墳

●古墳と関連遺跡編年表

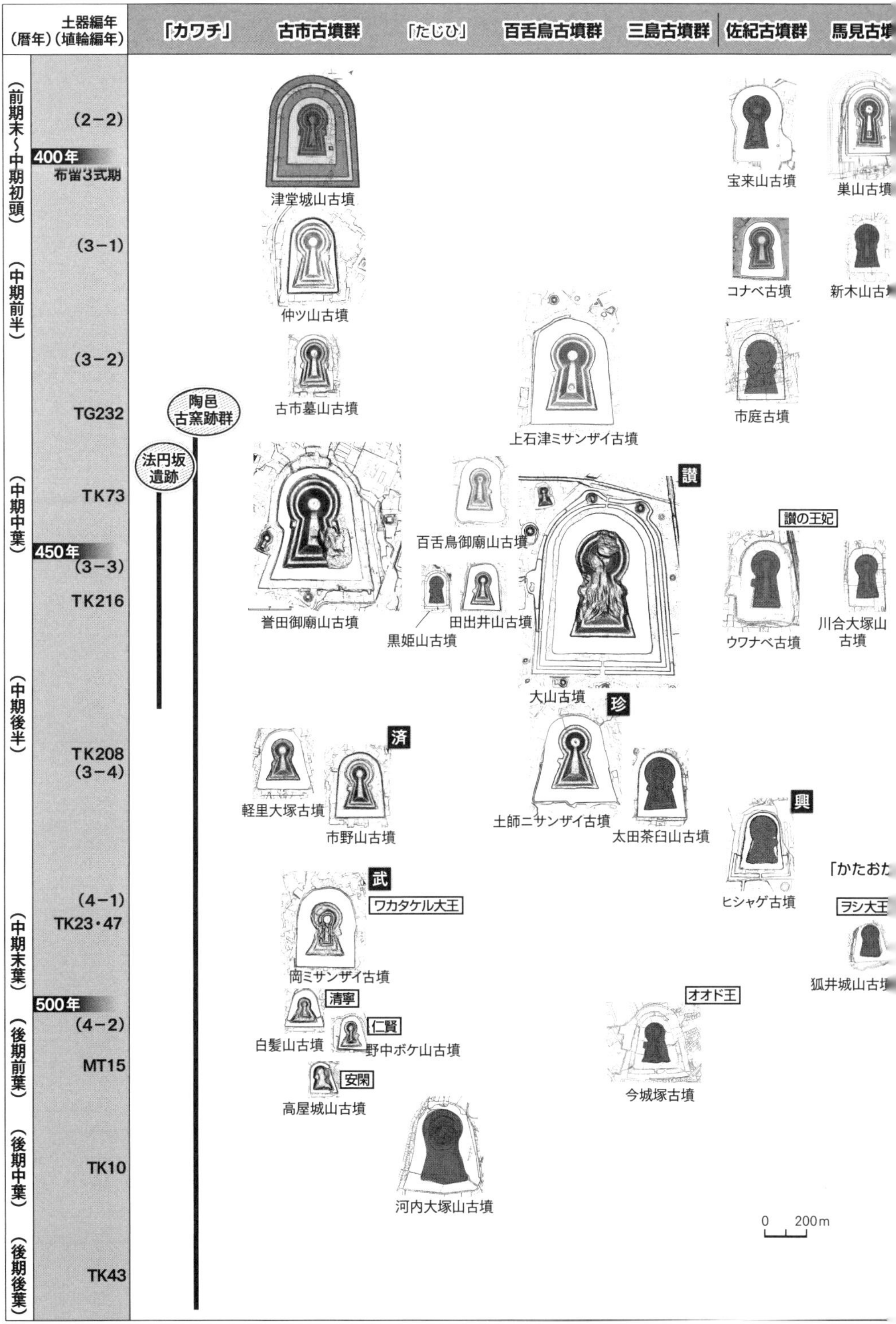
土器編年
(暦年)(埴輪編年)
「カワチ」
古市古墳群
「たじひ」
百舌鳥古墳群
三島古墳群
佐紀古墳群
馬見古墳
(前期末〜中期初頭)
(2−2)
400年
布留3式期
(3−1)
(中期前半)
(3−2)
TG232
(中期中葉)
TK73
450年
(3−3)
TK216
(中期後半)
TK208
(3−4)
(4−1)
TK23・47
(中期末葉)
500年
(4−2)
(後期前葉)
MT15
(後期中葉)
TK10
(後期後葉)
TK43
陶邑
古窯跡群
法円坂
遺跡
津堂城山古墳
仲ツ山古墳
古市墓山古墳
誉田御廟山古墳
軽里大塚古墳
済
市野山古墳
武
ワカタケル大王
岡ミサンザイ古墳
清寧
白髪山古墳
仁賢
野中ボケ山古墳
安閑
高屋城山古墳
河内大塚山古墳
上石津ミサンザイ古墳
百舌鳥御廟山古墳
黒姫山古墳
田出井山古墳
讃
大山古墳
珍
土師ニサンザイ古墳
太田茶臼山古墳
オオド王
今城塚古墳
宝来山古墳
コナベ古墳
市庭古墳
讃の王妃
ウワナベ古墳
興
ヒシャゲ古墳
巣山古墳
新木山古
川合大塚山
古墳
「かたおか
ヲシ大王
狐井城山古
0 200m

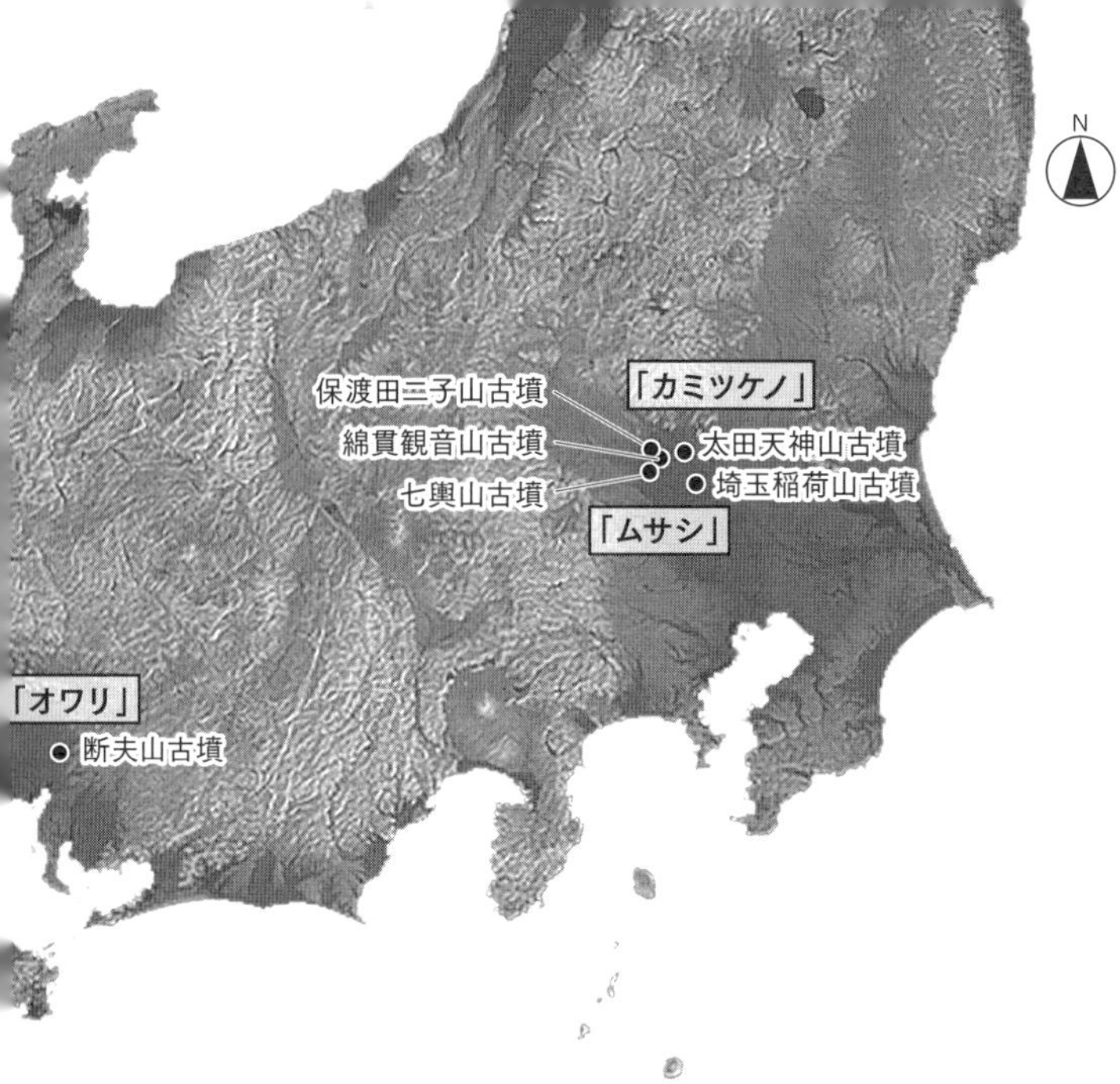
N
「カミツケノ」
保渡田二子山古墳
綿貫観音山古墳
七輿山古墳
太田天神山古墳
埼玉稲荷山古墳
「ムサシ」
「オワリ」
断夫山古墳

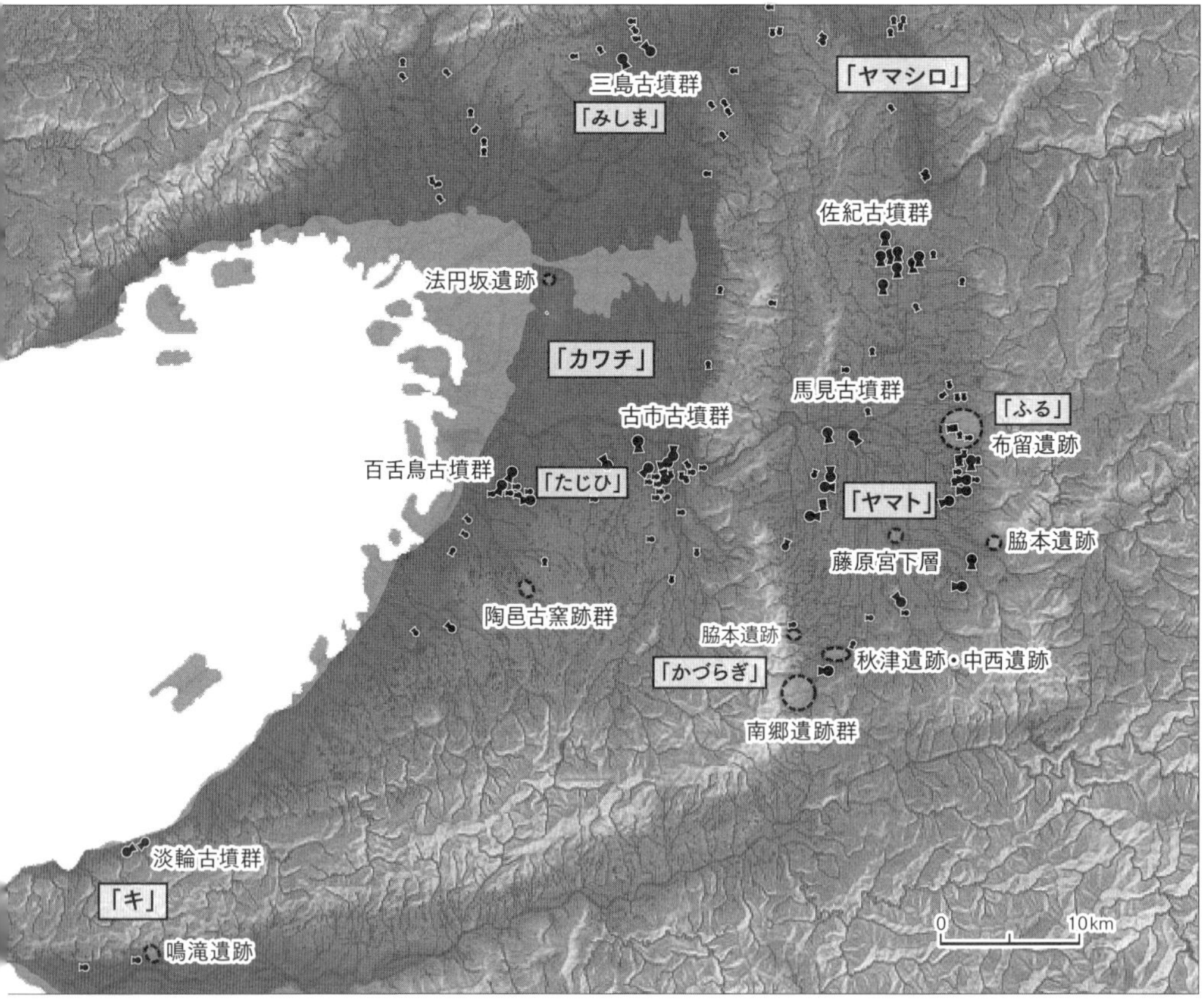
三島古墳群
「みしま」
「ヤマシロ」
佐紀古墳群
法円坂遺跡
「カワチ」
馬見古墳群
「ふる」
布留遺跡
古市古墳群
百舌鳥古墳群
「たじひ」
「ヤマト」
脇本遺跡
藤原宮下層
陶邑古窯跡群
脇本遺跡
秋津遺跡・中西遺跡
「かづらぎ」
南郷遺跡群
淡輪古墳群
「キ」
鳴滝遺跡
0
10km

●古墳と関連遺跡地図

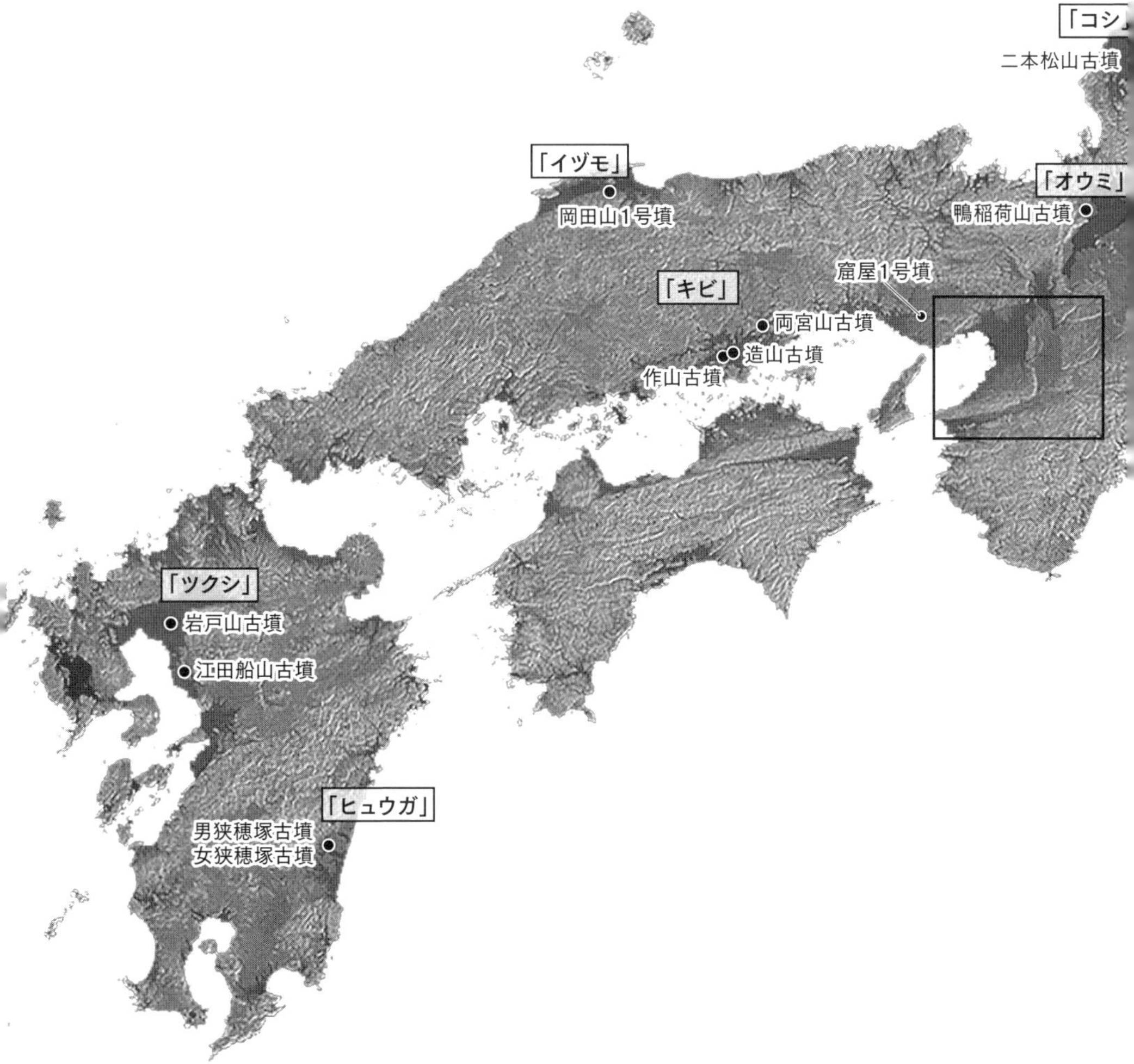

「コシ」
二本松山古墳
「イヅモ」
岡田山1号墳
「オウミ」
鴨稲荷山古墳
窟屋1号墳
「キビ」
両宮山古墳
造山古墳
作山古墳
「ツクシ」
岩戸山古墳
江田船山古墳
「ヒュウガ」
男狭穂塚古墳
女狭穂塚古墳

# 序章

# 倭国・倭国王と日本・天皇

## 近・現代の天皇

二〇二〇年十一月八日、コロナ禍で遅延となっていた立皇嗣の礼が、皇居宮殿で挙行され、二〇一九年五月一日の即位礼正殿の儀にはじまった天皇の即位に関する一連の行事が終わった。

アジア・太平洋戦争での敗戦をうけて、国民主権を掲げた日本国憲法のもと、国民統合の象徴として国事行為をおこなう天皇は、皇室典範第一条の規定により、「皇統に属する男系の男子」に限られている。現在の皇族には、悠仁《ひさひと》親王のほかに若い世代の男子はなく、どのように皇位の継承をはかっていくのかについて議論されている。

現在の天皇は、江戸時代後半期の安永八年（一七八〇）に即位した光格天皇に連なる直系系譜上にある。それまでの直系系譜は、後桃園天皇が二十二歳で皇嗣を決めないまま急死し、一旦途絶える。そこで、新井白石の提案で創設された閑院宮家《かんいんのみやけ》と呼ばれる傍系の系譜のなかから、東山天皇を祖父にもつ典仁《すけひと》親王の第六王子で、聖護院《しょうごいん》門跡を継ぐ予定であった祐宮《さちのみや》が、わずか九歳で急遽即位することによって、皇位継承の断絶をまぬかれることになった。光格天皇である。

光格天皇は、復古的な大嘗祭《だいじょうさい》を盛大におこない、長く途絶えていた神事や朝儀とそれをおこなう建物の再興などを主導的にすすめた。そして、中宮や典侍とのあいだに八皇子と九皇女をもうけ、第四皇子の恵仁《あやひと》親王（のちの仁孝天皇）に譲位する。二四年間の院政のあと、七十歳で生涯を終え、「光格天皇」という諡号《しごう》がおくられた。ここに、長く途絶えていた「天皇」号が復活することになったのである。中世・近世の天皇は、現在の天皇のように諡号＋天皇の組み合わせで呼ばれることはなく、後醍醐《ごだいご》院のように院号で呼ばれていた。大正十四年（一九二五）に政府が定めることによって、ようやく今のような諡号＋天皇の呼称が定着する。江戸時代の人びとにとって、この「天皇」という呼称自体が大変めずらしいもので、市中では「光格天皇」の名が驚きとして捉えられた〔藤田 一九九四〕。

一方、江戸時代後半期の天皇による宮中の祖先祭祀は、仏教的な世界観によっており、天智天皇を始祖とし、光仁天皇・桓武天皇以降の天皇を宮中の御黒戸《おくろど》、泉涌寺《せんにゅうじ》などの京都の寺院において、「仏式」で回向《えこう》していた。それが、慶応三年（一八六八）の王政復古の大号令以降、「神武創業」が公論となって、祖先祭祀は、神武天皇以降の歴代天皇を「皇祖皇宗《こうそこうそう》」として集団で仰ぐ「神式」の祭祀に変質していくことになる〔高木 二〇一〇〕。

古代に起源をもつ天皇の行事や儀式は、中世にその多くが断絶の憂き目にあっている。その後、近世になって、幕府が後押しして、その復興がおこなわれた。そのようななかで、光格天皇自身が主導し、数多くの神事や儀式の復興をおこなったのである。

そして、明治以降に新たな価値観を加え諸行事の中身が変質するとともに、「万世一系」「神聖不可侵」として天皇を統治権の総覧者として位置づけた大日本帝国憲法のもとでさらに盛大化していく。敗戦後、生まれかわった新しい国家体制のもとでも、今般の大嘗祭をはじめとする大規模で盛大な諸行事が挙行されたのである。江戸時代後半期に新たに創造された神武天皇陵への参拝や、大正天皇・昭和天皇の即位の際に定形化された大嘗宮の造営などがおこなわれ、皇位継承式典関係の予算額は、二〇一九年度が約　六〇億円、二〇二〇年度が約二〇億円に達した。

## 「日本」と「天皇」のはじまり

それでは、日本の国号や天皇号は、いつ成立したのだろうか。

日本と天皇を法的に位置づけたのが、大宝元年（七〇一）に完成し、翌年に施行された大宝律令である。大宝律令の公式令で、天皇の詔書の書式をさだめたのである。

「明神（アキツミカミ）御宇（アメノシタシラス）日本天皇（ヤマトノスベラガ）詔旨（オホミコトノラマト）……」

これは日本が「蕃国」とみなした新羅や渤海などに対しての詔書の書式であり、唐に対しては天皇号を用いず、「日本国王主明楽美御徳《すめらみこと》」と記していた。

慶雲四年（七〇七）の元明天皇の即位の宣命には、「現神《あきつかみ》と八洲《おほやしま》御宇《しろしめす》倭根子《やまとねこ》天皇《すめらみこと》が詔旨《おほみことの》らまと勅《の》りたまふ命《おほみこと》を……」とあり、持統天皇は「藤原宮に御宇《あめのしたしろしめ》し倭根子天皇」、文武天皇は「今御宇《いまあめのしたしろしめ》しつる天皇」、天智天皇は「近江大津宮に御宇しし大《おほ》倭根子天皇」となっている（『続日本紀』慶雲四年七月条）。このように「現神（明神）」、「御宇」が天皇を指す称号となった。

それより以前、持統天皇三年（六八九）に定められたという飛鳥浄御原《あすかきよみはら》令は現存しない。しかし、一九八五年の奈良県立橿原考古学研究所がおこなった飛鳥宮跡の発掘調査で、「大津皇」や「辛巳年」（六八一）と書かれた木簡が出土したほか、一九九八年の国立奈良文化財研究所がおこなった万葉文化館建設にともなう飛鳥池遺跡の発掘調査で、「天皇」や「丁丑年十二月」（六七七）と書かれた木簡が出土した。古代最大の内戦である壬申の乱（六七二）に勝利した大海人皇子は、飛鳥浄御原宮で天皇として即位したと考えられる。後述するように、『日本書紀』の編纂に着手したのも、天武天皇とされており、国号としての「日本」を採用したのも、この頃とされている。

さらにさかのぼって、朝鮮半島では、唐・新羅連合軍が、六六〇年に百済を滅亡させるが、百済王権の復興をはかるために派兵された倭軍は、天智天皇二年（六六三）、唐・新羅連合軍のまえに白村江で歴史的敗北を喫し、百済はここに完全に滅亡する。

大阪府羽曳野市の野中寺《やちゅうじ》弥勒菩薩像の銘には、「丙寅年」（六六六）と「中宮天皇」があり、天皇の呼称が刻まれている。ただし、この銘文の作成は、天武・持統朝の時代のものとされており〔東野 一九七七〕、後世に「天皇」と呼んだのである。天武天皇以前の大王が「天皇」と呼ばれていた確証はなく、いまのところ、天武天皇こそ史実として確かめられる最初の日本国天皇である〔吉村 一九九八、熊谷 二〇〇一〕。

## 『日本書紀』の虚実

二〇二〇年七月二十四日は、スポーツの日という祝日であり、本来なら華々しく東京オリンピックが開催されるはずであったが、コロナ禍によって吹き飛んでしまった。この二〇二〇年は、『日本書紀』完成一三〇〇年でもあった。そして、それに関連する行事やイベントの多くが中止されてしまった。

『日本書紀』には、天武天皇十年（六八一）、〝天皇が詔して、川嶋皇子以下十二名に帝紀（天皇の系譜を中心とする伝承）と上古の諸事（旧辞と呼ばれる各氏族の伝承）の編纂を命じた〟という記載があって、編纂の出発点はこの頃であると考えられる。『日本書紀』は、歴代天皇の系譜と事績が記述された文字どおりの日本の正史である。世襲による一系の系譜をうたったものではなく、史実は別として、諸説を列記した神話で構成される神代にはじまり、初代の神武天皇から持統天皇にいたるまでの血縁のつながりと、その皇位の継承過程が叙述されている。ただし、男系男子といった皇位継承の原理が記述されているわけではなく、血縁関係による有資格者相互の激しい実力抗争や、群臣の支持を得るまでの過程などが記載されていて、皇位継承の正統性と歴史事象や対外交渉などについてのそのときどきの解釈が後付けでなされているのである。

そして、なにより問題なのは、その記述にどの程度信頼がおけるかである。当然のことだが、天武天皇・持統天皇の時代の記述は、いわば同時代史であり、記述内容は詳しく、個々の事実記載にも一定の信憑性がある。しかし、それはあくまで、日本や天皇という国名や称号をこの頃にはじめて使用した国家の最高権力者の論理によって、「日本」の成立までの道のりを記述したものにすぎないのである。

## 倭国史と『日本書紀』

その意味において、対外的に倭国と呼ばれ、その支配者がみずから倭国王を称していた、それより古い時代についいては、『日本書紀』のかなりの部分の記述が、史実としての信憑性に欠くものであることは、当然である。個々の人物、系譜、宮、墓などの具体像や所在地、その中身や実態などについて、すべて検証と評価が必要であり、検証と評価のない安易な記述は、かえって真実から遠のいてしまう。

私が驚いたのは、近年の論考において神武天皇、欠史八代の各天皇、崇神天皇、垂仁天皇などの系譜をそのまま記述し、その天皇、陵墓、宮などを実在したものとして、遺跡や古墳などと安易に対照させようとする古代史研究者が存在していることである。これでは歴史学は、学問としての信頼を失墜してしまう。

そもそも、神武天皇および欠史八代の各天皇については、実在したとは考えられない。記載された人物、事象においても、四世紀以前の同時代に、何がしかの実態を見いだすことは不可能である。崇神天皇、垂仁天皇についてはそのモデルになったような人物や、なんらかの史実が背景に存在した可能性があり、完全に実在を否定するにはいたらないが、「はじめに」でも述べたとおり、飛鳥時代以前の倭国の時代に、「天皇」として即位し、「宮」を支配拠点としたこと自体がありえない。

『日本書紀』の記述は、あくまで編纂時点での歴史解釈である。「日本国」の成立時点に天皇の宮や陵を新造したり、実在の遺跡や古墳に対して、これを天皇の遠い祖先のものであると強引に解釈したりしたものであり、史実との乖離があることはすでに実証されている。すなわち、神武天皇陵は藤原京造営時点で、五世紀代の古墳をつくり替えて新造したものと考えられる。垂仁天皇の皇后である日葉酢媛の陵の造営に際して、殉死の風習に替え埴輪をはじめてつくったという『日本書紀』の記事も、まったく史実とは異なる。この記事は、天皇の葬礼にかかわった土師氏の祖先顕彰譚であり、あくまで埴輪をその時代の人びとがどのようにみていたかを、『日本書紀』編纂者特有の歴史観により再構成し、文章化したものである〔坂二〇二〇a〕。

しかしながら『日本書紀』は、決して一方的な記述にとどまっているわけではない。「百済記」「百済新撰」「百済本記」などの、現存しない百済の歴史書を引用しながら諸説を提示しており、客観的な歴史書である側面をもっている。ただし、朝鮮半島諸国のうち、引用しているのは百済の歴史書だけであり、新羅や高句麗の記録類は引用されていないことに留意する必要がある。

ちなみに、韓国・北朝鮮に現存する歴史書は、「新羅本紀」「高句麗本紀」「百済本紀」「三国年表」「雑志」「列伝」などからなる『三国史記』がもっとも古いものである。高麗時代の一一四五年に金富軾の撰述したもので、同時代からは大きく離れている。また、『三国遺事《いじ》』という仏教色の強い歴史書もあるが、これはさらに後の一二八〇年代に編纂されたものである。その意味でも、本書で主に扱おうとしている五世紀の政治史にとって、『日本書紀』がもっとも重要な文献資料のひとつであることに変わりはない。とくに『日本書紀』の記述のうち帝紀に相当する部分は、倭国史を検討する際の対象となる。

古く、井上光貞氏は中国史書と『日本書紀』に引用された「百済記」の記事を対応させたうえで、五世紀の諸天皇については帝紀にあたる部分のうち、①続柄、②御名、③皇居と治天下、④后妃および皇子女の記述内容の一端が史実（傍点筆者）であり、山陵の記述についても原帝紀の記述に基づくものであるとした。そのうえで、葛城氏をもっとも古い氏族として、その祖であるソツヒコの実在性を認めたのである〔井上光貞一九六五〕。

近年の著作においては、井上氏の研究や三〜六世紀の倭国史について各研究者の考え方は以下のように分かれる。

①井上氏の研究を発展的に継承しようとする研究者〔大津二〇一〇、水谷二〇一九〕。

②『日本書紀』の記述を重視し、初代の倭国王として崇神天皇の存在を認め、政治センターとしての王宮の意義を重視する一方、氏族の成立は六世紀まで待たなければならないという研究者〔吉村二〇一〇〕。

③金石文や外国史料によって、『日本書紀』などの文献資料を批判しつつ、倭国史を構築すべきである。四世紀代に王として記載された人物は実在性に乏しい。五世紀代に複数の王統があり、父子・

兄弟などの血縁原理が導入されたことは確認できるが、『日本書紀』の系譜は六世紀の大王家とつながるように書き換えがおこなわれたものである。六世紀になって、はじめて大王家による世襲王権が成立したと考える研究者〔大平 二〇二〇〕。

④氏族の系図は信頼できるものではなく、代々その地位を継いでいった人による地位の継承過程が示されているだけである。五世紀には複数の王統があり、それらが競合して王を選んだ。六世紀代になってはじめて世襲王権が成立するが、父系ではなく、王権は父系・母系の双系で継承されたとする研究者〔義江 二〇一一、二〇二一〕。

⑤金石文や外国史料を考証し、史料批判することによって、東アジアのなかでの三〜六世紀の倭国史を追究すべきであるという研究者〔鈴木 二〇一二、河内 二〇一五〕。

このように立場はそれぞれ違うが、『日本書紀』の記述をそのまま史実として取り扱うことは、ありえないことなのである。私は、前述のように『日本書紀』の記述には作為があると考えており、同時代の考古資料に史実を求め、東アジア史のなかでその実態を位置づける立場に立つ。

なお、神話の記述において『日本書紀』が、諸説を列記し国際的な視点で記述されているのにくらべ、『古事記』は出雲神話を中心に体系化されており、神話や歌謡を中心にまとめられたもっぱら国内的な事情を記した古典として評価されるべきである。ちなみに『古事記』のなかに「日本」は一例もでてこない。

いうまでもないことであるが、神話は同時代の史実を記述しているのではなく、飛鳥時代から奈良時代の思想や世界観を背景に記述されたものである。現代の教科書のなかで歴史叙述に加えるべきとする意見があり、実際に一部の歴史教科書では採用されている。史実でない歴史を教えることを強制された戦前の教育者が、いかに苦労したかを推し測るべきであろう〔古川二〇二〇〕。

また、『古事記』の神代以降の神武天皇から舒明天皇までの各天皇や周辺氏族についての歴史的叙述は、ごくかぎられたものである。ただし、『日本書紀』にはなく『古事記』にしかない記述もある。伝承の成立年代や信憑性に留意しながら、参考とすべきであろう。

## 「倭国」の国名はいつ成立したか

ところで、「日本」以前の国名、「倭国」はいつ成立したのだろうか。

中国の正史の記載において、いうまでもなく「倭人」の初出は『漢書』地理志である。もちろん、ここに「倭国」の記載はない。その成立年代は中国の南北朝時代にあたる五世紀前半代であるが、後漢代の正史として記述された「後漢書倭伝」(『後漢書』東夷伝倭条)には、建武中元二年(五七)の「倭奴国」の遣使、永初元年(一〇七)の「倭国王帥升等」の遣使を記している。さらに降るが、北宋代に成立した『通典《つてん》』には、永初元年に遣使の「帥升等」について、「倭面土国王帥升等」とする。さらに、「魏志倭人伝」(『三国志　魏書』東夷伝倭人条、以下「魏志倭人伝」)の卑弥呼は、「倭女王」または「倭王」として遣使している。邪馬台国(女王国)は、倭の二九カ国の盟主的存在であり、狗奴国と対立していたとされる。

次に「倭国」が登場するのは、『晋書』帝紀の義熙九年(四一三)であり、「倭国王」の記載は、『宋書』本紀の元嘉七年(四三〇)である。さらに、「倭国王讃」のような国王+人名の記載は、『宋書』本紀および『宋書』倭国伝(『宋書』夷蛮・東夷伝倭国条、以下『宋書』倭国伝)の元嘉十五年(四三八)が初出であり、これらをさかのぼる文献資料や金石文はない。

読みに諸説があり一定しないが、百済、倭および東晋との関係を示す石上神宮所蔵の「国宝 七支刀」に刻まれた泰□四年（□は判読不能の文字、以下同じ）を東晋の太（泰）和四（三六九）年とした場合、その記載は「倭王」であり、「倭国王」とは刻まれていない。また、朝鮮半島における倭の軍事行動を記した高句麗の広開土王碑に刻まれているのも「倭」「倭賊」であり、「倭国」ではない。

これより後世の『隋書』にも「倭王」という表現があり、「倭王」と「倭国王」のあいだには厳密な区分はない。また、「倭国」の国名自体は、後漢代や三国時代までさかのぼり、倭王や倭女王は国家連合の代表であった可能性はあるものの〔西嶋 一九九九〕、倭国が統一されていたわけではないことは明らかである。その意味で、「倭国」という国名とそれを代表する「倭国王」の存在が客観的に証明されるのは、四三八年の『宋書』倭国伝の記載を待たなければならないのである。

四世紀に実態があるのは、奈良盆地東南部・中央部（「おおやまと」）の地域集団から王が輩出されたヤマト王権である。この段階で、倭国の統一を成し遂げていたわけではなく、あくまでその版図が限定された王権である。そして、このヤマト王権の王が、ようやく五世紀に倭国の王に成長する。ただし、ここで広大な版図をもつ専制的な王権が確立したわけではなく、王権の膝元である奈良盆地内にも地域支配を実現した王が割拠していたと考えられる。このヤマト王権の歴代の王が残した古墳などの遺跡を、『古事記』『日本書紀』の編纂にあたり、天皇の祖先のものとみなして解釈し、記録として残したのである〔坂 二〇二〇a〕。

# 「倭国」の「大王」

それでは、「倭国」の「大王」は、どうであろうか。

埼玉稲荷山《さきたまいなりやま》古墳の金錯銘《きんさくめい》鉄剣には「獲加多支鹵《わかたけろ(る)》大王」と刻まれており、銘文の辛亥年（四七一）からワカタケル（『日本書紀』では大泊瀬幼武《おおはつせわかたける》、『古事記』では大長谷若建と表記＝雄略天皇）の実在と、大王号の存在が客観的に証明される。ちなみに、隅田《すだ》八幡神社蔵「国宝 人物画象鏡」にも「大王」が記されるが、銘文の癸未年には四四三年説と五〇三年説がある。本書では五〇三年説をとる（第九章で詳述）。

いずれにせよ、五世紀代に倭国王は、大王と名乗っていたことがここにわかる。五世紀の倭国王が、『宋書』など中国の史書に記された倭国王讃・珍・済・興・武の五人に対応する。異説もあるが（倉西二〇〇三、河内二〇一八など）、中国史書に記された倭国王武と、鉄剣・鉄刀銘文に記され、『古事記』『日本書紀』に登場するワカタケルの両者は、一致するとみてよい。五世紀の倭国の支配者は対外的には倭国王を名乗り、それを中国王朝に承認してもらい、国内的にワカタケルは、大王を名乗っていたのである。ただし、大王は、政治権力を握った第一人者という意味ではなく、王に美称としての「大」を冠した尊称であり、国王の称号ではないという見解もある（吉村一九九八）。

また、熊本県の江田船山《えたふなやま》古墳の鉄刀のワカタケル大王に冠せられた「治天下」は、大宝律令以降の「御宇」「天皇」以前の大王に対する称号であるが、「治天下」は「中国の皇帝の徳下が天下に及ぶ」「大王」であり、倭を中心とした世界観に基づくものではない。その一方で、大王はやはり単なる美称ではなく、日本列島のなかの王のなかの王としての大王であって、それが飛鳥時代に「明神（現神）」「御宇天皇」へ飛躍するのである〔熊谷二〇〇二〕。その意味において、ワカタケル大王以前には倭国大王の存在は立証できないし、その証拠がない以上、その存在をむしろ認めるべきではないだろう。『宋書』における倭国王の系譜と、『古事記』『日本書紀』の天皇の系譜は、必ずしも一致しない。古くから名前や年代の共通性から、その対応が試みられてきた〔笠井一九七三〕。『古事記』『日本書紀』の成り立ちから考えると、『古事記』『日本書紀』と『宋書』を必ずしも対応させる必要はなく、それぞれ史書としての内容の検討からすすめるべきであろう〔坂元一九八一〕。しかし、中国史書になく、『古事記』『日本書紀』の記述にある陵墓、宮の位置などは検討の対象になりうる。ただし、宮の位置については、「治天下」「大王」が成立するまでのあいだは、奈良盆地の磐余《いわれ》・飛鳥《あすか》・石上《いそのかみ》など限定された場所を周期的に巡回していることに留意する必要があり、一定の作為がふくまれているものと考えられる〔仁藤二〇一二〕。

## 古墳と倭国の統一

遺跡や遺構、遺物といった考古資料は、同時代の重要な歴史資料であり、倭国史を構築するうえで、もっとも重視すべきものである。考古資料だけで、倭国の形成史を構築することは可能であるし、本来は考古学の方法論に基づいて、まずは検討を深める必要がある。

倭国が成立し、発展した三世紀後半代から六世紀代にかけての時代は、日本史上の時代区分では、古墳時代にあたっている。かつては、『古事記』『日本書紀』の記述だけに頼って、大和時代などと呼ばれたこともあったが、「日本」「天皇」「大和」「朝廷」「宮」などは、同時代にその名称が存在しないことは明らかであって、時代を指す呼称としては不適当である。古墳時代が客観的な時代区分であり、教科書にも普通に採用されている。

近年、古墳時代における国家形成過程を、古墳や銅鏡などの考古資料に基づいて論じた書籍が通史として記述されたもののほかに、単著としても相次いで出版されている〔都出二〇一一a、松木二〇一一、下垣二〇一八、和田晴吾二〇一八、辻田二〇一九など〕。これらの著作においては、都出比呂志氏の「前方後円墳体制」論や「首長墓系譜」論について、それぞれが検討し、それぞれの立場を述べている。「前方後円墳体制」論は、倭国の大王を中心とした政治秩序が古墳の規模や墳形に体現されているとするものである。また、「首長墓系譜」論は、各地域の古墳を、地域における歴代の首長の墓と位置づけ、その築造順序と断絶から、地域の首長系譜と中央政権との関係に言及するものである〔都出二〇〇五〕。その支配領域や、支配体制、支配構造などについて、それぞれ見解の相違があり、一概に述べることはできないが、前方後円墳の成立をもって、倭国が統一され中央と地方の関係ができあがったと説く研究者が多いのもまた事実である〔吉村編二〇一九〕。

確かに、古墳時代前期（三世紀中葉～四世紀後半）では銅鏡や腕輪形石製品など、中期（五世紀）では甲《かっ》冑《ちゅう》や金銅製品など、後期（六世紀）では金銅製馬具や装飾大刀などの古墳の副葬品が「威信財」であり、地方の権力者が政治権力を行使するため、中央政権から配布され、権力者の死後に古墳におさめられたものであるとする立場がある。また、青銅製品、鉄製品、金銅製品、玉製品、須恵器などの手工業生産において、製品の分析や生産工房の分析から、一元的、集中的な生産が奈良盆地や大阪平野でおこなわれていたことも実証されている。

ただし、こうした資料の分布を検討するだけで、早々に中央政権の覇権が及んだとか、地方の首長が中央政権に集結したとかを立論することに、さしたる根拠はない。ヤマト王権が地方にむけ将軍を派遣したという考えにいたっては、もはや暴論に近い。その古墳に葬られた人物が、どういう支配体制で、どこまでの範囲を支配していたかは、いまのところまったく証明されていないのである。

私の「前方後円墳体制」論についての立場は、この立論自体に疑念をもつというものである。もっとも、大型前方後円墳の被葬者が階層的に最上位にある人物であったことは否定できない。倭国王や大王も、墳丘長二〇〇メートル以上の大型前方後円墳に葬られた可能性が高い。倭の五王のうちいずれかは、古市古墳群・百舌鳥古墳群の巨大古墳に葬られていることは、史実として確かである。

政治体制の確立と前方後円墳の大型化が関連しているわけではなく、権力者相互の覇権争いが、前方後円墳の大型化の背景にあると考えられる。近畿地方の大型前方後円墳においては、兄弟による王位継承の争いもその一因かもしれない〔清家 二〇二〇〕。しかし、五世紀代に父系による王権の継承原理が確立されていたわけではなく、兄弟間ばかりでなく、王家のなかでも父系、母系双方の血縁関係に留意するべきである。そして、王家の血族間の争いのみならず、地域や生産基盤を異にした諸集団が、権力抗争を繰り広げていたという点に目をむけるべきであろう。

あくまで、前方後円墳の大型化には、古墳の規模や墳形に一定の価値をもとめた権力者相互の競争原理がそこにはたらいているとみるべきである。また、同時代に大型前方後円墳が近畿地方のみならず、それ以外の地域に何基も存在しているという事実にもっと目をむける必要があるだろう。すなわち、同時期に支配者（＝王）が併存していたのである。

また、規模の小さいものや墳形の異なったものも含め、古墳は各地に分布しているのであって、地域支配を実現し、ヤマト王権と対峙した王が造営したものと考えられるのである。さらには前方後円墳を築かなかった王の存在にも留意する必要があろう。すなわち、古墳の存在は数多くの王や首長が存在していたことを示しているだけであり、同時代における最大の前方後円墳がすなわち大王墓であるという短絡的な結論は承服しがたい。

古墳はあくまで墓であって、被葬者の生前の活動を把握するためには、古墳の副葬品や埴輪などの外表施設はもとより、被葬者と結びつく居館・祭祀遺跡・生産遺跡・集落遺跡などを構造的に把握することが必要である。そうすることによって、はじめてその王の支配領域や、支配体制の問題に論を及ぼすべきであろう。

## 天皇陵とその被葬者

ところで、読者のなかには、各地に〇〇天皇陵と呼ばれる古墳があって、現在の天皇の祖先の墓であるとそのまま信じておられる方もあるだろう。

しかし、築造当時から現代まで継続して天皇陵・皇后陵として管理されていたものはなく、すべて江戸時代の国学者などの検討を経て、明治政府が治定《じじょう》したものである。所在が不明になっていたものを、尊王攘夷思想の高まりのなかで、複数の天皇陵の所在地を比較検討したうえで、その位置を決定し、修復、変形、新造などの工事がおこなわれた。さらに、古代を規範にしながら、天皇中心の国家体制を構築しようとした明治政府によって、祖先崇拝の対象として、天皇陵・皇后陵・皇族墓などにそれぞれ治定されたものである。

この明治政府の治定が、そのまま現在に踏襲されている。明治年間には新たな資料や知見により治定替えがおこなわれたにもかかわらず、三世紀後半頃に築造されたことが明らかな奈良県天理市の西殿塚《にしとのづか》古墳を、六世紀前半頃に活動していた継体天皇の皇后手白香皇女《たしらかのひめみこ》が葬られた衾田陵《ふすまだ》として治定したままにするなど、それを正そうとする姿勢は、戦後の政府にはまったくない。

近年まで、日本考古学はこの明治政府による治定を正しいものとして古墳の変遷を考えていた〔齊藤一九七五〕。これは考古学の方法論として明らかに誤りである。以下の六点から、それがいかに不確かなものに立脚しているかが、わかるであろう。

①倭国の時代に「日本」「天皇」は存在せず、それに対比できるのは倭国の王または、大王であって、『古事記』『日本書紀』の天皇は、実在したかどうかが定かではない。

②古墳が築造されたあと、三〇〇年以上経過して奈良時代に完成したのが『古事記』『日本書紀』であり、その編纂者がなんらかの記録、伝承に基づいて古墳を「天皇」「皇后」あるいは「皇族」の陵墓として記載したものだが、その位置はかなり大雑把である。また、記述されている地名が、いつの時点での呼称であり、どのあたりを指しているのかが必ずしも定かではない。

③そののちの平安時代に『延喜式』がまとめられ、当時の陵墓の管理状況が記載された。あくまで当時の律令のもとで考定されたものであり、その位置が明示されているが、奈良時代から平安時代のあいだにも混乱や記載漏れ、考定の誤りなどの事態が生じている。

④中世には、古墳の被葬者についての伝承が地元に残るものはあったが、古い時代の天皇陵への関心は薄れ、国家が古墳を天皇陵や皇后陵として祭祀をおこなうことはなかった。

⑤近世になって、所在不明となってしまった陵墓の位置を学者らが考証しはじめた。尊王攘夷思想が高まるなかでその考証がつづけられ、幕府がその個々について天皇陵として、新たな整備や改修を

おこなった。明治時代にはさらに考証を加えて、明治政府（宮内省）が、各陵墓を治定した。不確かなものは複数の候補があげられており、その後の知見で治定替えもおこなわれている。

⑥『古事記』『日本書紀』の記述では、各天皇の崩御年代に差異があるのにもかかわらず、いずれかの記述による崩御年代の干支の一方を採用し、干支を繰り下げるなどの操作をしたうえで、明治時代に治定されたままの実在が確かめられていない天皇や皇后の陵墓の年代を決定した。

このように資料批判はなく、各段階で不確かな情報が積み重ねられていることがわかるだろう。その年代決定は、きわめて恣意的なものといわざるをえない。

そうしたなか、宮内庁がおこなう工事にともなう事前の発掘調査、宮内庁の管理外にある古墳の周辺部の発掘調査によって、埴輪・土器などが出土し、古墳の築造年代がおおむね把握できるようになってきた。また、三次元航空測量技術の進展によって、宮内庁が管理し、立ち入りが禁止されている古墳でも正確な測量図が作成されるようになっている。

ただし、前方後円墳からは墓誌が出土することはなく、被葬者を特定することはできない。たとえ、埋葬施設を発掘調査したところで、被葬者を特定できるわけではなく、その意味でも埋葬施設の調査は、文化財として遺構や遺物が保全されているかぎり必要はない。考古学では、暦年代の詳細まで明らかにすることはできないのが現状であり、一定の年代幅のなかで、倭の五王など倭国王が、どのような墳墓に葬られているかを逐一検討していくほかはないだろう。

さらには、宮内庁が管理している古墳のほかにも、大阪府高槻市の今城塚《いましろづか》古墳のように、倭国大王墓であることが確定している古墳がある。一方、岡山県岡山市の造山《つくりやま》古墳と総社市の作山《つくりやま》古墳などを、倭国王墓に比定する説がある〔出宮二〇〇五〕。また、大阪府泉南郡岬町の淡輪《たんのわ》ニサンザイ古墳、福岡県八女市の岩戸山《いわとやま》古墳など、いくつかの古墳は、『古事記』『日本書紀』に登場する人物をその被葬者に推定することが可能である。これらも、考古学によっては暦年代までは特定できないので、逐一検討していくほかはない。

## 倭国王と有力地域集団の支配拠点

近年の考古学の成果として重要な点は、倭国王の支配拠点と考えられる遺跡が明確となってきたことである。奈良県桜井市の脇本《わきもと》遺跡で検出された五世紀後半代の大型建物や石積みの遺構は倭国王武、すなわちワカタケル大王の支配拠点に関連するものであると考えられる。

また、『古事記』『日本書紀』に天皇を支えた氏族として記載されている葛城氏・物部氏・大伴氏・巨勢氏・和邇氏・紀氏・蘇我氏などにかかわる古墳や遺跡の実態も明らかになってきている。しかし、天皇とおなじように、これらの氏族が最初から存在したわけではない。個々の人物の存在は別として、血縁関係を紐帯とする政治集団である氏族が、大王を支える存在となったのは、早くとも六世紀であるので、正しくは古墳や遺跡は氏族の淵源となった有力地域集団によって造営されたものである。

とりわけ、奈良盆地の東北部の天理市にある布留《ふる》遺跡と西南部の御所市にある名柄《ながら》遺跡や南郷《なんごう》遺跡群は、葛城氏や物部氏の淵源となった有力地域集団の支配拠点であり、地域支配を実現した王と王を取り巻く人びとの政治・祭祀・生産にかかわる施設や建物、墓域などが検出されている。さらにその支配拠点とつながる古墳や遺跡が周辺部にあり、海外の資料や金石文および『古事記』『日本書紀』などの文献資料と対比させるとき、それぞれの王の支配領域や支配構造を証明することが可能となっている。

そのうえで、私は五世紀代の「かづらぎ」の王が、祭祀、政治を執行する施設や独自生産をおこなう工房などからなる支配拠点を構え、奈良盆地西南部に支配領域を確保していることを実証した〔坂二〇〇九、坂・青柳二〇一一〕。さらに、三世紀代のヤマト王権成立期の支配拠点や生産の状況などから、王権の直接支配領域が、奈良盆地東南部・中央部の「おおやまと」地域に限られるとした。そして、四世紀代には奈良盆地と大阪平野において、ヤマト王権の王がそれぞれの地域に個別に支配拠点を構え、広域支配が徐々に進行していき、五世紀にようやく倭国王として、中国に遣使するまでに成長していく過程を描出した〔坂二〇二〇a〕。

## 倭国の古代学にむけて

日本国以前の倭国がどのように歩んだか。本書は、外国史料のうち同時代史に近い文献資料および金石文を柱に、同時代の考古資料にその実態をもとめて、『古事記』『日本書紀』などを批判・検討しながら、史実を究明しようとするものである。

くり返し述べるように、そのはじめから「日本国」があり、「天皇」が統治していたわけではない。倭国が統一されるまでのあいだは、長い道のりがあったことは自明である。その道のりを解明することも、古代学の役割であろう。

五世紀にいたって、ようやく「倭」が「倭国」へ、その統治者が「倭女王」「倭王」から「倭国王」「治天下大王」に歩みをすすめたのである。ただし、王位の継承は、決して順調ではなく、また、倭国王のほかに同族の王が、奈良盆地にも大阪平野にもいて、それぞれ支配拠点を構えていた。また、奈良盆地の各所や紀ノ川河口部にも、地域支配を実現した王（「キ」の王）が支配拠点を構え、さらには「キビ」や「ツクシ」などにも王がいて、それぞれ独自の支配領域を確保し、国際外交を展開していた。そして、それぞれが、時には協調し、時にははげしく対立していたのである。

六世紀の幕開けと同時に、新しく倭国王として登場するのがオオド王（継体大王）である。「カワチ」「オワリ」「コシ」「オウミ」の王の支援をうけ、百済武寧王とつながったオオド王は、筑紫君磐井《つくしのきみいわい》の乱をおさえる。さらに、それにつづく大王らが武蔵〝国造〟の乱をおさえ、各地に大王の直轄地である屯倉《みやけ》をおいて、ようやく倭国王と氏族で構成される専制的な国家体制が整うこととなるのである。しかし、これはあくまで、天皇を中心とした古代律令国家が成立するまでの前史であり、古代国家形成過程の途上であると考えられる。

古墳時代が国家成立以前であるという時代観から脱却すべきであり、新しい古墳時代像を打ち立てて、律令国家とは異なる国家統合システムの存在を唱える見解〔広瀬二〇一三〕もあるが、私は、倭国の支配領域、支配体制はともにきわめて不安定であり、倭国が統一され、中央と地方の関係ができあがるのは六世紀であったと考える。

以下、五世紀から六世紀代の倭国王・大王および、周辺の有力者、あるいは各地域の王や有力者の人物像を探りながら、彼らがどのような支配領域をもち、どのような支配体制で統治し、どのような国際外交を展開していたかを、文献資料や金石文の記述を柱に、考古資料が示す実態をもとに記述していこう。

# 第一章

# 三世紀から四世紀の倭

## 七支刀と「ふる」の王

## 倭女王卑弥呼と壱与の外交

まずは、倭女王の卑弥呼である。卑弥呼は、邪馬台国一国の女王ではなく、二九カ国からなる倭の諸国を代表する女王または王であり、中国の魏の皇帝からは「親魏倭王」とされ、金印・紫綬を授与された。

「魏志倭人伝」に、〝景初二年（二三八）六月、倭女王卑弥呼が遣わした大夫の難升米《なんしょうまい》らは、帯方郡から洛陽に入った〟とある。そして、〝同年の十二月に、魏の明帝は、詔書を出し、倭女王を「親魏倭王」に任命し、金印紫綬を与え、遠路はるばる洛陽に至った難升米の労をねぎらうとともに、率善《そつぜん》中郎将とし銀印青綬を与えた。そして、倭女王が献上した男女の生口《せいこう》（人間）や斑布に相当する錦や毛織物などを贈るとともに、特別の贈り物として錦、絹、金、五尺刀、銅鏡、真珠、円丹などを贈った〟とある。

景初二年は、『日本書紀』の神功皇后摂政三十九年の記述（後述五二ページ）などから、景初三年のことであるとするか、この記事どおりの二年のこととする〔仁藤二〇〇九〕かは、議論のあるところだが、それはともかく、この記事をはじめとして、正始元年（二四〇）、正始四年（二四三）と短いあいだに、倭女王（倭王という記述もある）による朝貢と、魏皇帝からの使者の派遣、詔書や贈物の授与の記事がつづいている。

卑弥呼は、邪馬台国（女王国）に居住していた。この女王国に服属し、代々の王がいたという伊都国をはじめ、対馬国、一大（壱支）国、末盧《まつろ》国、奴《な》国、不弥《ふみ》国、投馬《とうま》国の七カ国と、斯馬《しま》国をはじめとした「辺傍の国」二一カ国を代表する倭の女王であった。そして、魏皇帝に朝貢することによって、その統治の承認を求め、魏皇帝はそれに応じたのである。ただし、魏皇帝は使者を派遣し、逗留させて、その内政にも深く関与している。

正始八年（二四七）、倭女王がその支配下に属さなかった狗奴《くな》国との対立と戦乱の状況を魏に報告する。そこで、魏皇帝は、塞曹掾史《さいそうえんし》という役職の張政という使者を遣わして、詔書と黄幢《こうどう》を倭の難升米に授けて、卑弥呼に告諭する。卑弥呼が死に、径百余歩という規模の墓が築かれる。卑弥呼の死亡の原因が、この告諭にあって、その責任を感じて自死したという説〔森浩一 二〇一〇〕もある。

魏の使者である張政の帰国は、卑弥呼の次世代の、各国のあいだで戦乱がまきおこった男王の時代には実現がかなわず、わずか十三歳の壱（台）与を女王に擁立して、戦乱を鎮圧したのち、ようやく実現した。このとき、魏皇帝が張政を通じて、再び告諭をおこなっている。壱与は、張政の帰国と同時に使者二〇人を遣わし、男女の生口三〇人と白珠、青い大句珠、雑錦を献上した。これは、『晋書』帝紀の記事から、西晋武帝の泰始二年（二六六）十一月のことであったと考えられる。

卑弥呼は「鬼道に仕え衆を惑わす」とされ、また夫をもたず男弟が政治を補佐し、王となってからは彼女を見た者は少なく、ただ一人の男子だけが飲食を給仕し、彼女の言葉を人びとに伝えたという内容から、シャーマンとして政治をおこなっていたと考えられる。

壱与は卑弥呼の宗女であり、十三歳で王となったことからシャーマンとして政治をおこなっていたといえる。いずれも、その権力を行使するためには、シャーマンとしての霊力が必要であったのである。そして、いまひとつ必要であったのが、中国王朝の承認とその後ろ盾、さらには、後押しであった。こうしてようやく卑弥呼は二九カ国、壱与は三〇カ国の統治をおこなうことができたのである。

このように、三世紀半ばの日本列島には、広範な地域を版図とした国は存在しない。小さな部族国家が分立するなかで、卑弥呼の死後に国家間で戦乱がおこったことからしても、きわめて不安定な政治情勢にあったことはまちがいがない。

そうしたなか、私は、女王卑弥呼や壱与の統治の範囲は、北部九州に限られていたとみた。女王の都がおかれたという邪馬台国の中心地として、その有力な候補地としてあげられている庄内式期の奈良県桜井市の纒向《まきむく》遺跡の規模が、北部九州や大阪湾岸の遺跡の規模とくらべても小さいこと、島根県出雲市の山持《ざんもち》遺跡や松江市御津《みつ》港の沖で海中からひきあがられたものを東限として、中国官人の流入を示す楽浪系土器の出土がまったく知られていないことなどを、そのことを証明する資料であると考えた〔坂二〇二〇a〕。

三世紀半ばの日本列島において、広く西日本一帯を統治するような強大な権力を保持した女王の存在を認める余地はない。広範囲に影響を及ぼすような権力者の存在が考えられたとしても、遺跡や遺物などの考古資料においては、その統治を証明しうる資料は存在しないのである。

## 空白の四世紀

壱与による泰始二年（二六六）の朝貢のあと、次に中国の正史に倭との交渉が記されるのは『晋書』帝紀の東晋安帝の義熙九年（四一三）である。この記事の真偽と詳細については、第四章で詳述することにして、このあいだ一世紀半には、中国史書に倭との外交記事がみられない。空白の四世紀といわれるゆえんである。

この時代、中国では魏・呉・蜀の三国時代が終わる。魏王朝の重臣であった司馬氏が皇位の禅譲をうけ泰始元年（二六五）に晋を興し、咸寧六年（二八〇）に呉を滅ぼし、中国を統一する。この王朝は長くつづかず、建興四年（三一六）に滅亡した。晋の後裔があらたに建康を都にした晋王朝を太興元年（三一八）に興す。魏の禅譲をうけ洛陽に都をおいた王朝は西晋、建康を都にした王朝は東晋と呼ばれる。この後、東晋につづき華南には宋・斉・梁・陳の王朝がおこり、四三九年には北魏が華北を統一し、中国は南北朝時代を迎えた。

中国王朝が倭と交渉した窓口は、朝鮮半島に置いた帯方郡である。帯方郡は、後漢末の建安年間（一九六～二二〇）に楽浪郡の南に分割して設置されたもので、楽浪郡治（郡庁）の所在地は北朝鮮の大同江《テドンガン》南岸、ピョンヤン市ナンナン（楽浪）地区である。また、帯方郡治の所在地は、黄海北道《ファネボクド》鳳山《ポンサン》郡沙里院《サリウオン》市の智塔里《チダリ》土城と推定される。

この楽浪郡と帯方郡は、中国吉林省集安に新たに興った（伝説では中国遼寧省桓仁〔卒本〕に興ったとされる）高句麗が、三一三年頃に攻勢をかけ、数年に及ぶ戦いのなかでともに滅亡したと考えられる。このような激動の東アジア情勢のなかで、倭は中国との交渉窓口を失った。決して没交渉であったわけではないが、中国王朝との直接的な関係についての記録が途絶えた背景には、こうした中国側の事情が強く作用している。

一方、朝鮮半島では、楽浪郡を滅ぼした高句麗のほか、百済や新羅が勃興して、やがて三国時代を迎える。しかし、三～四世紀の百済や新羅は、いずれも朝鮮半島南部各地で分立していた部族国家群の一小国にすぎなかった。朝鮮半島西南部の馬韓五十余国（『魏書韓伝』）のなかの一国である伯済が百済となり、東南部・南部の辰韓一二カ国、弁辰一二カ国（『後漢書韓伝』）のうち、辰韓の斯盧《しろ》が新羅となった。弁韓諸国のなかには、「魏志倭人伝」に記されている狗邪韓国《くやかんこく》があり、これが金官《きんかん》《クムグアン》国となった。また、「魏書韓伝」（『三国志　魏書』東夷伝韓条）に記載の安邪《アヤ》国は安羅《あら》国として受け継がれている。このほか、辰韓諸国や馬韓諸国のあった範囲をも含んで、四～五世紀の朝鮮半島南部には、小国家群が形成されている。これらの小国家群は同盟関係を結ぶことはあったとしても、六世紀半ばに新羅によって滅亡されるまで、このような分立状態が長くつづいた。これが伽耶諸国である。その意味では、伽耶という国家が広域支配を実現したことはない。

日本列島でも、諸国が分立するなかで三世紀後半に、治水による開発を主導し、日本列島の中心に位置する奈良盆地東南部・中央部の生産力を高めることによって、求心力を得てカリスマとなった「おおやまと」の王により、ヤマト王権が成立した。徐々に王権は、直接的な支配範囲を拡大していく。そして、ヤマト王権や奈良盆地の有力地域集団は、それぞれ独自に朝鮮半島の諸国、とりわけ百済や伽耶諸国に進出し、積極的な交渉をおこない、朝鮮半島の諸国を間に挟みながら、中国との交渉をもおこなっていた。さらには、「キ」の王やキビ王権の王など、倭の諸国の王や諸集団も、それぞれヤマト王権との関係を結びつつも、朝鮮半島や中国との独自交渉をおこなっていた。そのことを、金石文と文献資料、考古資料を使いながら実証していこう。

## 石上神宮所蔵「国宝　七支刀」

石上神宮に神宝として伝世する「国宝　七支刀」は、元来「六叉鉾」として伝来していたものを、明治七年（一八七四）、大宮司となった菅政友《すがまさとも》が金象嵌《きんぞうがん》銘文の存在を発見し、釈読をおこなったものである。

ここには、中国王朝の元号と年次、「百済王」、「倭王」といった文字が刻まれている。これが、『日本書紀』神功皇后摂政五十二年条にみえる「七枝刀《ななつさやのたち》」である。中国王朝と百済王、倭との具体的関係を示す同時代の重要史料である（図1）。

七支刀の銘文には表面に三四文字、裏面に二七文字程度の文字が刻まれていたとみられるが、判読不能な文字が多く、その釈読は困難である。しかし、当時の国際環境をみるなら、東晋で「原七支刀」が製作され、高句麗との緊張関係にあった百済王にこれを下賜し、百済王は、倭王との関係を築くために、裏面の文字を追加して倭王にこれを贈ったとみることが可能である〔山尾 一九八三、浜田 二〇〇五、平林 二〇一九〕。

冒頭は、「泰□四年」であり、東晋の太（泰）和四年（三六九）と考えられる。浜田耕策氏の釈読をここにしめしておこう。

（表面）泰和四年五月十六日丙午の日の正陽の時刻に百たび練った□の七支刀を造った。この刀は出でては百兵を避けることができる。まことに恭恭たる候王が佩びるに宜しい。永年にわたり大吉祥であれ。

（裏面）先世以来、未だこのような刀はなかった。百済王と世子は生を聖なる晋の皇帝に寄せることとした。それ故に、東晋皇帝が百済王に賜れた「旨」を倭王とも共有しようとこの刀を（造った）。後世にも永くこの刀を伝え示されんことを。

一方、泰□四年を、東晋の後裔で倭の五王が遣使した劉宋の泰始四年（四六八）にあて、当時の国際

**表**

泰□四年□（五）月十六日丙午正陽造百練

□七支刀出辟百兵宜供供候□（王）□（永）□（年）□（大）□（吉）□（祥）

**裏**

先世以来未有此刀百濟王世□（子）奇生聖

音(晋)故為倭王旨造傳示□（後）□（世）

図１　「国宝 七支刀」銘文

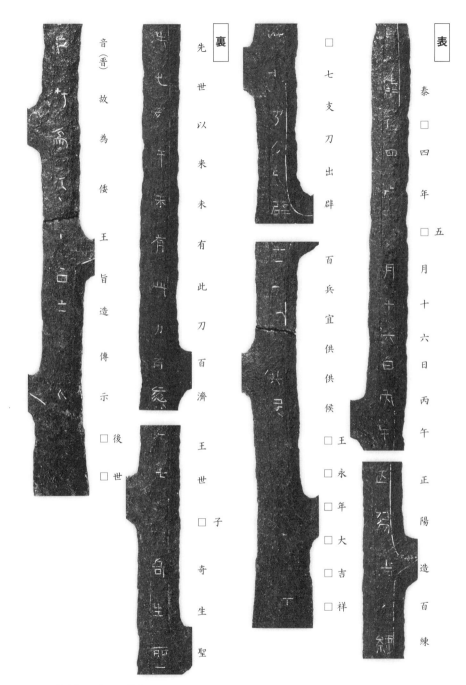

環境のなかで百済王から倭王武（雄略）にこれを供与したと解釈する説がある〔宮崎一九八三〕。

また、七支刀の原型になるものが中国にみあたらず、百済王権が元号をもたない以上、中国の年号を使用するのは当然であるという理由などから、東晋皇帝は介在せず、百済王権がこれをつくって倭王に供与したと解釈する説〔田中俊明一九九二、吉田晶二〇〇一、鈴木二〇一二〕がある。その場合、百済王と世子から供与されたのではなく、あくまで百済王の世子であり〔吉田晶二〇〇一、鈴木二〇一二〕、世子の名が「奇」である〔田中俊明一九九二、鈴木二〇一二〕とする。

また、「倭王旨」として、「旨」を王名とする説もある。神功皇后・応神天皇やその周辺の皇子にあてる見解のほか、『古事記』『日本書紀』には記載されていない人物をあてる説〔鈴木二〇一二〕がある。後者にたつ川口勝康氏は、奈良盆地北部の佐紀古墳群西群の被葬者であるとしている〔川口一九八二〕。

なお、表面の「候王」の位置づけとその解釈や、最後に書かれているのは作者名であるとする解釈など、浜田説には異論も多い。そのことを前提にしつつも、ここでは、浜田説の釈読に従い、記述をすすめていくこととする。

## 『日本書紀』と七支刀

少し長くなるが、「七枝刀」の献上の五年前から『日本書紀』の記述内容をみてみよう。のちの応神天皇を懐胎しながら、みずから渡海し、新羅征伐をおこなったという「神功皇后の三韓征伐」の後日譚である。

『日本書紀』の神功皇后摂政四十七年条に、〝百済の王が久氐《くてい》ら三人を遣わし朝貢にきた。そのとき、新羅の調《みつき》の使いも久氏とともにやってきた〟とあり、つづいて〝百済の貢物が新羅のものにくらべて少なくよいものがないので、問いただしたところ、「新羅に奪い取られ、取り替えられてしまった」と答えた。神功皇后と皇太子誉田別尊《ほむだわけのみこと》（のちの応神天皇）は、天神に祈ったところ、天神が「武内宿禰《たけのうちのすくね》にはかりごとをおこなわせ、千熊長彦《ちくまながひこ》を新羅に派遣せよ」と答えた。そのため、その罪を責めるために、千熊長彦を新羅に遣わした〟とある。

さらに、四十九年条では、〝荒田別《あらたわけ》と鹿我別《かがわけ》を将軍とし、久氏とともに先の四十六年に親好を交わした卓淳《とくじゅん》国に入り、新羅を撃破し、比自炑《ひしほ》・南加羅《ありひしのから》・㖨国《とくのくに》・安羅《あら》・多羅《たら》・卓淳、加羅の七カ国を平定した。さらに、西に侵攻し、百済王の肖古《しょうこ》とその王子である貴須《くいす》に出会った。比利《ひり》などの四つの邑などがおのずと降伏したのち、百済王と千熊長彦は百済に至る。そして、百済王は、古沙山《こさのむれ》において、これより以降の朝貢を誓った〟とある。

五十年条には、春二月に荒田別らの帰還、夏五月に千熊長彦の帰還と久氏の来朝があったことを記す。久氏は、神功皇后へ来朝の報告をおこない、百済が臣従することを表明する。そして、久氏は百済に往還するときに、神功皇后から多沙城《たさのき》を賜ったという。

五十一年条には、百済王が久氏を遣わし朝貢したこと、同年に千熊長彦を久氏に付き添わせ、百済に遣わしたことが記述される。このとき、百済王の父子は額を地面にすりつけ、その臣従を誓ったという。

そして、五十二年の条が七枝刀献上の記事となる。

〝久氏らが千熊長彦に従ってやってきて、七枝刀一口、七子鏡《ななつこのかがみ》一面、および種々《くさぐさ》の重宝《たから》を献上した。百済の西方に河があり、その水源が谷那《こくな》の鉄山《かなやま》である。この水を飲み、ここから鉄を取って、ひたすら献上すると言上した。さらに、百済王は孫の枕流王《とむるおう》に、「百済が通交している海の東の貴国は天の開いた国である。天恩を垂れて、海の西を割いて私に賜ったものであって、国の基は永久に固い。おまえもまた、好く修め、土物《くにつもの》を集めて朝貢せよ」と言い、これより毎年朝貢をつづけた〟という。これにつづいて、五十五年条に百済肖古王の死亡記事がある。

## 記述内容の何に目をむけるべきか

この五年のあいだに百済が臣従し、毎年の朝貢をするまでの経過が克明に描かれている。しかし、これは『日本書紀』固有の日本を中心とした歴史観に基づくものであって、中国（東晋）、朝鮮半島（高句麗、百済、新羅、伽耶諸国）、日本列島（倭）との関係を史実に基づいて記載したものではない。百済は東晋に朝貢はしていたが、倭へ朝貢していたという事実はない。七支刀の銘文に東晋の年号が記載されている事実にこそ目をむけるべきであろう。

また、暦年代の記載も注意される。

七支刀の銘文の冒頭を先にみたとおり、東晋の太和四年（三六九）とするなら、神功皇后摂政五十二年条の記事を三六九年にあてることが可能である。さらに、神功皇后摂政五十五年条の百済肖古王の死亡記事は、『三国史記』の「百済本紀」や「年表」の近肖古王の没年（乙亥）に一致し、これに西暦をあてると三七五年である。また、『日本書紀』神功皇后摂政六十二年条には、第五章で後述する葛城襲《かづらぎのそ》津彦《つひこ》による新羅征討の記事があって、ここに「百済記」の引用があり、その干支は壬午年のこととする。これをこの延長線上で暦年をあてるなら、三八二年である。これらから、『日本書紀』の神功皇后摂政五十二〜六十二年条を三六九〜三八二年のあいだにあてることも可能である。しかし、『日本書紀』の暦年では、これら一連の記事が四世紀代におこったようには記載されていない。

## 『魏書』『晋書』と『日本書紀』

『日本書紀』の神功皇后摂政三十九年・四十年・四十三年条には、分注として『魏書』の引用がある。

神功皇后摂政三十九年が己未なので、『魏志』にいう明帝景初三年六月のこととして「倭の女王が、大夫難斗（升の誤りか）米等を遣わし、郡に詣《まい》り、天子に詣って朝献せんことを求めた。太子鄧（劉の誤りか）夏、吏を遣わし、将《い》て送りて京都《けいと》に詣らしむ」という引用文を掲載する。神功皇后摂政三十九（己未）年が、「魏志倭人伝」の景初三（己未）年（二三九）の倭女王が遣使した年にあたるという意味である。四二ページで述べたとおり、「魏志倭人伝」では、倭女王卑弥呼の遣使は景初二年（二三八）であり、『日本書紀』の暦年の己未年とは一年のずれがある。

また、四十年条は同じく正始元年（二四〇）の「魏志倭人伝」の中国からの使者が倭国に入ったという記事の引用、四十三年条は正始四年（二四三）の倭王が使者八人を遣わしたという記事の引用である。

さらに、神功皇后摂政六十六年条は、晋武帝の泰始二年（二六六）として、「晋起居注」を引用し、この年に「倭女王、訳《おさ》を重ねて貢献せしむ」と記載する。これも『日本書紀』の暦年を示す記事であり、壱与の朝貢した暦年である。『晋書』帝紀（安帝）では、「泰始二年十一月己卯、倭人来り方物を献ず」とある。

こうした『日本書紀』の記事から、編纂者は神功皇后が三世紀代に活躍した人物であり、卑弥呼や壱与と神功皇后を同一人物とみなしていたとする説がある。しかし、その人物像は巫女としての性格のほかは、まったく重なっていない。

## 暦年の一致と史実

『日本書紀』編纂者が採用した暦年と、七支刀および『日本書紀』に引用された「百済記」や『三国史記』の「百済本紀」から割り出した暦年のあいだには、一二〇年の開きがある。これは、干支二巡分にあたり、暦年と実際におこったことを符合させようとすると、一二〇年分繰り下げる必要性がある。ただし、この『日本書紀』の暦年ごとの記載がそれぞれ史実として実際におこったものであったかどうかは別である。

まずは、この時代に朝鮮半島で軍事行動があったかどうかである。

仁藤敦史氏は、神功皇后摂政四十九年条の加羅ほか七カ国の平定記事は、五世紀代の百済王の軍事行動に、潤色を加えて神功皇后の事績として記されたものであり、千熊長彦と久氏の三年間の往来についても、造作であるとする〔仁藤 二〇一八〕。

一方、田中俊明氏は、四世紀後半代の百済王の軍事行動を認める一方、三年間の往来のうち二年分は造作であるとする〔田中俊明 一九九二〕。四十九年条の久氏の来倭については史実であるとして、卓淳国を介して百済と倭のあいだの軍事的同盟関係があり、それを背景に百済王が軍事行動をおこしたとする。

いずれの説の場合においても、その主体となったのは倭王ではなく百済王である。四世紀代において、百済・新羅・倭はいずれも広大な版図を有していなかったと考えられるし、倭国が一体となってこの時点で大規模な軍事行動をおこしたことはありえない。

一方、卓淳国や加羅国ほか伽耶七カ国については、第五章で詳述するように洛東江河口部《ナクトンガン》、中・下流部の狭い範囲に展開していた小さな部族国家群である（一一三ページ図11参照）。倭人が新羅（慶州）やこの伽耶諸国に侵入していたことは史実として認められ、朝鮮半島での軍事行動に関与した倭人や特段の帰属意識を有しない倭人の活動が『日本書紀』に記述されていると考えられる。

これらからさらにさかのぼる神功皇后摂政三十九年条以前の『日本書紀』における神功皇后の時代の記載については、まったく信憑性のない事象や、後世の五〜六世紀代に朝鮮半島でおこった事象などが詰め込まれて記載されているのである。

ここで断定しておきたいのが、七支刀銘文に記された「倭王」が、百歳で没し狭城盾列陵《さきたてなみ》（『日本書紀』）に葬られたという神功皇后（オキナガタラシヒメ＝気長足姫『日本書紀』、息長帯比売『古事記』）であるとは、とても考えられないということである。神功皇后は、実在した人物ではない。朝鮮半島での軍事行動や外交交渉についての伝説を再構成し、「日本」や「天皇」と「任那日本府」を正当化するための潤色を加えて、白村江で戦った斉明「天皇」をモデルにし、『日本書紀』編纂時点で新たに創造した人物であろう。

## 石上神宮神宝の起源

ここで、なにゆえに石上神宮に七支刀が神宝として伝世しているかをみておきたい。石上神宮に神宝がおさめられた経緯については、『日本書紀』に記述がある。

五十瓊敷命《いにしきのみこと》が茅渟《ちぬ》（和泉の海）の菟砥《うと》の川上宮におられ、剣一千口を作られた。そこでその剣を名付けて川上部《かわかみのとも》といった。またの名を裸伴《あかはだがとも》といい、石上神宮に納めた。その後に、五十瓊敷命に命じて、石上神宮の神宝を掌らしめた。

（『日本書紀』垂仁天皇三十九年冬十月条）

五十瓊敷命は、『日本書紀』垂仁天皇十五年条には五十瓊敷入彦命《いにしきいりひこのみこと》とあり、これと同一人物と考えられる。『日本書紀』同年の条では、垂仁天皇と皇后日葉酢媛《ひばすひめ》の間の第一子とする。ちなみに第二子が大《おお》足彦尊《たらしひこのみこと》、のちの景行天皇である。

一方、同三十九年条の後段には、「一云」と記し、異説が記載される。

五十瓊敷皇子が茅渟の菟砥の河上で、河上という名の鍛冶に命じて大刀一千口を作らせた。このときに、楯部《たてぬいべ》、倭文部《しどりべ》など十箇の品部《ともべ》を五十瓊敷皇子に賜り、大刀は忍坂《おしさか》邑に納めた。その後、忍坂より石上神宮に移した。このときに神が「春日臣の一族で名を市河という者に治めさせよ」と乞うたので、そのとおりにした。この市河が物部首《もののべのおびと》の始祖であるという。

さらに、同八十七年条に物部氏が神宝を管掌するにいたった経緯が記されている。以下がその概略である。

五十瓊敷命が神宝を掌ったが、その後に年老いたので、妹の大中姫《おおなかつひめ》にこれを譲ろうとした。しかし大中姫は、高い神庫《ほくら》には、か弱い女性であるので登ることができないとこれを辞退する。そこで、五十瓊敷命が神庫用に、後世の諺で「天《あめ》の神庫も樹梯《はしだて》のままに」と呼ばれるような梯子を作ったという。しかし、終には、大中姫命は物部十千根《とおちね》に授けて、石上の神宝を治めさせたという。物部連が石上の神宝を掌るのは、これがその起源である。

（『日本書紀』垂仁天皇八十七年春二月条）

また、『日本書紀』完成後、平安時代中頃の九世紀に成立したとされ、独自の物部氏の系譜が記されている『先代旧事本紀』には、別の記載がある。その大略を示す。

崇神天皇の時代に布都《ふつ》大神社を、大倭《やまと》国山辺郡石上邑に遷して建てた。饒速日《にぎはやひ》に授けられた天つしるしの瑞宝も収めて、これを石上大神と申しあげた。国家のために、また物部氏の氏神として、崇め祀り、鎮めとした。

（中略）

物部十市根は、饒速日の七代孫で、垂仁天皇の時代にはじめて物部連の姓を賜り、神宮をお祀りした。垂仁天皇が、出雲に物部十市根を遣わし、神宝を調べさせた。同じ時代に、五十瓊敷入彦皇子が河内国の幸河上宮で、剣一千口を作らせて、石上神宮に納めた。（『先代旧事本紀』巻第五　天孫本紀）

このあと、『日本書紀』八十七年条と同じ、大中姫から代わり、物部十市根が神宝を掌る経緯とその逸話が載せられている。

石上神宮には、七支刀のほか、七支刀とほぼ同時代の所産と考えられる鉄盾が伝世している。しかし、説話にあるような鉄刀や鉄剣が所蔵されているわけではない。また、五十瓊敷（入）彦と物部氏が石上神宮の神宝にどのようにかかわったのか、諸説があって定説はない。

実は、石上神宮の成立は、六世紀はじめ頃であり〔篠川 二〇〇九〕、物部氏が石上神宮と深いかかわりをもつようになったのは、物部首《もののべのおびと》氏の後裔である石上氏が神宮の祭祀をおこなうようになった七世紀以降のことである〔前田 二〇一七、平林 二〇一九〕。四世紀代から伝来している遺物について、古くから天皇や氏族にかかわるものであったと解釈を加えて後付けし、天皇や物部氏の権威づけのために利用したのである。

とりわけ、物部氏の関与については、資料的に後出することから否定的にとらえられている。五世紀代の安康天皇の石上穴穂宮《いそのかみあなほのみや》、仁賢天皇の石上広高宮《ひろたかのみや》の記述などがあることなどから、武器類を神宝として石上神宮に奉献をはじめ、その祭祀を掌っていたのは、あくまで王権（大王）であるとするのが、古代史研究者の一般的な見方である。

## 「ふる」の王

実際、物部氏という氏族が石上神宮の七支刀や鉄盾にかかわっていたということは、ありえない。物部氏のうち、磐井の乱で、筑紫の君磐井を討ち果たした麁鹿火《あらかひ》、蘇我氏と対立した物部尾輿《おこし》・守屋《もりや》などが歴史上に名高いが、それ以前の実態と系譜は不確かである。「物部」の部の意味する部民制の成立は、五世紀後半以降である。『日本書紀』の履中天皇、雄略天皇の条には、物部大前《おおまえ》・伊莒弗《いこふ》・長真膽《ながまい》・目《め》・菟代《うしろ》らの名があり、さかのぼってもこの時代までである。ただし、個々の人物がそのまま実在したかどうかはさだかではなく、そもそも血縁的政治集団としての氏族としての活動は、六世紀をさかのぼることはない。その意味では前述のとおり、『先代旧事本紀』のニギハヤヒからの物部氏の系譜はあくまで後付けである。物部十市根は、七世紀代につくり出された人物であるといえる。

しかし、四世紀から六世紀代の古墳時代には、石上神宮のある布留川の扇状地において、約三平方キロにわたって広がる巨大集落遺跡がある。布留《ふる》遺跡である（図2）。ここに地域支配を実現した有力地域集団が跋扈《ばっこ》していたことは、遺跡や古墳のありかたから証明される。遺跡全体については、近年、池田保信氏を中心としたメンバーによる縄文時代から飛鳥・奈良時代までの歴史的景観の復元と歴史的意義についての研究〔池田ほか二〇二〇〕や、日野宏氏による古墳時代を中心とした時期の布留遺跡の検討〔日野二〇一九〕が刊行され、遺跡の実態を詳しく知ることができるようになった。

布留遺跡は、一九三八年にはじまった発掘調査で、縄文時代では中期末から後期初頭の「天理式」、古墳時代では「布留式」と命名された土器が出土しており、その時代を代表する土器が出土した「標識遺跡」として名高い。野焼きで焼かれた赤い色の土器のうち、弥生時代のものは弥生土器、古墳時代のものは土師器と名前を変える。そして土師器は現代まで焼きつづけられる。

弥生土器から土師器への変化は漸次的で、もっとも古い段階にあるものを古式土師器と称し、「庄内式」から「布留式」へと変化する。庄内式土器を弥生時代に含める研究者と古墳時代に含める研究者、その中間におく研究者の三者に分かれる。「庄内式」は三世紀前半の邪馬台国の時代、「布留式」は三世紀後半から四世紀にかけての古墳時代前期に該当することでおおむね見解の一致をみており、初期の調査で布留遺跡から出土した「布留式」は、そのなかで後半にあたる時期に該当するものである。

一方、古墳時代の中期にあたる五世紀前半に、朝鮮半島から新たに窖窯《あながま》で土器を焼く技術が伝わり、灰色で硬く焼きしまった土器が焼き始められる。これを須恵器という。

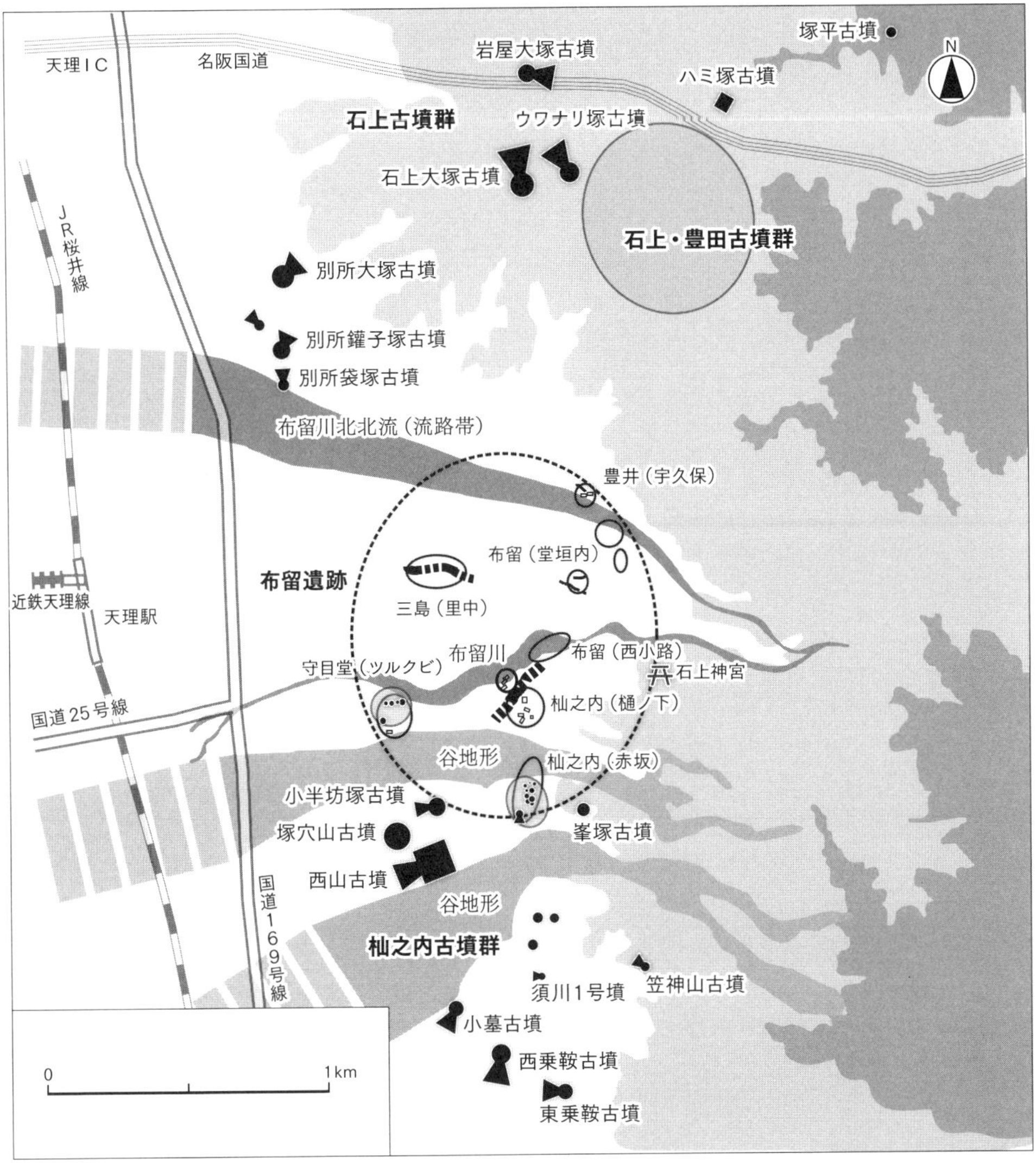


**図2　布留遺跡とその周辺**

布留遺跡では、弥生時代の終わり頃から古墳時代の土器が時期の切れ目なく出土し、同時期の住居跡、土坑、溝などの遺構も検出されており、継続的な集落の営みがあったことがわかっている。とりわけ、五世紀代においては、遺跡内には石垣をともなう大規模な居館があり、鞘《さや》、柄《つか》などの大刀の木製装具の生産、鍛冶による鉄製品の生産、ガラス玉生産、北陸地方産の緑色凝灰岩の玉生産などの盛んな手工業生産がおこなわれている。有力地域集団が、みずからの支配領域を確保し、そこに支配拠点をおいて自家生産をおこなっていたことを示すものである。これに対応するものとして、奈良盆地西南部には南郷遺跡群があり、それぞれ独自に特色ある生産活動をおこなっている。南郷遺跡群については第五章で後述するように、奈良盆地西南部を支配領域とした王（「かづらぎ」の王）が、独自に朝鮮半島南部と交渉し、渡来系集団をみずからの支配領域に住まわせていることが明らかだが、布留遺跡でも同様の状況が確認できる。

それをさかのぼる四世紀代においては、布留遺跡内で王の支配拠点が確認されているわけではない。朝鮮半島との関係についても定かではない。しかし、日本列島で最大の前方後方墳である西山古墳（墳丘長約一九〇メートル）をはじめ小半坊塚《こはんぼうづか》古墳（前方後円墳約八五メートル）などが四世紀代に築造されている。南側五・五キロにある纒向遺跡や「おおやまと」古墳群を造営した地域集団とは異なった有力地域集団が墓域を形成していたことはあきらかである。布留川の下流部には弥生時代からつづく拠点集落である平等坊《びょうどうぼう》・岩室《いわむろ》遺跡がある。濠による方形区画により、九〇〇平方メートルの屋敷地をもつ居館が検出されている。「ふる」の王の古墳時代を通じての活動の痕跡が、上流部の布留遺跡とそのなかにある古墳群、下流部の平等坊・岩室遺跡に認められる。

六世紀から七世紀における布留遺跡と遺跡周辺の古墳群は物部氏にかかわるものであると明言できる

が、それ以前は物部氏ではなく、その淵源をなす有力地域集団による営みである。両者が血縁関係でつながっていたとは限らない。物部氏の後裔が石上神宮を氏神とみなしていることから、「ふる」の王をみずからの祖先としてこじつけた可能性が高い。その意味において、七支刀や鉄盾などもこの有力地域集団のかかわりなしに語ることはできないし、この有力地域集団が介在することによって、ヤマト王権は新興の百済王権との交渉も可能となったと考えられるのである。

七支刀の「倭王」がこの「ふる」の王であったかというと、決してそういうわけではない。西山古墳の被葬者は、あくまで布留川流域を支配領域とした「ふる」の王である。当時の「倭王」は、まぎれもなくヤマト王権の王である。

## 七支刀と倭王

ヤマト王権が成立したのは奈良盆地である。纒向遺跡を支配拠点としていたことについては、異存のないところであろう。また、纒向遺跡東南部に位置する箸墓古墳(墳丘長二八〇メートル)が、ヤマト王権の初代王墓であることも、多くの承認が得られるところであろう。

箸墓古墳は、墳丘長二〇〇メートル以上の規模をもつ大型前方後円墳のなかで、年代的に最古のものである。そのことは、「布留式」がはじまった頃の土器、埴輪の起源となる特殊器台などが出土していて、すでに確定している。また、箸墓古墳と同規格で、その規模が三分の一、四分の一、六分の一などの古墳が、岡山県・香川県・兵庫県・京都府などに分布していることから、箸墓古墳の被葬者が西日本諸地域に影響を与えた存在であったことも確かであろう。

このように、箸墓古墳の被葬者がヤマト王権の王であり、対外的にみて倭を代表する存在であったことは間違いないが、この王が直接的に支配していた領域については、ごく限定されていたとみるべきである〔坂 二〇二〇a〕。これまで述べてきたように、すぐ北側には「ふる」の王が存在し、支配拠点と墳墓を構えているのである。

ごく初期のヤマト王権の歴代の王は、「おおやまと」地域を支配領域とし、纒向遺跡に支配拠点を構え、「おおやまと」古墳群の大型前方後円墳をその墳墓とした。そして、その後奈良盆地北部にも支配拠点をおいて、京都府南部から奈良盆地北部もその支配領域に取り込んで、二人の王を並立させた。七支刀と同時代の「倭王」は、纒向遺跡に支配拠点を構えた渋谷《しぶたに》向山《むかいやま》古墳（墳丘長約三〇〇メートル）の被葬者か、奈良盆地北部に拠点を構えた佐紀《さき》陵山《みささぎやま》古墳（墳丘長二〇七メートル）の被葬者であろう。「ふる」の王の仲介を得て、百済王権との関係に端緒を開いたことが、ヤマト王権の王が版図を拡大し、さらにその実力を高めていく契機となったと理解されるのである。逆に読み解けば、倭を代表する地位を、百済王権から七支刀を得ることによって確実なものとしたヤマト王権の王が、ここから倭国王への道のりをようやく歩みはじめることとなるのである。

# 第二章

# 倭と百済の外交のはじまり

# 百済王近肖古王と余句

七支刀銘文の百済王は、近肖古《きんしょうこ》《クンジョコ》王である。『三国史記』「百済本紀」では、第十三代百済王にあたり、その在位は三四六～三七五年と記載されている。この近肖古王こそ、実在したことが確認できる最初の百済王であり、実質的な百済王権の始祖であるとみてよい。

『晋書』帝紀、東晋の太宗である簡文帝の咸安二年（三七二）六月条に、〝遣使して、百済王余句を鎮東将軍、領楽浪太守となす〟という記事がある。『三国史記』では、近肖古王二十七年春正月に使者を晋に派遣し、朝貢したとあり、季節は異なるが、年次が一致する。この百済王余句が近肖古王である。

『三国史記』「百済本紀」には、倭への朝貢や、七枝刀・七子鏡の献上の記事はない。一方、高句麗とはげしく対立したことを詳細に記載している。

七支刀銘文の太和四年（三六九）は、近肖古王の二十四年にあたる。

秋九月に〝高句麗王斯由《しゆう》《サユ》（故国原王）が歩兵と騎兵二万人を率いて雉壌《ちじょう》《チヤン》（北朝鮮の黄海南道《ファネナムド》南泊郡《ナムパクグン》銀川《ウムチョン》面《ミョン》 白川《ペクチョン》か）に駐屯し、各方面に軍隊を派遣し、住民を掠奪した。そこで、王が太子を派遣し、軍用の近道を通り雉壌を急襲し、五千余の首を得て、捕虜を将兵に分け与えた〟とする。

つづく、冬十一月に、漢江《ハンガン》の南で軍事訓練をするという記事がある。そして、この二年後の三七一年の冬に、百済王と太子が三万の兵を率いて平壌《ピョンヤン》城を攻め、高句麗王が流れ矢にあたって死ぬという記事がある。これは『三国史記』の「高句麗本紀」と「百済本紀」に共通する記載である。「百済本紀」では、同年に高句麗軍の侵攻と百済軍の追撃があったこと、高句麗王死亡後に都を漢山《ハンサン》（後述）に遷したことなどを記載している。

兵の数はともかく、版図拡大をにらむ高句麗王が平壌城に一大拠点をおく一方、近肖古王は漢江の南に拠点をおいており、その両者が対峙していたことは、確かな史実である。その近肖古王が立ち上り、高句麗王を急襲のうえ殺害する。そして、百済王権を樹立して、都を漢江の南岸におき、百済王と自称し、東晋へ朝貢した。その翌年、東晋の皇帝から鎮東将軍、領楽浪太守の爵位を除正される。ここに、東アジアのなかで、百済王たる近肖古王の地位が、はじめて揺るぎないものとなったのである。この近肖古王の時代には、百済の版図はごく限られたものであったが、徐々にその版図を拡大していくことになる。

その意味で、七支刀の銘文の紀年が、近肖古王が高句麗王を討つ直前の東晋の太和四年（三六九）であることは、誠に興味深い。近肖古王は高句麗と対峙するために、まずは東晋の後ろ盾を得て、倭との通交の端緒を開こうとしたのである。逆に言えば、このような「外交力」が、近肖古王をして百済王権の始祖ならしめたのである。

そして倭に対しては、すでに朝鮮半島南部に進出していた「ふる」の王の仲介を得て、周囲に不安定要素をかかえながらも、朝鮮半島との交渉を模索していたヤマト王権の王に七支刀を贈ったのである。

## 高句麗と百済

高句麗の始祖王伝承は、卵から産まれたという東明王（姓は高《こう》《コ》氏、諱は朱蒙《しゅもう》《チュモン》、鄒牟《すうぼう》《チュム》・衆解《しゅうかい》《チュネ》ともされる）である。高句麗建国の地は、卒本扶餘《そつほんふよ》《チュルボンプヨ》（中国遼寧省桓仁県《かんじん》）とされている。一方、『三国史記』「百済本紀」によれば、百済の始祖は温祚《おんそ》《オンジョ》王で、父が鄒牟（別名が朱蒙）とある。つまり、ここで百済王は、高句麗の同族で、その分流と位置づけられているわけである。以下が「百済本紀」の本文による建国譚と百済国名の由来である。

扶餘王には男子がなく、娘を鄒牟に嫁がせた。そのあいだに沸流《ふつりゅう》《ビル》と温祚が産まれた。しかし、鄒牟が王になる以前に、すでに子がおり、その子が太子となった。太子との対立をおそれた沸流と温祚が、家臣十名と多数の百姓とともに、南におちのび、漢山にたどり着いた。負見嶽に登り、居住地を一望したところ、家臣はここが適地であるとしたが、沸流はこれを聞かず、付き従っていた人びとを分け、海浜の弥鄒忽《びすうこつ》《ミチュホル》（仁川《インチョン》）にまで行き、ここに住んだ。一方、温祚は、家臣の進言を受け入れて漢江南岸の河南慰礼城《かなんいれい》《ハナムウイレ》に都をおいた。最初が十人の家臣から出発したので、国名を十済とした。これは、前漢成帝の鴻嘉三年（紀元前十八）のことであった。

その後、弥鄒忽の沸流が合流したが、自責の念のなか沸流は死亡した。沸流の家臣が河南慰礼城に来たとき、百姓がそれに楽しみ従ったことから国名を百済とし、高句麗王家と同じ家系であるところから、百済王家の氏の名を扶餘とした。

（『三国史記』「百済本紀」第一代　始祖温祚王）

この記述ののち、注があり沸流を百済の始祖とする別の説話が記されている。その説話では、沸流とその弟の温祚は鄒牟の実子ではなく、北扶餘王の孫である優台《ゆうだい》《ウテ》の子であり、優台と死別した召西奴《しょうせいぬ》《ソソノ》を鄒牟が寵愛し、その連れ子であった沸流と温祚を自分の子のように可愛がったという。

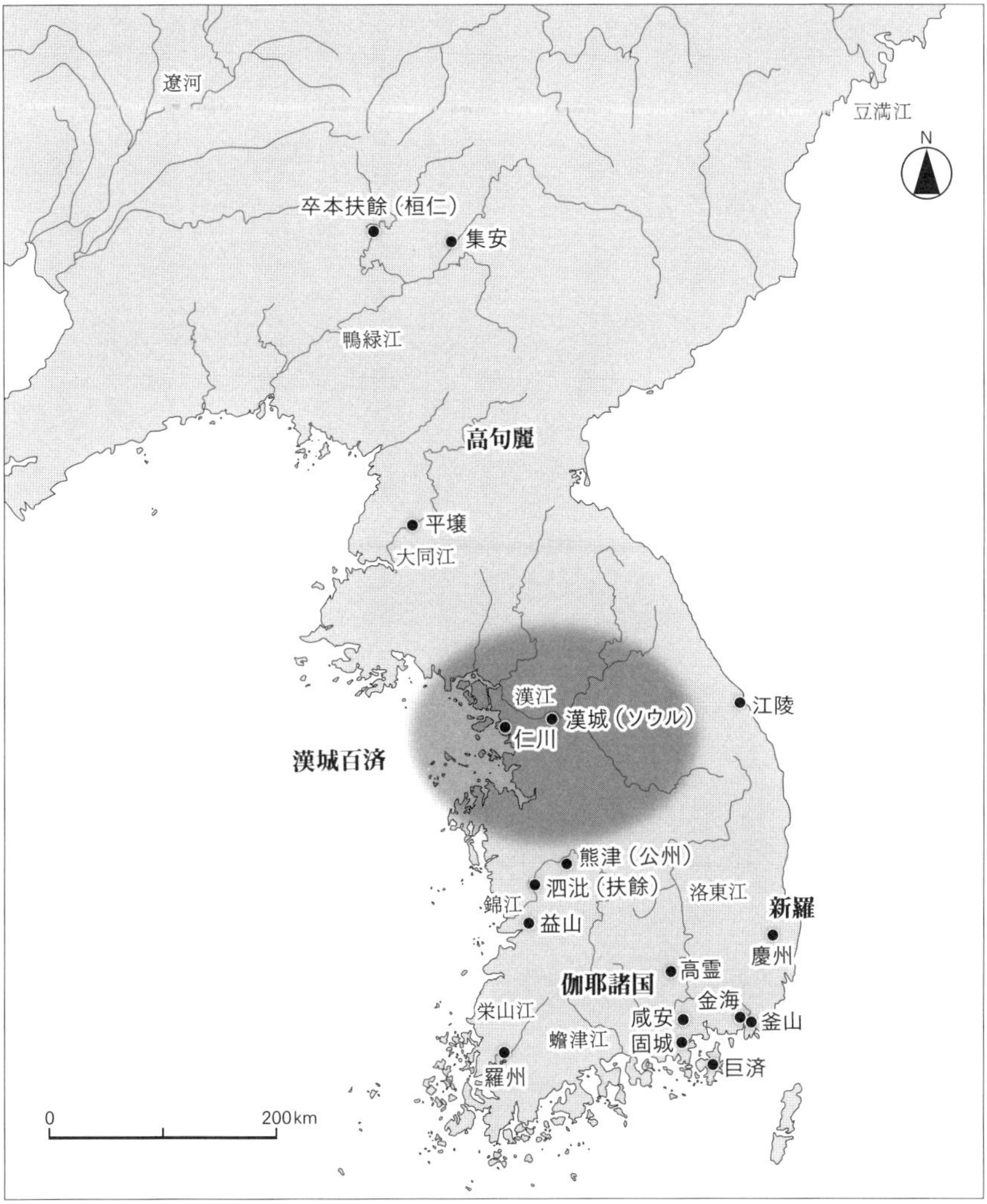


図３　初期漢城百済の版図と朝鮮半島諸国

いずれの場合とも、初代の高句麗王との深い因縁を語った興味深いものであるが、紀元前における高句麗や百済の建国については史実とはいえない。温祚王の実在性は乏しいが、この説話は、近肖古王の事績になぞらえて、それを物語にしたとみるべきである。そのようななかで、注目されるのが、百済建国時の都とされた河南慰礼城が、早くからソウル特別市風納洞《プンナップドン》にある風納土城《プンナップトソン》がそれにあたると伝承されてきたことである。

これについては、否定的な説や異説も数多くあったが、近年の発掘調査によって、風納土城が百済王城であることが確定した。建国説話とその伝承には、史実に迫るものが含まれていたのである。ここが河南慰礼城という名称でよばれていたかどうかについてはともかく、初期の百済王城の位置が確定すれば、ここに百済の国家形成過程の一端が明らかになる。つまり、風納土城の実態こそが、百済建国の史実そのものなのである。

## 百済の王城　風納土城

風納土城は漢江南岸に接する位置に、幅約四三メートル、高さ約一一メートル、延長約三・五キロにわたる大規模な土塁《どるい》を周囲にめぐらせている。外部からの攻撃を防ぐためであり、城というにふさわしい堅固な構造になっている。朝鮮半島の三国時代の王城は、山上に築かれたものと平地に築かれたものがあるが、いずれも固い守りとなっている。はげしい戦乱の時代であったからにほかならない。

実際、漢江を挟んで風納土城の対岸の峨嵯山《アチャサン》には高句麗の堡塁《ほるい》（軍事拠点）が築かれ、風納土城への橋頭堡《きょうとうほ》とされたことが遺構・遺物などで確認されている（図４）。

風納土城の近年の調査は、韓国国立文化財研究所と韓神《ハンシン》大学がおこない、ソウル特別市の漢城百済《ハンソンペクチェ》博物館に資料が展示されている。土城内の面積は、八七万八六七八平方メートルにおよび、五世紀代を中心とした時期の大型の竪穴建物、竪穴住居群、馬頭骨を納めた土坑、特殊建物、大型の井戸、道路遺構など枚挙にいとまがないほどの遺構が検出されている。

朝鮮半島では最大級の南北二一メートル以上、東西一六・四メートル、深さ一・一メートルという規模をもつ大型竪穴建物が発見され、日本列島では渡来人の住居とされる大壁建物（後述＝第五章）に影響を与えたともいわれている。また、西晋製の施釉陶器、五銖《ごしゅ》銭などの銭貨の文様を土器に写した銭文陶器、青銅製の鐎斗《しょうと》（古代中国において炊飯や酒を温めるのに用いられたもの）などが出土したり、採集されたりしていることからここが百済王城として機能していた

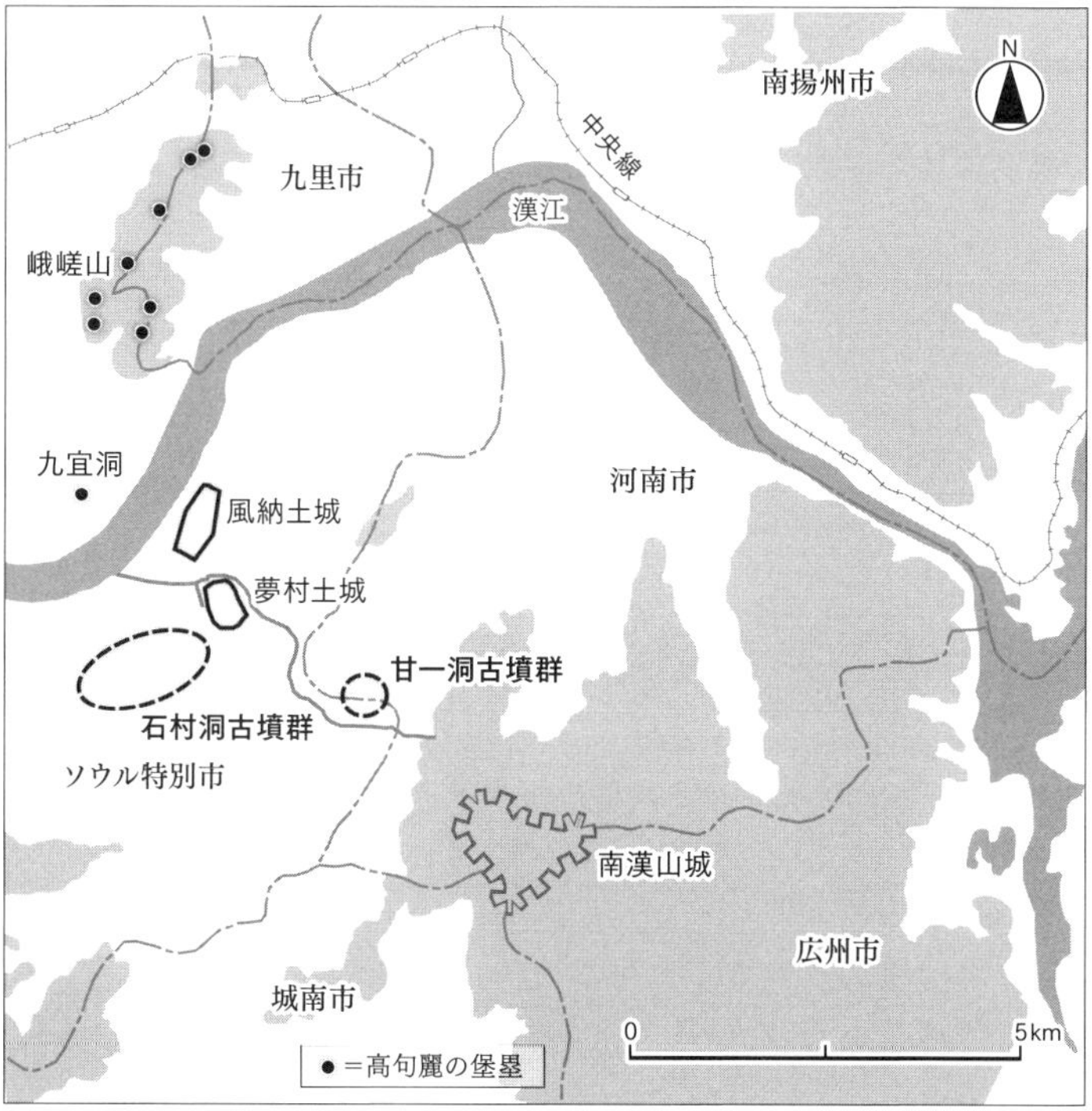


図4　風納土城と周辺の遺跡

ことは明らかである。

## 倭との交渉を示す埴輪

風納土城の調査のなかで、注目できる遺物に円筒埴輪の破片がある。この円筒埴輪の表面には「ハケメ」と呼ばれる薄い板状の工具を使って擦った跡がある（図5）。この製作技術は、日本列島固有のものであることから、倭産のものであると考えられる。私は、そのハケメと形態的な特徴から、これが古墳時代前期（四世紀中葉）の遺物であると考える。七支刀に文字が刻まれた時代に、百済王城にもちこまれた倭産の唯一の遺物である。

ただし、この遺物には、問題点も多い。まず、出土状態である。

風納土城の慶堂《キョンダン》地区の二〇六号井戸の上部から出土したものだが、井戸が廃絶して完全に埋められようとしたときに、ほかの土器の欠片《かけら》などと混じりあって出土したもので、大事に扱われたものではない。井戸は下部には板の井戸枠があり、大量の完形の土器が丁寧に並べられており、これらは井戸の廃絶に際して祭祀がおこなわれたことを示すものである。埴輪は、井戸の祭祀がおこなわれたのちのものである。

井戸が廃絶した年代は、出土した土器から四〇〇年前後であり、井戸の下部が埋められたのちであって、円筒埴輪の欠片が埋められたのは五世紀以降と見なさなければならない。つまり、五世紀にそれよりさかのぼる古い時代の埴輪が残されていて、それが井戸の上部の土のなかに混じり込んだと考える。ともかく、百済の中枢部には、倭人の足跡をしめす考古資料は数少なく、この資料は王城に確実に倭

**図5　風納土城の円筒埴輪**〈幅 12.3 cm〉　左上：ハケメ、右上：断面

人が入りこんで交渉をしたことを示す重要な証拠である。

## 近肖古王の城　風納土城

風納土城の発掘調査では、土塁の版築《はんちく》技術、土城内の遺構の性格や形成過程など精緻な考古学的な検討がおこなわれてきた。二〇〇一年から刊行されてきた発掘調査報告書も、一八冊を数えるまでになっている。しかし、日本の考古学と同様、相対的な前後関係とおおよその年代は追えても、詳しい暦年代までは知ることができない。しかしながら、『三国史記』「百済本紀」にいう紀元前十八年の温祚王の河南慰礼城と、風納土城が年代的に合致しないことは明らかである。風納土城が王城として機能したのは、早くとも三世紀後半以降であるからである。ただし、その位置は「百済本紀」の記載に一致する。

風納土城の盛期は四世紀末以降であって、年代が完全に合致しているわけではないが、先に実質的な百済王権の始祖であるとした近肖古王（余句）が、風納土城を王城としていた可能性は高い。

また、風納土城の南に夢村土城《モンチョントソン》がある。一九八八年のソウルオリンピック記念公園で、低丘陵頂部と周辺部の南北七三〇メートル、東西五四〇メートルの範囲に城壁がめぐる。三国時代の遺構・遺物は多くないが、百済や高句麗に関連する遺構・遺物、王莽《おうもう》の大泉五十銭の銭文陶器、五世紀半ばの倭で生産された須恵器が出土している。風納土城とともに、百済王城として機能していたと考えられる。しかし、近肖古王と関連づけられるかどうかは、考古学的には確証がない。

近肖古王が都をおいたという漢山は、後世に後付けされたものと考えられる。ソウル特別市の北方には北漢山《ポクハンサン》城、南方の広州《クワンジュ》市・河南《ハナム》市・城南《ソンナム》市の境界に南漢山《ナムハンサン》城があるが、いずれも李氏朝鮮時代の王城である。南漢山城はユネスコの世界文化遺産の構成資産であり、一七世紀以降の城壁が良好な状態で山上に残っている。北漢山城については、「百済本紀」の第四代蓋婁《がいる》《ケロ》王の五年（一三二）に、〝北漢山城を築く〟という記事があり、南漢山城を温祚王の河南慰礼城に比定する説もある。しかし、三国時代と関連する遺構・遺物はなく、百済との関連性は認められない。

ともかく、風納土城が近肖古王の王城であり、四世紀半ばの実質的な百済建国時の政治拠点が、ソウル特別市の漢江南岸にあったという史実を、ここでは強調しておきたい。

ソウルは、かつて「漢城《ハンソン》」と表記されていた。これは、李氏朝鮮時代の都の名称である。一三九五年に李氏朝鮮の初代王の李成桂《イソンゲ》が漢陽《ハンヤン》府から漢城府に名称変更したことによる。このため、百済王が漢江南岸に王都をおいた時代を漢城時代と呼び、のちに南の錦江《クムガン》流域に都を遷した時代と区別して、この時代を漢城百済と呼ぶ。

## 近肖古王の墳墓

夢村土城の南西約一キロに石村洞《ソクチョンドン》古墳群がある。この古墳群の調査は、ソウル大学校などによって一九七〇年代からはじまり、その後、史跡公園として整備された。近年は、ソウル特別市が発掘調査をつづけている。大型の方形基壇積石塚《ほうけいきだんつみいしづか》、方形積石塚、積石封土墳、土壙積石墓、甕棺墓、石室甕棺墓などがある。とりわけ、東西五〇・八メートル、南北四八・四メートルを測る方形基壇積石塚である石村洞三号墳は、百済では最大の規模をもち、近肖古王を被葬者にあてる説がある。

方形基壇積石塚は、高句麗王や王族に採用されている。高句麗初期の王陵は、王都のあった鴨緑江《おうりょくこう》《アプノクガン》中流部の中国吉林省集安周辺にあり、被葬者を特定できるものは少なく、次章で後述する広開土王《こうかいどクァンゲド》（好太王）の王陵は、太王陵（北辺六八メートル×東辺六二メートル）説と、将軍塚（北辺三三・一メートル×東辺三一・七メートル）説とがある。

高句麗は、広開土王の次代の長寿王《ちょうじゅジャンス》の時代に大同江《テドンガン》中流部の平壌に都を遷し、王陵もその周辺に造営したと考えられる。石を主な素材にして墳丘をつくった積石塚ではなく、土を主に盛ってつくった封土墳である。高句麗の支配者層の墳墓に共通しているのは、埋葬施設である。複室構造をもつ天井がドーム形の横穴式石室で、内部には色鮮やかな壁画が描かれている。

積石塚は石村洞古墳群をはじめ、漢江流域にわずかながら分布する。これらの積石塚を高句麗にかかわる墳墓とみる考え方もあるが、大同江と漢江のあいだには積石塚は存在しておらず、分布からみて高句麗の人びとの墓であるとはみなしがたい〔金元龍 一九八四〕。ここで想起されるのが、初代百済王の温祚が初代の高句麗王朱蒙の子であるという百済の建国説話である。これまでみてきたように実質的な初代百済王は、近肖古王である。高句麗と戦線を構え、高句麗王を討ち果たしたわけだが、当時先んじて拡大をつづけていた高句麗にならった墓制を採用したのだろう。高句麗と百済の建国譚は、紀元前にさかのぼるものであって、年代的にみて史実とはとても考えられないので、むしろ近肖古王が、高句麗王の墓制を採用した事実が、両者の建国譚に反映したとみることが妥当であろう。

## 漢城百済の支配領域

近肖古王の時代（在位三四六〜三七五年）から、四七五年に高句麗軍によって王城が陥落するまでの約一五〇年間、百済の歴代の王は漢江の南岸に王城を構えた。王城が陥落したあとの、新しい百済王城は、錦江中流域の熊津《ゆうしん／ウムジン》（現在の公州《コンジュ》）の公山城《コンサン》である。漢城百済が一旦滅亡し、〝新生〟百済が南に遠く離れた地点で再出発するのである。

漢城百済の支配領域については、漢江流域のきわめて限定的なものだったと考えられる。ごく初期は中流域に限られ、百済王権は、徐々にその直接的な支配範囲を拡大していった。その支配権が徐々に南におよび、五世紀後半の段階にようやく錦江より南側の益山《イクサン》に及んだことが東晋製陶磁器の分布などの考古資料から確認される〔朴淳發 二〇〇三（日本語訳）〕。

ともかく、近肖古王が東晋やヤマト王権との外交関係を切り開いたからこそ、百済が国としての実力を徐々に発揮していくこととなるのである。この百済王権の道のりは、ヤマト王権が歩んだ勢力伸長の道のりと重ね合わせることができる。また、北方には南進を企てる高句麗という大国があり、両王権にとっては共通の難敵であった。

倭におけるヤマト王権の王から倭国の王へ歩む道のりは、勢力の伸長という意味では、百済王権と同一の歩調であったといえる。しかし、倭のなかにも、ヤマト王権の王と距離をおいた勢力や、百済王から距離をおいた勢力があったことは、明らかである。倭において、どのような勢力がどのように活動していたか、つぶさにみていこう。

# 第三章

# 倭と金官国

# 広開土王碑

中国吉林省集安には、高句麗王の顕彰碑である広開土《こうかいど》《クァンゲド》王碑がある。没後二年の四一四年に、広開土王の長男で、次代の高句麗王となった長寿《ちょうじゅ》《ジャンス》王によって建立された。広開土王は、文字どおり高句麗の領土の拡張を成し遂げた人物であり、碑文によればこの王の正式な諡号は、国罡（岡）上広開土境平安好太王である。『三国史記』「高句麗本紀」によれば、百済王（近肖古王）によって討たれたという故国原《ここくげん》《コグクウォン》王（斯由《しゆ》《サユ》）の孫である。故国原王の長男の小獣林《しょうじゅうりん》《ソズイム》王（丘夫《きゅうふ》《クブ》）が次代の王となり、小獣林王の次男の故国壌《ここくじょう》《コグクヤン》王（伊連《いれん》《イヨン》）がその次の王を嗣ぐ。そして、故国壌王の長男である広開土王（談徳《だんとく》《タントク》）が高句麗王となった。在位は、三九二〜四一三年である。

そして、その子の長寿王の時代に、都を平壌《ピョンヤン》城に遷し（四二七年）、南下と領土拡張をさらに推し進め、高句麗の版図は最大となる。さらに東晋に朝貢し、高句麗王・楽浪公などの爵位を得た。

広開土王碑は、石碑の四面に一八〇二字が刻まれていて、広開土王の業績を記した第一〜三面に倭と百済を撃ち破った状況が、暦年を追って書かれている（図6）。

その概略は、以下のとおりである（永楽は高句麗独自の年号、釈文は石井 二〇〇五による）。

辛卯　永楽元年（三九二）倭が海を渡って百済・新羅などを臣下にする。

丙申　永楽六年（三九六）高句麗王が自ら水軍を率いて百済を撃ち破る。百済王男女生口百人を献じて、高句麗王の奴客になることを誓う。高句麗王が百済王と臣下を連れ、凱旋。
己亥　永楽九年（三九九）百済が誓いを破り、倭と和通する。新羅使が高句麗王に、「倭人が国境に満ち、城池を潰破して、『奴客』を倭の民にしている。新羅王が高句麗王の臣下となるので、命を請う」と報告した。
庚子　永楽十年（四〇〇）、高句麗王が五万の歩騎を新羅に遣わす。男居城より新羅城に至るまで、

図6　広開土王碑第1面拓本〈縦547.4 cm〉（撮影：落合晴彦）

百殘新羅舊是屬民
百残〈百済の蔑称〉新羅は旧是属民にして
由來朝貢而倭以辛卯年來□《渡》□破百殘□□□《新》羅以爲臣民
由来朝貢す。而して倭は辛卯年を以て来り、（海）を渡り百残を破り、（東）のかた新羅を□して、以て臣民と為せり。

倭その中に満ちる。高句麗兵来るや、倭賊、退く。さらに追撃して任那加羅に入った。
甲辰　永楽十四年（四〇四）、倭が帯方地方に侵入する。倭寇、潰敗し、惨殺されるもの無数。
丁未　永楽十七年（四〇七）、高句麗王、歩騎五万の大軍を派遣し、大勝して、甲冑一万領および多数の武器・武具を獲得した。

あくまで顕彰碑であるので、誇大表現が含まれているのは当然である。百済とのあいだにいささかの戦闘があったのは事実であろう。また、倭人が百済・新羅を臣下にしていたかどうかは別として、倭人が海を渡り、新羅や伽耶諸国の領域内に入って活動していたのもまた事実である。朝鮮半島南東部で出土する四世紀代の倭系遺物と呼ばれる考古資料〔井上主税 二〇一四〕が端的にそのことを物語っている。ただし、それを広域な版図をもった国家どうしの戦闘なり交渉とみることは、早計である。部族国家レベル、あるいは倭においては地域の首長をも含めたレベルでの地域間交渉のレベル、さらには国への帰属意識を有していない人びとによる自由往来についても考慮する必要がある。広開土王碑には、「倭王」という文字は含まれておらず、まずは、ここに刻まれた「倭」「倭寇」「倭賊」の実態が問われるのである。

## 朝鮮半島洛東江流域、東岸域での倭人の活動

### 四世紀の倭系遺物

朝鮮半島から出土する四世紀代の倭系遺物として土師器系土器、石釧《いしくしろ》、鏃形石製品、紡錘車《ぼうすいしゃ》形石製品、

鐓《いしづき》形石製品、筒形銅器、巴形銅器があげられる。金海《キメ》、釜山《プサン》の洛東江《ナクトンガン》河口部に集中しているが、このほか、洛東江下流部の昌寧《チャンニョン》（桂城里《ケソンニ》遺跡）、南海岸部の昌原《チャンウォン》（城山《ソンサン》貝塚）、巨済《コジェ》島（鵝州洞《アジュドン》一四八五番地遺跡）、新羅の支配拠点が構えられた慶州《キョンジュ》とその北方約二一〇キロの朝鮮半島東海岸部に位置する江陵《カンヌン》（江門洞《カンムンドン》遺跡）でも出土している。

### 土師器系土器

土師器系土器は、布留式土器の系統をひくものと山陰地方の土器の系統をひくものが多く、甕、壺、小型器台、高坏などの器種がある。古墳と集落遺跡から出土し、布留式土器の成立期の三世紀末葉頃から、布留式期の最終段階の五世紀前半頃までのものが認められるが、布留二式にあたる四世紀中頃から後半頃のものがもっとも多い。三世紀末葉の近江地方の土器や四世紀後半代の愛媛県や大分県などの西部瀬戸内地方系統の土器もある。

布留式土器の系統をひくものとしては、日本列島で生産されたもの、それを忠実に摸倣し、朝鮮半島で形態を変えて生産したものがみられる。北部九州では布留式土器と山陰地方の土器が多く出土しており、朝鮮半島南東部の土器は形態的に北部九州の土器との類似点を見いだせる。おおむね北部九州との関係でとらえることが妥当であるが、近畿地方との関係も否定できない。いずれにせよ、土師器系土器の分布は、倭人が海を渡って朝鮮半島南東部に入ったことを示している。とりわけ、集落遺跡から単品ではなく器種を揃えたセットで出土していることや、土師器を模倣してつくった土器があること、昌寧桂城里遺跡、江陵江門洞遺跡、巨済鵝州洞一四八五番地遺跡などでは住居跡からの出土品があることなどは、倭人が定着して生活していたことを示す。

## 石釧

石釧は、四世紀代の日本列島固有の遺物である腕輪形石製品の一種である。沖縄県や奄美地方以南の南海に生息するイモガイは、弥生時代に貝輪として腕輪に利用されるが、古墳時代には北陸地方産の緑《りょく》色凝灰岩《しょくぎょうかいがん》を使って、この貝輪を模した石製品がつくられた。こうした腕輪形石製品には、同じく南海産のオオツタノハの貝輪を模した車輪石《しゃりんせき》、ゴホウラの貝輪を模した鍬形石《くわがたいし》があり、近畿地方を中心とした古墳に副葬された。

朝鮮半島の出土例は、慶州月城路《ウォルソンノ》カ―二九号墳の石釧の一点のみであるが、同じ古墳群の月城路カ―三一号墳からは、土師器系土器が出土している。布留式土器の小型丸底壺、高坏、山陰地方の鼓《つづみ》形器台である。いずれも、朝鮮半島南東部固有の墓制である木槨墓の副葬品である。これをもって、倭人の墓と即断することはできないが、この二つの古墳の被葬者は倭人となんらかのかかわりをもった人物であることに疑いはない。

## 鏃形石製品・紡錘車形石製品・鐓形石製品

鏃《ぞく》形石製品は、その名のとおり、鏃《やじり》を模した石製品で、原型は銅鏃であるが、実物よりかなり大きいものもある。紡錘車形石製品・鐓形石製品も、紡錘車および、杖や団扇などの柄《え》の根元に取り付けた鐓(石突き)を模したものである。石材は主に北陸地方の緑色凝灰岩が使用されており、四世紀代の日本列島固有の遺物である。実用品ではなく、祭祀・儀礼用として、古墳に副葬された。

朝鮮半島では、金海の良洞里《ヤンドンニ》三〇三号墳で紡錘形石製品、大成洞《テソンドン》二号墳、同一三号墳で鏃形石製品、同一八号墳で紡錘車形石製品、同四六号墳で鐓形石製品の出土例のほか、釜山の福泉洞《ポクチョンドン》三八号墳の瑪《め》瑙《のう》製の鏃形石製品も、日本列島のものと石材や形態は異なるが、その類例に数えられている。

洛東江河口部では、丘陵頂部を中心に木槨墓が連なる古墳群が形成されており、この地域の特色となっている。土師器系土器や後述の筒形銅器・巴形銅器のほか、銅鍑《どうふく》・帯金具・銅鏡などの中国製品、大量の土器や武器・武具などの鉄製品や鉄鋌《てってい》などがそれぞれの古墳群で副葬されており、それぞれの被葬者が盛んな対外交渉をおこなっていたことが実証される。金海は、狗邪韓国やその後身の金官《きんかん》《クムグアン》国の所在地であり、金海の良洞里古墳群は狗邪韓国から金官国時代にかけての、大成洞古墳群には金官国時代の、対外交渉によりその実力を得たそれぞれの国の王墓が含まれているものと考えられる。

### 巴形銅器・筒形銅器

巴形銅器は、中心部から四方向に突出する渦巻形の突起をもつ青銅器である。南海産のスイジガイが起源であり、盾の前面を飾るために、貼り付けられた例がある。日本列島でも出土事例は少ないが、朝鮮半島では大成洞古墳群（二号墳、一三号墳、二三号墳）で出土しているにとどまる。

筒形銅器は、空洞の円筒状の銅器である。長方形の窓状の孔を設け、内部には舌《ぜつ》と呼ばれる薄い銅板を吊り下げ、音を鳴らせるようにするものもある。杖や団扇などの威儀具、あるいは鉾や鎗などの武器の根元にこれを取り付け、石突きとして使ったという説、上部にこれを飾り下部に柄を取り付けて、音を鳴らし、楽器や威儀具として使用したという説、両者を併用していたという説がある（図7）。

出土点数は、朝鮮半島のほうが日本列島より多い。日本列島では、近畿地方を中心に九州から関東地方に及ぶ古墳で出土していて、朝鮮半島では前述の良洞里古墳群、大成洞古墳群、福泉洞古墳群に集中して出土している。

朝鮮半島産説〔申二〇〇四、田中晋作二〇〇九、井上主税二〇一四〕と日本列島産説〔福永一九九八、山田二〇〇〇、柳本二〇〇二〕がある。金官国の威信を示す器物であり、金官国からこれを供与したとする説〔申二〇〇四〕、ヤマト王権内部の権力交替のなかで、奈良盆地北部や大阪平野の勢力が各地域の新興勢力に対してこれを配布したとする説〔福永一九九八〕、同じ権力交替のなかで、奈良盆地北部（佐紀古墳群）と西部（馬見古墳群）の勢力がこれを朝鮮半島から入手し、各地の中小勢力にこれを供与したとする説〔田中晋作二〇〇九〕、新たに台頭してきた大阪平野の勢力が金官国から入手したものとする説〔朴天秀二〇〇七〕、ヤマト王権と金官国との交渉のなかで、ヤマト王権から金官国へ供与したという説〔柳本二〇〇二〕などがある。

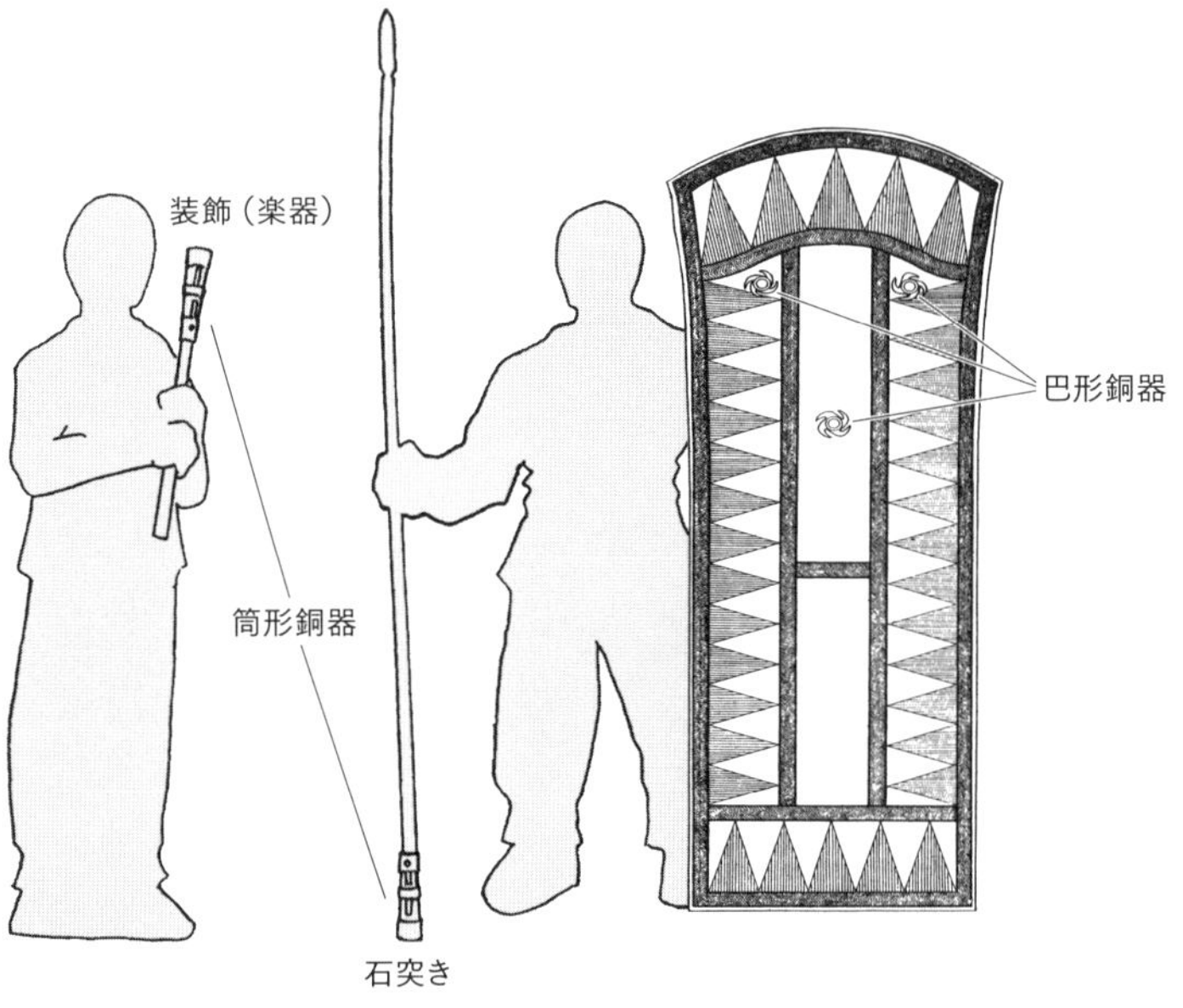


**図7　巴形銅器と筒形銅器の使用例**

## 四世紀の倭の対外交渉

はたして、四世紀代の金官国とヤマト王権のあいだに、どのような関係があったのだろうか。くり返し述べるように、両者はいずれも広大な版図をもつ国家ではない。そして、私は金官国と倭の各地に盤《ばん》踞《きょ》していた首長とのあいだに、直接的関係があったと理解している。また、土師器系土器の分布からすれば、北部九州や山陰地方の倭人が独自に海を渡った可能性があり、必ずしもヤマト王権を介在させる必要はないだろう。

しかし、第二章でみたように、ヤマト王権は、「ふる」の王を介在させて、百済との交渉を開始したのであって、朝鮮半島南東部の新羅・伽耶諸国においても「ヤマト」の有力地域集団が関与しながら、その交渉を開始したと考えられるのである。中国後漢の中平年号をもつ大刀や鏃形石製品などを副葬品としてもつ奈良盆地東北部の東大寺山古墳（墳丘長約一四〇メートルの前方後円墳）の被葬者や、筒形銅器や紡錘車形石製品・鏃形石製品などを副葬品にもつ奈良盆地南部の新沢千塚《にいざわせんづか》五〇〇号墳（墳丘長六二メートルの前方後円墳）の被葬者などがこれにあたる。

また、馬見古墳群には新山《しんやま》古墳（墳丘長一二六メートルの前方後方墳）に中国西晋製の帯金具が知られており、ヤマト王権の中国交渉の一端がうかがえる。おそらくこの帯金具もヤマト王権と中国との直接交渉ではなく、各地の有力地域集団や金官国がかかわって間接的に入手したものだろう。

それでは、次に金官国の実態をみてみよう。

# 金官国

『三国史記』巻第三十四の雑志地理一の良州の条に〝金海小京は、古の金官国（分注　伽落国とも伽耶ともいう）〟とある。前述のとおり、洛東江河口部西岸にある現在の慶尚南道《キョンサンナムド》金海市が、金官国の所在地である。また、『三国遺事』巻二に抄録されている「駕洛《から》国記」は、金官国のことを主に記述したものである。その冒頭に〝高麗十一代王の文宗の時代、大康年間（一〇七五～一〇八五）、金官知州事であった文人が選び、ここに略して述べる〟という注がある。『日本書紀』には、金官国の記載はなく、五〇ページで前述した神功皇后摂政四十九年条にみられる加羅《から》ほか七カ国のうちの一つである南加羅《ありひしのから》がこれにあたると考えられる。

「駕洛国記」には、〝後漢の光武帝建武十八年（四二）、亀旨《キジ》にいた九人の酋長のもとに天から黄金の六つの卵が降りてきて、その卵が童子になり、一〇日あまりで背丈が九尺となり即位した。最初あらわれた首露《スロ》が、六伽耶のひとつである大駕洛、またの名を伽耶国の王となった〟という説話が記載されている。そして、卵から化した残りの五人の童子が、それぞれ五伽耶の主となったとする。

『三国遺事』の巻一に五伽耶の記載があり、〝安羅伽耶《アラガヤ》（今咸安《ハマン》）・古寧伽耶《コニョンガヤ》（今咸寧《ハンニョン》）・大伽耶《テガヤ》（今高霊《コリョン》）・星山伽耶《ソンサンカヤ》（今京山《ギョンサン》、一に言う碧珍《ビョクチン》）、小伽耶《ソガヤ》（今固城《コソン》）〟のこととしており、つづけて「本朝史略」を引用し、〝一に金官（金官府に為す）、二に古寧（加利県に為す）、三に非火《ビハ》（今の昌寧、恐らく高霊の訛）、四、五に阿羅と星山（同前、星山或いは碧珍伽耶）〟と記す。「本朝史略」に小伽耶のかわりに金官国が記されているのは誤りであり、天から六個の卵が下りてきて、中心となったのが金官国でその残りが五伽耶にあたるのだということを記述している。その後、地名がかわり、古寧伽耶は現在の咸昌《ハンチャン》、星山伽耶は現在の星州《ソンジュ》に比定される（図8）。

首露王は、実在の人物ではないし、金官国の年代も四世紀をさかのぼるものではない。しかし、伽耶諸国のなかの一国であり、その中心的な存在であったことは確かである。

金海には、首露王陵と伝えられる場所があり、一八八六年に建立された石碑がその前に立つ。この伝首露王陵から西北五〇〇メートルに大成洞古墳群と大成洞博物館がある。大成洞古墳群には、前述のとおり金官国の王陵が含まれる。首露王陵の南西にあるのが鳳凰台《パンファデ》と呼ばれる丘陵で、ここが金官国の王城の推定地である。周辺部の発掘調査で、五世紀後半代のものとみられる周囲を取り囲む土城の痕跡が

図8　金官国と五伽耶

確認されている。また、環濠や柵などの遺構や、移動式竈《かまど》が集中して出土しており、移動式竈は「ヤマト」と関連する遺物であると考えられる（図9）。

この鳳凰台土城のある場所まで当時の海岸線が迫っており、その西側はさらに深い入り江となっていた。古金海湾と呼ばれている。官洞里《クァンドンニ》遺跡では、金官国時代の大規模集落と墓域が検出されている。さらに、道路遺構と古金海湾に突出する桟橋状の船付き場も検出されている。金官国の国際的な港湾拠点と意義づけられる。

さらに、内陸部の餘來里《ヨレリ》遺跡では、製鉄炉は確認されなかったものの、炭焼窯、倉庫群や道路遺構とともに、鉄鉱石、鞴《ふいご》羽口、鉄滓、炉壁などが竪穴遺構などから検出された。五世紀代の金官国の大規模な鉄生産遺跡であり、物流拠点としても機能していたと考えられる。

また、良洞里古墳群や大成洞古墳群には、鉄生産と関連する板状鉄斧や鉄鋌《てってい》が副葬されている。板状鉄斧は、三〜四世紀の北部九州や近畿地方などの弥生時代の墳墓や古墳に副葬され、鉄鋌は主に五世紀以降の古墳に副葬されている。これらは、鉄素材として加工されたり、あるいは鉄の原材料として貨幣的な価値をもつ交換財であったと考えられ、金官国が中継地点となって日本列島に輸入されたものであろう。

この時期に、金官国の人びとが「ヤマト」にも海を渡ってやってきている。纒向遺跡で出土しているハケとタタキを施した韓式系土器は、この地域のものである。纒向遺跡に金官国出身の渡来人がいたことの証明である。また、「ヤマト」にはミニチュア鉄製品がみられ、日本列島に鉄器生産技術を移植した朝鮮半島各地の渡来系鍛冶工人が関与したものとみられる。後述する大和六号墳では、小型鉄鋌を加工したミニチュア農工具がみられ（一七七ページ図34参照）、金官国出身の鍛冶工人が介在していたもの

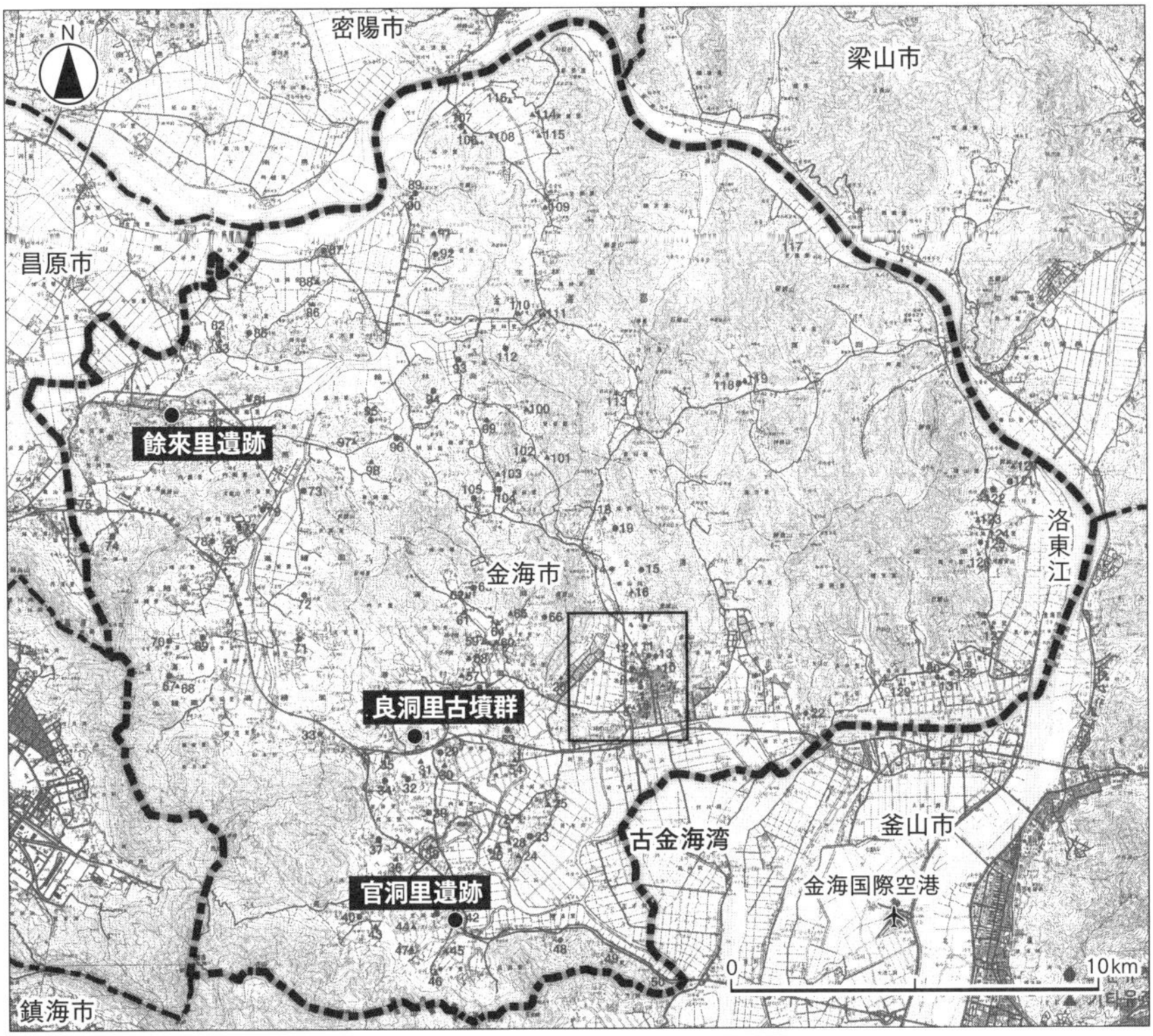

密陽市
梁山市
昌原市
餘來里遺跡
洛東江
金海市
良洞里古墳群
古金海湾
釜山市
金海国際空港
官洞里遺跡
鎮海市
0
10km


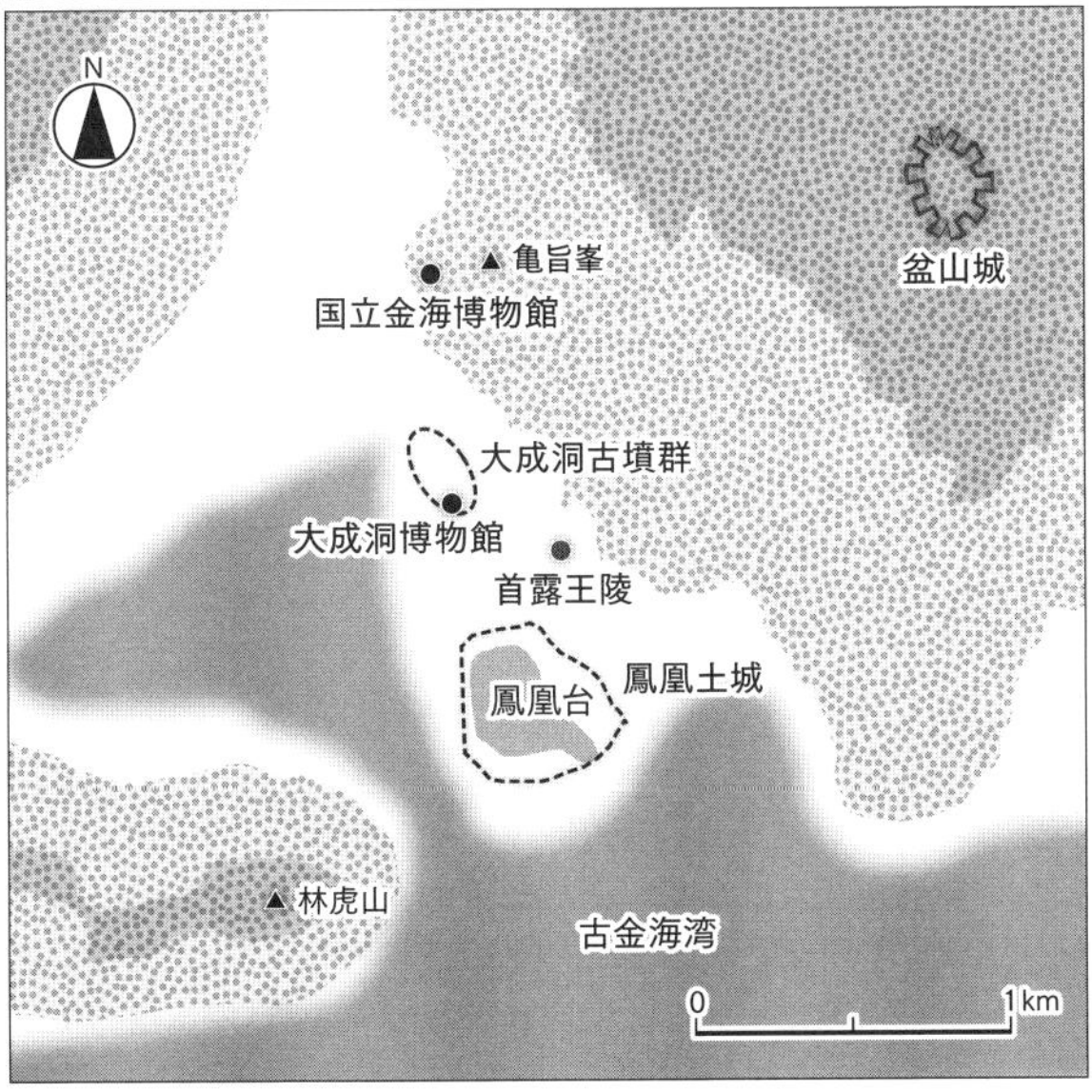

N
亀旨峯
国立金海博物館
盆山城
大成洞古墳群
大成洞博物館
首露王陵
鳳凰土城
鳳凰台
林虎山
古金海湾
0
1km


図９　金官国の遺跡

とみられる。

金官国の版図は、詳しくはわからない。金官伽耶《クムグアンカヤ》土器様式といわれる土器や筒形銅器などの分布から、東を洛東江の対岸である釜山、北・西を昌原および昌原盆地までみる説〔朴天秀 二〇〇七〕、さらに、狗邪国を中心に『魏書』韓伝にみられる弁辰一二カ国全体が連盟を結んでまとまっていたという説〔金泰植 一九九三〕もあるが、前者は金海周辺を版図とする地域集団が一定の影響力を及ぼしていた範囲を示しているにすぎず、後者は連盟を結んでいたとする具体的内容がない〔田中俊明 一九九二〕。ちなみに、『日本書紀』神功皇后摂政四十九年条にいう卓淳《とくじゅん》国は、大邱《テグ》などの内陸部に求める説がかつてあったが、現在では海岸部の昌原地方に比定されている〔田中俊明 二〇〇七〕。大邱には、別の小国があったとみるのが妥当である。

このようにみるなら金官国の支配範囲は鳳凰台土城を中心とし、北・東は洛東江まで、南は古金海湾、西は内陸部の餘來里遺跡があるあたりの昌原市との境界部までの狭い範囲に限られていたとみるべきだろう。倭と中国を結ぶ中継地であり、とくに対馬海峡を隔てて倭に渡る港湾があったことこそが、これをして国といわしめるまでの状況をつくったのだろう。

## 任那加羅

広開土王碑には、永楽十年〔四〇〇〕に新羅の王都に入っていた「倭賊」を追い払った高句麗軍が、さらに追撃して「任那加羅《みまなから》《イムナカラ》」に入ったとある。この「任那加羅」が、金官国であると考えられる〔田中俊明 一九九二〕。さらに、安羅人が高句麗、新羅を攻撃したとある。安羅国は、五〇ページで述べた加羅ほか七カ国のうちの一国であり、前述の五伽耶のうちの一国（安羅伽耶）で、現在の咸安にあたる。

一方、『日本書紀』には、天皇が朝鮮半島南部を統治するための出先機関として、「任那日本府」をおいたとする記述がある。その起源は、住吉大神が神功皇后の胎中の応神天皇に対し、高句麗・百済・新羅とともに任那を授けたことにあり、神功皇后がこれらの国を属国とし、国ごとに天皇の直轄地である官家《みやけ》をおいたことにあるという（『日本書紀』継体天皇六年条）。しかし、神功皇后即位前紀をみると、神功皇后は応神天皇を懐胎しながら新羅を攻め、高句麗・百済・新羅の三韓征伐をおこなったとするが、ここに任那の文字は登場しない。

それより前の『日本書紀』の記事で「任那」をみると、崇神天皇六十五年・垂仁天皇二年・応神天皇七年・二十五年条などに任那王の朝貢などが記されるが、天皇の支配地に「任那」があったという記載ではない。そうしたなか、雄略天皇七年の条に、「任那国司」の派遣が登場する。国司は文字どおり、天皇が地方に派遣する地方の行政長官である。

天皇が吉備上道臣《きびのかみつみちおみの》田狭《たさ》を「任那国司」として派遣し、新羅を討とうとするが、田狭は任那に立て籠もってしまったという記事がある。次に派遣された田狭の子の弟君《おときみ》が、新羅を討たず途中で引き返し、百済に立て籠もろうとしたので、この謀反を憎んだ妻の樟媛《くすひめ》によって殺されてしまう。そのときに樟媛は、百済の手末《たなすえ》の才伎《てひと》（手先を使う諸種の技術をもった工人）を連れて帰ったという（詳細は一五二ページ）。

この三年後の雄略天皇八年条が、「任那日本府」の初出記事である。

〝新羅に、高句麗が出兵してきたので、任那日本府の行軍元帥《いくさのきみ》に救援を求めてきた。任那王が、膳臣《かしわでのおみ》斑鳩《いかるが》、吉備臣小梨《きびのおみおなし》、難波吉士赤目子《なにわのきしあかめこ》を推挙し新羅に派遣、高句麗軍を撃破した。これによって、高句麗と新羅の間の二国間の恨みがはじまった〟とある。

任那日本府が朝鮮半島にあって新羅救援軍を派遣したというものであり、前述の七年条の記事にある「任那国司」への任官を含め、信憑性は乏しい。そして、継体天皇六年に任那四県である上哆唎《おこしたり》・下哆唎《あろしたり》・娑陀《さだ》・牟婁《むろ》（第九章で詳述）を百済に割譲し、欽明天皇元年には任那復興を企図したが、同二十三年（ある本では二十一年）に新羅に滅ぼされてしまったという。

これまでみたように、「日本府」の存在自体がありえない。同時代において、「日本」の国号も、「府」や「官家」と呼ばれるような統治機構や天皇の直轄地が存在したという事実を認めることもできないからである。また、任那を朝鮮半島南部の広域な地域を指す呼称として使用しているのも『日本書紀』だけである。くり返し述べるように、六世紀までのあいだにここにあったのは、小地域を支配した部族国家群である。

中国史書や金石文などの記述では、この部族国家の一国である金官国を指す呼称として「任那」が使用されている。「任那日本府」の存在はありえず、教科書から消えたのは当然であるが、倭国各地域の王や倭人が、朝鮮半島南部で積極的な活動を展開したことは事実である。

とりわけ、四世紀半ばに百済王との関係に端緒を開いた奈良盆地の有力地域集団や日本列島各地の王や新興勢力が、五世紀代を通じて朝鮮半島各地域で積極的な活動をおこなっている。百済王との関係のなかで、その軍事行動に加担した倭人も少なからず存在したと考えられる。

広開土王碑に刻まれた「倭」「倭寇」「倭賊」は、こうした王や新興勢力を指しているのであって、ヤマト王権のもとに編成された組織的な兵力であったわけではないと考えられるのである〔高田二〇一七、若槻二〇一九〕。

# 第四章

# 四一三年の倭の遣使

# 倭国の晋への朝貢

『晋書』本紀の安帝義熙九年（四一三）条に〝この年、高句麗・倭国及び西南夷銅頭大師、並びに方物を献ず〃という記事がある。空白の四世紀の扉を開け、中国正史に久々に登場した倭国による朝貢記事である。ところが、倭国がどのような形で朝貢したのか、当時の倭国王はだれなのか、など論争を呼んでいる。

『太平御覧』は、中国の北宋代の九七七年から編纂がはじめられた天、地、皇王、州郡、封建、職官など五五部門、五百条に及ぶ項目を列挙する総覧であるが、「香部」の「麝《せき》条」に〝「義熙起居注」に曰く、「倭国、貂皮《てんかわ》（テンの皮）・人参等を献ず。詔して細笙《ほそしょう》（楽器の笙）・麝香《じゃこう》（ジャコウジカからとった香料）を賜う〃とあり、四一三年の倭国の朝貢品が記載されている。しかし、貂皮・人参（高麗人参）は、倭国の特産品ではなく、高句麗の特産品である。

一方、『日本書紀』応神天皇三十七年条の〝阿知使主《あちのおみ》と都加使主《つかのおみ》を呉《くれ》（中国南朝）に遣わした。高麗国（高句麗）に至り、高麗王が久礼波《くれは》・久礼志《くれし》の二人に道案内させ、呉に至った。呉王が工女《ぬいめ》の兄媛《えひめ》、弟媛《おとひめ》、呉織《くれはとり》、穴織《あなはとり》の四人の子女を与えた〃という記事を四一三年の朝貢に関連づける説もある。ただし、阿知使主と都加使主は、東漢氏《やまとのあや》の始祖であり、これはその祖先顕彰譚として後世に造作された説話であるとされている。

そのため、四一三年の朝貢は、倭国の朝貢ではなく、高句麗が単独で東晋に朝貢したという説（森公章二〇一〇〕、高句麗との戦闘で捕虜とした倭人を倭国使に仕立てて同行したものとする説〔坂元一九八二〕、高句麗からの働きかけがあって、倭国と高句麗が同時に共同で正式に朝貢したとする説〔仁藤二〇〇四〕、「義熙起居注」の倭国は、高句麗の誤記であり、高句麗使とは無関係の倭国使が、単独で朝貢したとする説〔石井二〇〇五〕に分かれる。

後に掲げた二説では、当時の倭国王を『南史』や『宋書』倭国伝の記載などから讃とみるか〔仁藤二〇〇四〕、讃とは断定できず讃以前の王の可能性もあるとみる〔石井二〇〇五〕場合とがある。

私は、「倭国」が朝貢したということに注目する。当時の倭には、「倭王」「倭国王」を自称し、対外交渉をおこなう人物は存在しなかったのである。この朝貢については、高句麗王が主導していたものである可能性が高い。戦争で得た捕虜であったかどうかはさだかではないが、高句麗王に従った倭人であったと考えられる。

## 高句麗長寿王の威勢

当時の高句麗王は、長寿《ちょうじゅ》《ジャンス》王である。

この四一三年の朝貢については、中国側の『宋書』高句麗伝と高句麗側の『三国史記』「高句麗本紀」には、ほぼ同じ内容で記載されている。『宋書』では〝高句麗王が長史高翼を遣わして表を奉り、赭白《あかはく》馬《ば》を献じる。東晋の安帝が、使持節・都督営州軍事・征東将軍・高句麗王・楽浪公とした〟とし、「高句麗本紀」では安帝が高句麗王・楽浪公に封じたとして爵号のうち、前の三つが省略されている。長寿王即位の年の遣使であり、高句麗王としても中国には七〇年ぶりの遣使である。

前述のとおり、長寿王は父の偉大な功績を称えて、四一四年に広開土王碑を建て、四二七年には、平《ピョン》壌《ヤン》城に遷都した。そして、中国王朝の北朝（北魏）にたびたび朝貢し、除正をうけるとともに、北魏と燕のあいだでの戦闘に加担している。南朝側の東晋の後裔の劉宋や南斉に対しても、朝貢をおこなっているが、その回数は少ない。

「高句麗本紀」によると、在位は七九年に及び、九十八歳で亡くなったという。故に長寿王という諡号が贈られた。『魏書』高句麗伝などでは、百余歳と記載されている。

四七五年に百済の王都漢城を攻撃して陥落せしめ、百済王の蓋鹵《がいろ》《ケロ》王（余慶）を殺害したのも長寿王である。また、「高句麗本紀」によれば、新羅に対しては、四六八年に悉直州城（江原道三陟《カンウオンドサムジ》）や四八九年に狐山城（未詳）を攻撃し、攻め落としたという。

百済と新羅、そして伽耶諸国と倭が、この高句麗長寿王の威勢にどう対応したか、五世紀の朝鮮半島の戦乱の背景は、そこに集約されるのである。

## 『日本書紀』の四一三年

それでは、四一三年の高句麗が晋に朝貢した年における倭国王はだれか。対外的には国王と名乗らずとも、ヤマト王権の王がその立場にもっとも近い位置にあったことは明らかである。

第一章で記述した『日本書紀』の暦年を干支二巡（一二〇年）繰り下げると、庚寅年は三九〇年にあたる。その場合、四一三年は、応神天皇二十四年（癸丑）にあたり、当時の倭国王は応神天皇（ホムダワケ）ということになる。しかし、これをもって単純に四一三年の倭国王が応神天皇であったなどということはできない。

ただし、応神天皇の時代の『日本書紀』の記事をみると、百済との関係においてその暦年が一致している場合があり、検討の余地がある。

応神天皇三年（壬辰）条と応神天皇十六年（乙巳）条に百済阿花《あか》王の即位と死亡の記事がある。これは『三国史記』「百済本紀」の第十六代阿莘《あしん》《アシン》王の即位の三九二年（壬辰）と没年の四〇五年（乙巳）の記載と一致している。

しかし、応神天皇二十五年（甲寅）条には、百済直支《とき》王が薨じたという記事がある。これを応神天皇二十五年（甲寅）の四一四年とした場合、『三国史記』「百済本紀」の第十七代腆支《てんし》《ジョンチ》王（直支王）の没年は、四二〇年（庚申）であり、この場合は六年のズレがある。

この百済直支王の死亡につづく後日談は以下のとおりである。子の久爾辛《くにしん》王が王位についたが、幼少だったので木満致《もくまんち》が国政を執ったこと、王の母と密通し無礼なふるまいをおこなったこと、応神天皇がそれを聞いて木満致を召したということなどがそこに記されている。さらに、「百済記」の引用があり、木満致について、木羅斤資《もくらこんし》の子で、新羅を攻めたという父の功績により任那で権勢をふるったこと、そこから往還して、百済で政治の実権を握ったこと、その横暴を聞いて応神天皇が召したことなどについても記されている。後述する蓋鹵王の時代に登場する木劦満致《もくぎょうまんち》《モクジョマンチ》（二一四ページ）とこの木満致が同一人物であるとした場合、年代的にいささか乖離するが、百済で政治的実権を握った高官が四一四年（甲寅）頃に来倭したのは史実であろう。

ところが、『日本書紀』では、応神天皇二十五年に亡くなったはずの百済直支王が三十九年（戊辰、一二〇年繰り下げると四二八年）条に再び登場して、妹の新斉都媛《しせつひめ》を天皇に遣わし、仕えさせたとしており、記述の整合性がとれていない。百済直支王の没年は、あくまで『三国史記』の四二〇年が正しいのであって、やはり、その記述のなかに混乱がある。

## 四一三年の百済王

四一三年の時点での百済王は、直支王（腆支王）である。直支王（余映・余腆）は、高句麗と交戦しながら、東晋へ幾度もの朝貢を重ねている。直支王即位にあたっては、百済王家で倭国を巻き込んだ内紛があった。以下がその概要である。

阿莘王三年（三九四）に、阿莘王の嫡男の腆支王（直支王ともいう）が太子となり、同六年（三九七）に倭国に人質として差し出された。十四年（四〇五）に阿莘王が薨去したが、次男の訓解《フンヘ》が王となり、腆支王の帰国を待った。しかし、末弟の碟礼《チョムレ》が訓解を殺して勝手に王位についてしまう。そこで、直支王が倭国から帰国し、倭兵百名とともに国境付近の海中の島に立て籠もり、時期を待った。碟礼が国人によって殺され、腆支王が漢城に入って王位についた。（『三国史記』「百済本紀」第三　腆支王）

四一三年の時点で、新興勢力であり、高句麗の攻勢に悩まされていた百済王権が、倭との関係を重視していたことは、まぎれもない史実である。ヤマト王権の周縁にあった「ふる」の王、「かづらぎ」の王、「キ」の王や各地の有力地域集団が百済とつながって、伽耶諸国で積極的な活動をおこなっていた。そのことが倭との関係に反映しているのであって、人質であったかどうかはともかく、即位前の直支王が倭に滞在していたことについてもまた史実であったと考えられる。

## 麛坂王と忍熊王の反乱

前述のように、応神天皇の母、神功皇后は神話的・伝説的存在であって軍神としての色彩が強く、実在したとは考えられない。父の仲哀（タラシナカツヒコ）は、熊襲・蝦夷討伐をおこなったという神話的・伝説的な英雄であり、死んで白鳥となったという日本武尊《やまとたけるのみこと》の第二子である。仲哀天皇の母は、垂仁天皇の女《むすめ》で両道入姫命《ふたぢのいりひめのみこと》とあるが、やはりその名のとおり中継的な存在であって、これもまたその実在性に乏しい（図10）。

ところで、『日本書紀』には仲哀天皇と大中姫の間に産まれた麛坂《かごさかの》（香坂）王《みこ》と忍熊王《おしくまのみこ》という二人の皇子がいたということを記し、神功皇后摂政元年条に、この麛坂王と忍熊王が反乱をおこしたとする。そして、忍熊王の反乱軍が武内宿禰《たけのうちのすくね》と和珥臣《わにのおみ》の祖である武振熊《たけふるくま》に鎮圧され、忍熊王が近江の瀬田の済（渡し）で死ぬまでの過程が描かれている。

塚口義信氏は、この麛坂王と忍熊王が正統な王位の継承者であったものを、応神（ホムダワケ）がこれを打倒して、「河内政権」を樹立したのだとする。佐紀古墳群西群を築いた政治集団（「佐紀政権」）が内部分裂したものであり、応神（ホムダワケ）は河内誉田地方の一族（品陀真若王《ほむだまわかのみこ》）のもとへ入り婿し、没後は古市古墳群に葬られたとした〔塚口 二〇一六〕。

この説に導かれ、岸本直文氏は三九〇年に政権内部のクーデターで即位した応神（ホムダワケ）が古市古墳群で最初に築かれた大型前方後円墳である津堂城山古墳《つどうしろやま》（墳丘長二〇八メートル）をその墳墓にし

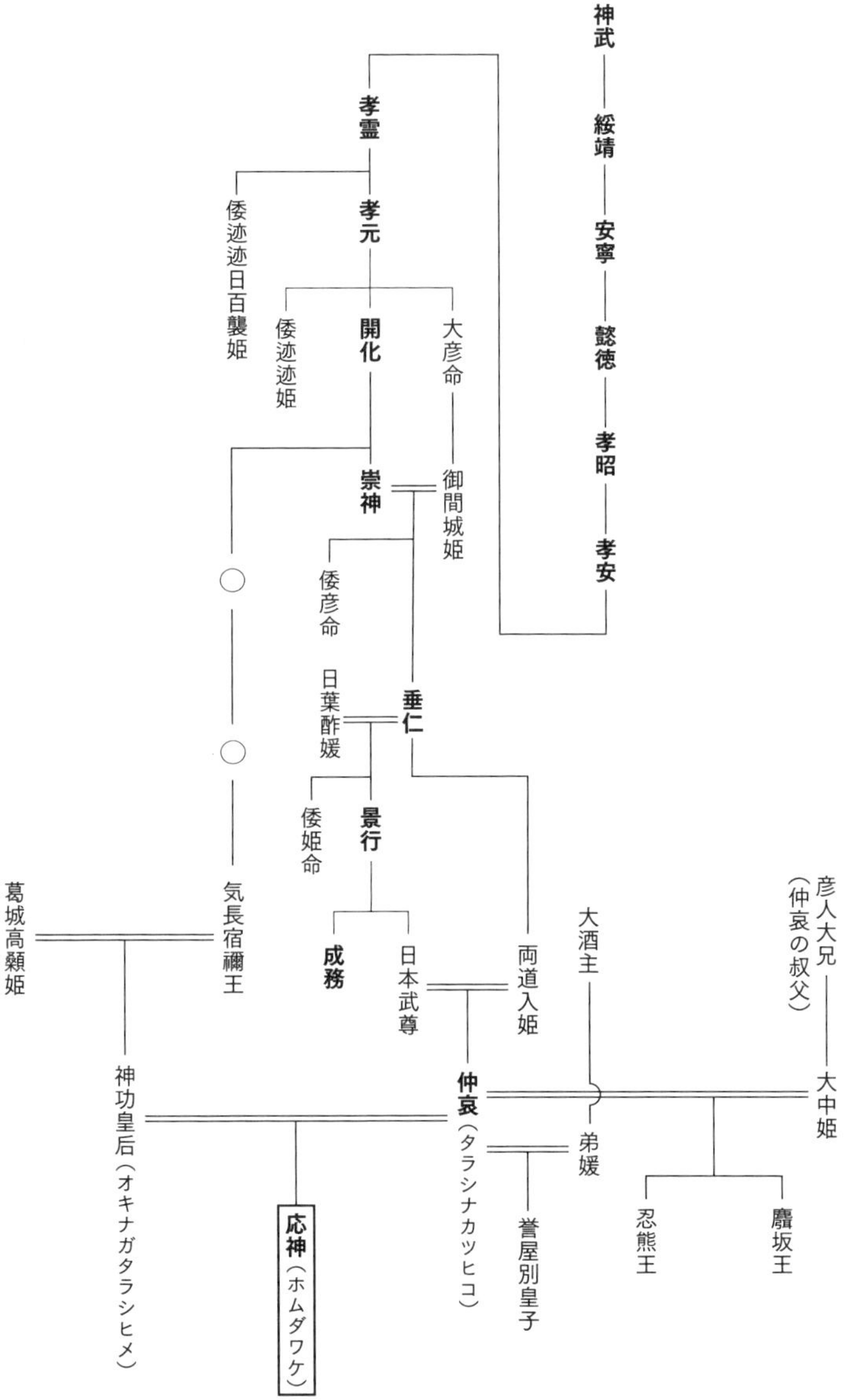


図10　応神（ホムダワケ）の系譜（『日本書紀』）

たと考えた〔岸本二〇一〇、二〇一六〕。なお、森浩一氏は、津堂城山古墳の被葬者として反乱軍側の忍熊王を掲げている〔森浩一二〇一一〕。

塚口氏の説が、すでに広域支配をなしとげていた政権内部の権力抗争とみるのに対し、それより古くから提起されているのが、出自の異なる新政権の樹立を唱える「河内政権論」や「河内王朝論」などである。

大陸の騎馬民族が上陸し、新たな征服国家を打ち立てたという騎馬民族征服説〔江上一九六七〕が提起されたあと、九州の有力者が大阪平野に襲来して新政権を樹立したとする説〔井上光貞一九六〇、水野一九六七〕、大阪平野の勢力が瀬戸内海の制海権を得て強大となって新政権を樹立したとする説〔上田一九六七、岡田一九七〇、直木二〇〇五〕などが提起された。

はたして応神天皇は実在したのだろうか。

## 応神天皇の人物像

『日本書紀』応神天皇四十一年条には、天皇（ホムダワケ）が明宮《あきらのみや》（一説では大隅宮）で崩御したとするのみで、即位した宮の記載はない。ただし、応神天皇二十二年条に天皇が難波に行幸し大隅宮《おおすみのみや》に居たとある。崩御した宮は一説に大隅宮としており、その所在地を難波としている。

『古事記』には軽島の明宮で天下を治めたとする。軽から想起されるのは、軽の衢《ちまた》、市、軽寺などであり、現存地名としては奈良盆地南部に橿原市大軽町がある。難波にも奈良盆地にも政治拠点があったような書きぶりである。

また、応神天皇の埋葬地についても、『日本書紀』の応神天皇の条には記載がない。雄略天皇の九年秋七月条に「蓬蔂丘《いちびこのおか》の誉田陵《ほむたのみささぎ》」の記載があって、応神陵が登場する。ところが、この蓬蔂丘がわからない。田辺史伯孫《たなべのふひとはくそん》が、古市郡の書首加竜《ふみのおびとかりゅう》に嫁ぎ、出産した娘の祝賀のために古市の家へ向かい、その帰路の途中で蓬蔂丘の誉田陵で赤い駿馬にまたがった騎士に出会ったというこの説話の内容から、古市古墳群のいずれかの前方後円墳が『日本書紀』編纂時点で、それと認識されていたということだろう。

一方、『古事記』には「御陵は川内《かわち》の恵賀《えが》の裳伏岡《もふしのおか》にあり」とある。さらに、平安時代の『延喜式』の諸陵式に〝河内国志紀郡にあり、兆域東西五町・南北五町〟の記載がある。

宮内庁は古市古墳群にあり、日本列島第二位の規模をもつ誉田御廟山《こんだごびょうやま》古墳（墳丘長四二五メートル）を応神天皇陵に治定している。この誉田御廟山古墳の南に応神天皇を祀る誉田《こんだ》八幡宮がある。

白石太一郎氏は、古墳墳丘上やその周辺に、一一世紀までさかのぼる八幡宮の前身の建物や、応神天皇を祀るための建物があったとし、この頃には誉田御廟山古墳が応神天皇陵であると認識されていたとする。そのうえで、誉田御廟山古墳の築造年代が埴輪などの考古資料からみて五世紀第1四半期頃であり、現在の治定が正しいと判断した。

さらに、近接する誉田丸山古墳で出土している金銅装の馬具が東アジアのなかでも優品であることをふまえ、その国際性に注目した。そして、ヤマトの勢力にかわって、新たに台頭してきた河内王家の威勢が強大なものであり、河内王家の三代目の王（初代は古市古墳群の仲ツ山古墳〔墳丘長二九〇メートル〕、第二代は百舌鳥古墳群の上石津ミサンザイ古墳〔墳丘長三六五メートル〕の被葬者）の実力と威信が誉田御廟山古墳に示されているとした〔白石 二〇一八〕。

古代から近代までのあいだ、誉田御廟山古墳に応神天皇が埋葬されていると認識されていたのは間違いない。しかし、応神天皇を「河内王家」の初代王として位置づけないかぎり、応神天皇（ホムダワケ）の実在性は証明できないであろう。

前述したように大阪平野において、最初に築造された大型前方後円墳は、津堂城山古墳であり、この論理からすればホムダワケ（応神天皇）の墳墓にこれをあてるのがふさわしい。

しかしながら、津堂城山古墳の被葬者は、大王として広域支配を実現した人物として位置づけることはできないのである。

## 「カワチ」の王

津堂城山古墳と同時に奈良盆地中央部では島の山古墳（墳丘長二〇〇メートル）、北部の佐紀古墳群では宝来山《ほうらいさん》古墳（墳丘長二二七メートル）、西北部の馬見古墳群では巣山《すやま》古墳（墳丘長二二〇メートル）が造営されている（巻頭「古墳と関連遺跡編年表」参照）。

こうした点だけをみても、各地に王が君臨していたことは間違いなく、墳丘の巨大化の背景に王相互の覇権争いがあったと考えられるのである。津堂城山古墳の近くには、古墳時代前期〜中期の集落遺跡の津堂遺跡がある。津堂城山古墳の被葬者は、大阪平野南部一帯の開発を主導し、地域支配を実現した「カワチ」の王である。

この時期のヤマト王権は、奈良盆地東南部、中央部と北部、大阪平野南部の三カ所に王の支配拠点を設け、それらの王が鼎立していたと考えられる。地域支配を実現した王どうしが、相互に激しい権力闘争をくり広げ、しのぎを削っており、政権の安定にはほど遠い状況であったであろう。あくまで、この時期のヤマト王権の支配構造は、奈良盆地東南部および中央部（「おおやまと」）、北部（「さき」）、大阪平野南部（「カワチ」）において、それぞれの地域の開発を主導したことによって、その地域の支配権を獲得した王による「連合体制」であった。このことが、空白の四世紀の原因であり、唯一の倭王が、中国に朝貢できなかった要因であると考えられる。

こうした実態からすれば、ホムダワケの政権基盤が、どの地域にあったかは必ずしも明瞭ではなく、遺跡や古墳からその実像はつかみがたい。『日本書紀』の記述の矛盾や神話的・説話的な内容をつくまでもなく、ホムダワケという人物が実在したわけではなく、複数の人物の伝説が合成されたものとみるべきであろう。

## 四一三年のヤマト王権の王は誰か

大阪平野南部で、津堂城山古墳につづいて築造された大型前方後円墳は、仲ツ山古墳である。すなわち、仲ツ山古墳の被葬者が、次代の「カワチ」の王である。

仲ツ山古墳と同時に佐紀古墳群ではコナベ古墳（墳丘長二〇四メートル）、馬見古墳群では新木山《にきやま》古墳（墳丘長二〇〇メートル）が築造されている。

こうした古墳の築造状況からみれば、四一三年の遣使のときのヤマト王権の王は、仲ツ山古墳・コナベ古墳・新木山古墳の被葬者であったと考えられる。ヤマト王権の王のなかの王は不在であり、政権はまったく安定していなかったのである。

## 次代のヤマト王権の王と各地の王

さらに、仲ツ山古墳の次代の大型前方後円墳として、古市古墳群では墓山《はかやま》古墳（墳丘長二二五メートル）が築造される。同時期の「ヤマト」では、佐紀古墳群に市庭《いちにわ》古墳（墳丘長二五三メートル）、西南部の「かづらぎ」に室宮山《むろみややま》古墳（墳丘長二三八メートル）がそれぞれ造営されている。「かづらぎ」では、「かづらぎ」の王が支配拠点を設け、地域支配を貫徹していたと考えられる（巻頭「古墳と関連遺跡編年表」参照）。

このとき、百舌鳥古墳群において日本列島第三位の規模をもつ上石津《かみいしづ》ミサンザイ古墳も築造されている。上石津ミサンザイ古墳が築造された時代には、百舌鳥古墳群のある大阪湾岸にまで、ヤマト王権はその直接支配領域を拡大し、百済と強いつながりをもつにいたったのである。上石津ミサンザイ古墳の規模からすれば、その被葬者がヤマト王権の王のなかでは主導権を握っていた可能性は高い。しかしながら、ヤマト王権の王は、各地域でそれぞれ地域支配をおこない、相互に覇権を競い合っていたのであり、決して一枚岩であったとは考えられない。上石津ミサンザイ古墳の被葬者像については、第七章で詳述することとしよう。

そして、これと同時期に「かづらぎ」の王として、ヤマト王権の王とは異なる独自の支配領域を確保し、独自に海外へ雄飛し、伽耶諸国において軍事行動をおこしていたのが、室宮山古墳の被葬者である。次章で、ヤマト王権と対峙した「かづらぎ」の王について詳述しよう。

また、上石津ミサンザイ古墳とほぼ同時期に、岡山県では造山《つくりやま》古墳（墳丘長三五〇メートル）、群馬県では太田天神山古墳《おおたてんじんやま》（墳丘長約二一〇メートル）、宮崎県では女狭穂塚古墳《めさほづか》（墳丘長一七六メートル）がそれぞれ築造されている。

造山古墳は日本列島で第四位の墳丘規模をもつ前方後円墳である。同じ岡山県の作山古墳《つくりやま》（墳丘長二八二メートル）、両宮山古墳《りょうぐうざん》（墳丘長二〇六メートル）とともに「キビ」の広域支配を実現したキビ王権の王の墳墓であると位置づけられる。その詳細については第六章で詳述する。

太田天神山古墳は、東国地方で最大の前方後円墳である。近畿地方の前方後円墳を除くと、岡山県の二基につづく第三位の規模をもつ。東に近接している女体山古墳《にょたいさん》（墳丘長一〇六メートル）も、日本列島で屈指の規模をもつ帆立貝式古墳である。

女狭穂塚古墳は、九州地方最大の前方後円墳である。北に隣接する男狭穂塚古墳《おさほづか》（墳丘長一七六メートル）は、日本列島最大規模をもつ帆立貝式古墳である。帆立貝式古墳は、前方後円墳の前方部を縮小することによって設計されたものであり、前方後円墳の被葬者に対しては一定の配慮や規制があったものとみられる〔坂 二〇〇九〕。

各地の前方後円墳の被葬者がヤマト王権の王と強い関係性を結んでいたことは、長持形石棺など埋葬施設の構造、埴輪などの外部施設のあり方からみて明らかである。しかし、ここで強調しておきたいのは、これら各地の前方後円墳の被葬者が、それぞれの地域で広域支配を実現し、それぞれに自立した王であったことである。日本列島各地が、ヤマト王権の支配下にあったわけではないことをここで確認しておきたい。

# 第五章

# 「かづらぎ」の王と加羅国

# 「かづらぎ」の王　葛城襲津彦

『日本書紀』には、神功皇后摂政五年・六十二年、応神天皇十四年・十六年、仁徳天皇四十一年条などに新羅を討ったり、百済王と天皇との仲介にあたったりした人物が登場する。それが葛城襲津彦《かづらぎのそつびこ》である。

このように、何世代にもわたって同一の人名が登場すること自体、そもそもその実在性があやうい。『日本書紀』の記載順にその概略を並べると、以下のようになる。

①神功皇后摂政五年条

新羅王が汙礼斯伐《うれしほつ》・毛麻利叱智《もまりしち》・富羅母智《ほらもち》らを遣わし朝貢した。使者は前に人質になっていた微叱《みし》許智伐旱《こちほつかん》（一七代新羅奈勿王の子）を取り返そうと、微叱許智伐旱をとおして「私が帰らないあいだに妻子を没収して孥《つかさやっこ》（官奴）としてしまった。その虚実を知るべく帰りたい」とあざむいて告げた。そこで葛城襲津彦を付き添わせ対馬まで向かったところ、毛麻利叱智が船と水手《かこ》を配して、微叱許智伐旱を船に乗せ新羅に逃れさせた。人形をつくって微叱許智伐旱が病に伏せっているようにみせかけて、葛城襲津彦に「微叱許智伐旱が急に病にかかって死にそうだ」と告げた。葛城襲津彦は病状を見に来たが、そこであざむかれたことを知り、新羅の使者三人を捕らえて檻のなかで焼き殺した。

さらに、葛城襲津彦は新羅に行き、蹈鞴津《たたらつ》（釜山多大浦《プサンタデホ》）に泊まり、草羅城《さわらのき》を攻め落とし帰還した。このときの俘人《とりこ》らはいまの桑原《くわはら》・佐糜《さび》・高宮《たかみや》・忍海《おしぬみ》などの四つの邑の漢人《あやひと》らの始祖である。

②神功皇后摂政六十二年条

新羅が朝貢してこなかった。その年に襲津彦を遣わして新羅を討った。

『百済記』の壬午年に、「新羅が貴国のいうことを聞かなかった。貴国は沙至比跪《さちひこ》を遣わし新羅を討とうとしたが、新羅人は美女二人を飾り、沙至比跪を津に迎え誘惑した。沙至比跪は美女をうけとり、反対に加羅国を討った。加羅国《からのくに》の国王と子、人民らは百済に逃亡した。加羅国王の妹が大倭《やまと》に来てこのことを天皇に告げた。天皇は大いに怒り、木羅斤資《もくらこんし》を遣わし、加羅に来集し社稷《しゃしょく》を復せしめた」とある。

また一説には、「沙至比跪が天皇の怒りを知り、密かに帰還した。そして、皇宮に仕えていた妹に沙至比跪の夢をみたと言わせたところ、天皇はどうして沙至比跪が進んでやってきたのかと怒った。許されないことを知って石穴に入って沙至比跪は死んだ」という」。

③応神天皇十四年条

弓月君《ゆづきのきみ》が新羅より来帰した。そして「私は自分の国の人夫百二十県を率いて帰化します。新羅人が邪魔をしましたので、みな加羅国にとどまっています」と申し上げた。葛城襲津彦を遣わし、弓月の人夫を加羅から召された。しかし、三年経過しても襲津彦は帰ってこなかった。

④応神天皇十六年条

平群木菟宿禰《へぐりのつくのすくね》・的戸田宿禰《いくはのとだ》を加羅に遣わした。精兵を授け、詔して「襲津彦はしばらく帰ってこない。新羅が道路をふさいでいるためだろう。新羅を討って道路を開け」と仰せになった。平群木菟宿禰は新羅の境で対峙した。新羅の王は恐れて罪に服した。そこで、弓月の人夫を率い襲津彦を加羅国より連れ帰った。

⑤仁徳天皇四十一年条
紀角宿禰《きのつぬのすくね》を百済に遣わし、はじめて国郡の境を分け、郷土の産物を録した。このとき百済の王の一族である酒君《さけのきみ》が無礼であったので、紀角宿禰が百済の王を叩責した。百済王は鉄の鎖で酒君を縛って襲津彦にしたがわせ進上した。

同一人物の事績であるとはみなしがたいものの、いずれの記事も、朝鮮半島との深いかかわりが示されていて、「かづらぎ」の王と百済、加羅、新羅とのあいだで何らかの事件があったものと考えられる。その場合、その具体的内容は別として、③→④→②→①の順で「かづらぎ」の王の朝鮮半島での活動があったとみなすことができる。⑤については、「キ」の王と百済との関係を示すものではあるが、「かづらぎ」の王の関与については史実とは認められない。
暦年においてその根拠があるのは、②と④である。
②の神功皇后摂政六十二年条には、「百済記」が引用されており、この壬午年の干支を三巡繰り下げ、四四二年とみることも可能である〔田中俊明 一九九二、森公章 二〇一〇〕。
　この神功皇后六十二年条に登場する木羅斤資《もくらこんし》は、九七ページでみたように応神天皇二十五年条にも、「百済記」の引用記事とともに登場する。そして、木羅斤資の子は、『三国史記』「百済本紀」では木劦《もくぎょう》《モクジョ》

満致《まんち》《マンチ》(『日本書紀』では木満致《もくまんち》)であり、蓋鹵王《がいろ》《ケロ》の時代に権勢をほしいままにしたが、漢城百済の滅亡(四七五年)の際に南におちのびる。木羅斤資の活動時期からみても、四四二年は妥当である。

④の応神天皇十六年は前述したとおり、百済の阿花王《あか》(阿莘王《あしん》《アシン》)の没年にあたり(九七ページ参照)、『三国史記』「百済本紀」の阿莘王の没年と一致し、四〇五(乙巳)年とみることが可能である。

これにより、②と④が逆転していることがわかるであろう。また、③は「かづらぎ」の王の加羅国での独自行動という、④の前提の記事である。③の弓月君は、渡来人として山背国(京都府南部)の開発に従事し、太秦《うずまさ》広隆寺などの造営にかかわった秦氏の祖先として記されている。順を追って説明するなら次のとおりである。

「かづらぎ」の王は三年のあいだ、加羅国にとどまって帰国せず、④において加羅国から強制的に帰還させられる。②では、新羅と独断的に手を結んで加羅国王を追放したが、最後に①で、新羅とのあいだではげしい戦闘をおこない、捕虜を連れ帰ったということになる。①の捕虜に実態があるかどうかについては、後述する。

ともかく、『日本書紀』とそれに引用された「百済記」の記事の内容から、「かづらぎ」の王は、五世紀代を通じ、ヤマト王権の王の意志に反し、加羅国を中心に独自の活動をおこなっていたことがわかる。

## 加羅国とは

それでは、「かづらぎ」の王が、王を追放したという加羅国についてみておこう。

五〇ページで述べたように神功皇后摂政四十九年条には新羅征討記事があり、史実としては認めがたいが、比自体《ひしほ》・南加羅《ありひしのから》・㖨国《とくのくに》・安羅《あら》・多羅《たら》・卓淳《とくじゅん》・加羅の合計七カ国を平定したとある。

比自体は、『三国史記』雑志第三地理一の良州の条の火王《ファワン》郡、もと比自火《ピサファ》郡（分注　比斯伐《ピサボル》）とし今の昌寧《チャンニョン》にあたる。南加羅は前述のとおり金官《きんかん》《クムグアン》国にあたり今の金海《キメ》である。㖨国は不詳だが金官国の金海と、前述の九〇ページで述べた卓淳《とくじゅん》国の昌原《チャンウォン》の中間あたりと考えられる。安羅は「魏書韓伝」の安邪《アヤ》国の後裔で、『三国史記』雑志第三地理一康州の条で咸安《ハマン》郡、阿尸良《アシリャン》国（分注、阿那加耶《アナカヤ》ともいう）とし、『三国遺事』では安羅《アラ》・阿羅伽耶《アラガヤ》とされており今の咸安にあたる。多羅《タラ》は『三国史記』雑志第三地理一康州《カンジュ》の条で、江陽《カンヤン》郡の大良《テリャン》（耶とも書く）今の陜川《ハプチョン》にあたり、加羅は『三国史記』『三国遺事』の大伽耶で、今の高霊《コリョン》にそれぞれその現在地を求めることができる（図11）。ともかく、概説書や博物館図録などで、伽耶という広大な版図をもつ国があったような地図をみかけることがあるが、ここにあったのは、個別の版図はごく狭い小規模な部族国家群である。

加羅国の名称は、中国正史にも登場する。『南斉書』加羅国伝に〝加羅国は三韓の一種である。建元元年（四七九）に国王の荷知《かち》が使者を送って貢物を献じた。（皇帝は）詔して（中略）輔国将軍・本（加羅）国王を授けた〟という記事がある。

この加羅国については、金官国（金海）説、安羅国（咸安）説もあるが、大伽耶（高霊）であるとみるのが妥当である。加羅国王の荷知は、『三国史記』「新羅本紀」に十二弦で一年の十二音階をあらわすという伽耶琴《カヤグム》をつくったと記述されている嘉悉《かしつ》《カシル》（実）王と同一人物である。于勒《うろく》《ウヌク》に命じて音曲をつくらせたが、国が乱れると于勒は真興《しんこう》《チヌン》王（在位五四〇～五七六）の時代に新羅に逃げ込んだという（田中俊明 一九九二、森公章 二〇一〇）。嘉悉王は、伽耶国王と記されており、中国への遣使と将軍号の除正からみても五世紀後半代に加羅（大伽耶）が伽耶諸国のなかでは大きな力をもっていた。この大伽耶が伽耶諸国の連盟の盟主であったとする田中俊明氏は、南斉への遣使は、洛東江《ナクトンガン》中・下流域には金官国・安羅国とその背後に倭王権があったので、それを東に回避して蟾津江《ソンジンガン》河口部に至るルートを確保することによっておこなわれたとした。この遣使からそれほどさかのぼらない時期に、南斉へのルート沿いにある諸国と連盟を結んで、ルートの安全を確保しながら独自に中国への朝貢をおこなったと考えた〔田中俊明 一九九二〕。

高霊には、池山洞《チサンドン》古墳群、主《チュ》山《サン》城、大伽耶《アガヤ》王宮《ワングン》址などがある（**図12**）。池山洞三二号墳（直径一三メートルの円墳）・同四四号墳（直径二七メートルの円墳）・同四

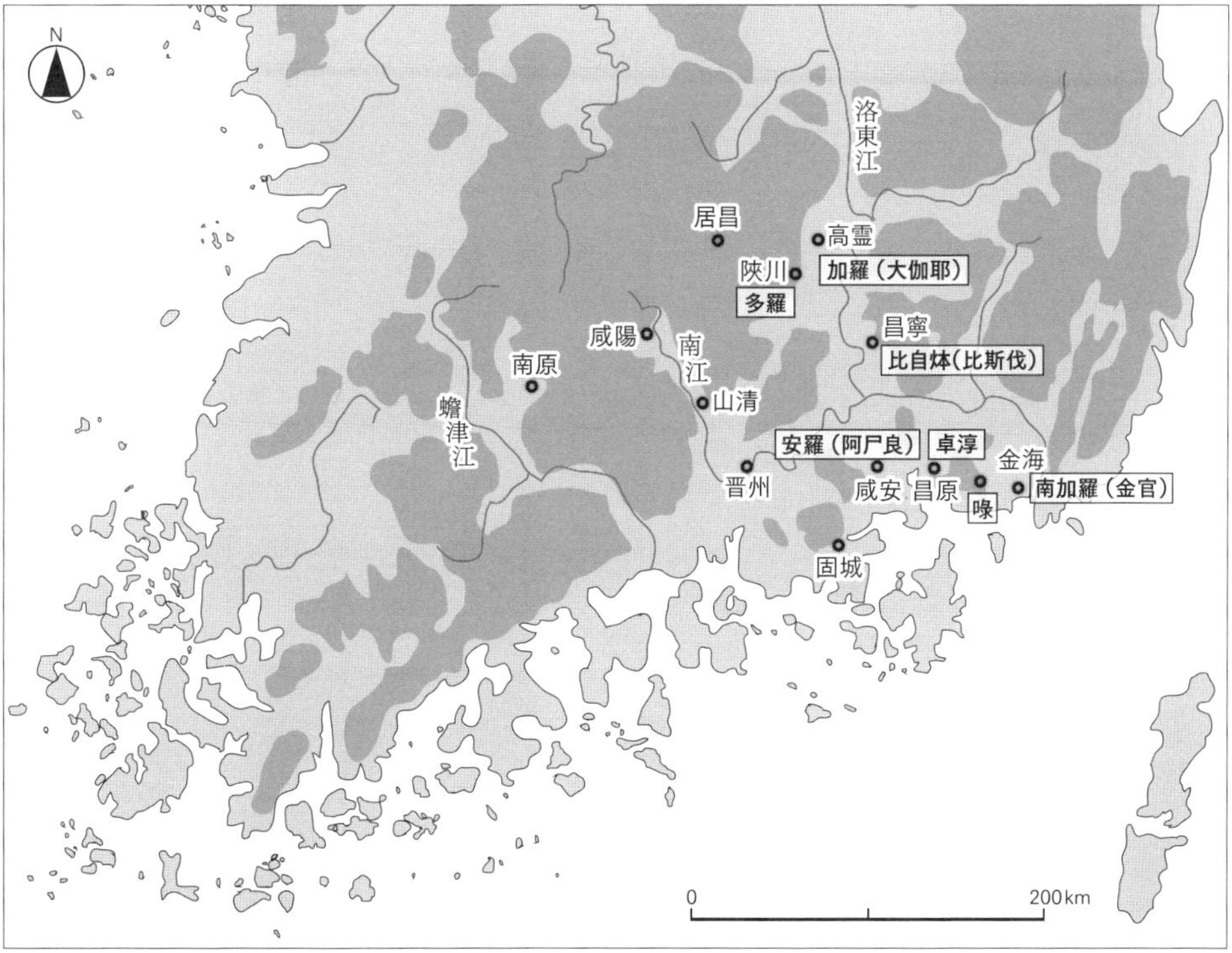


**図11　加羅ほか7カ国**

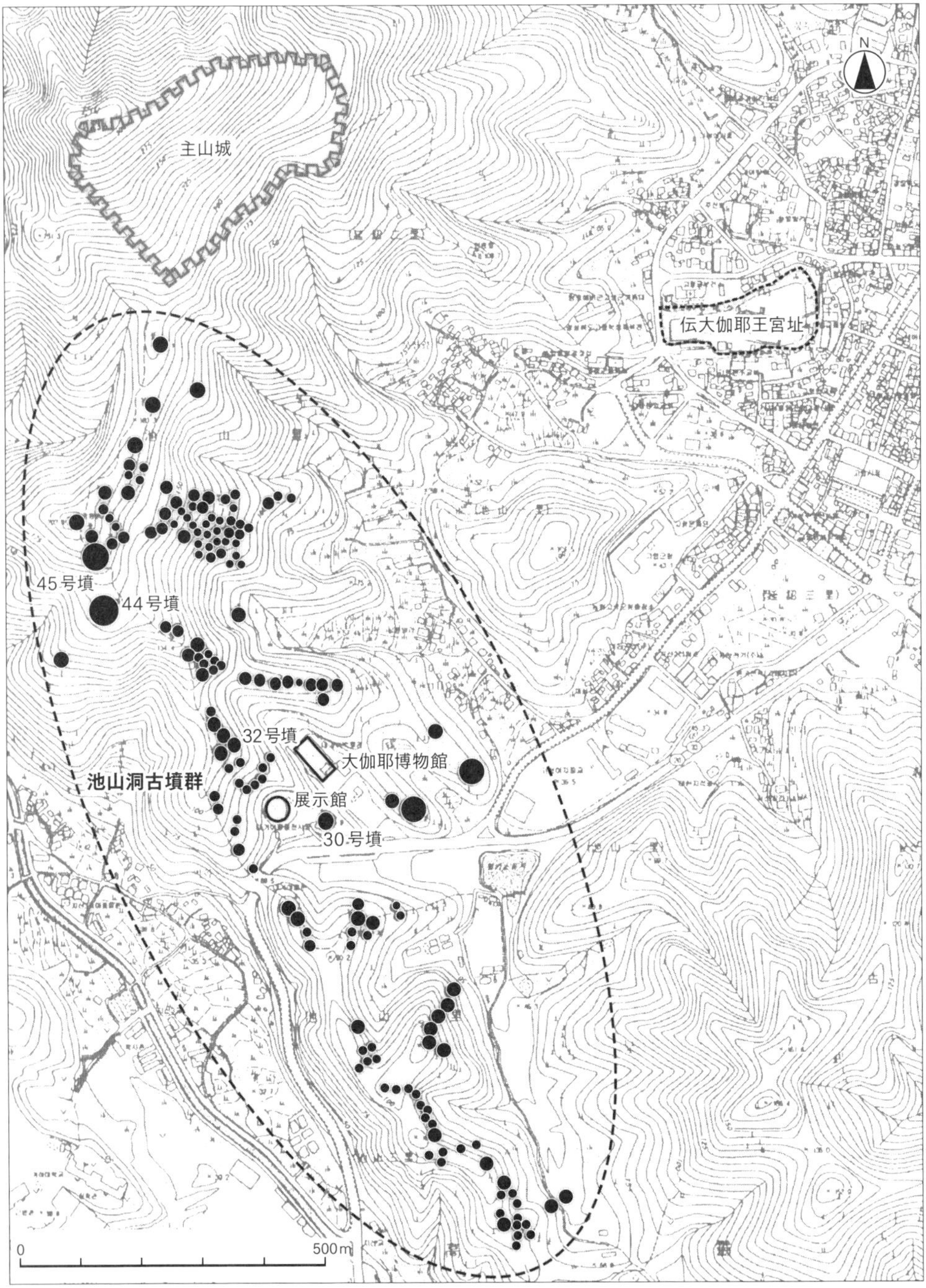


図12　高霊の古墳と遺跡

五号墳（直径二八メートルの円墳）は、大伽耶の王陵とされているものである。古墳の主《あるじ》を埋葬し、多数の鉄製品や土器を納めた大型竪穴式石室の周囲に、殉葬墓とされている小規模な竪穴式石室を多数配置している。墳丘は、埋葬施設を構築後、その上に高く盛るというもので、日本列島には基本的にない墳丘築造方法である。古墳の築造年代は五世紀中葉から後半代にかけてである。

三二号墳出土の甲冑のうち横矧板鋲留短甲《よこはぎいたびょうどめたんこう》、衝角付冑《しょうかくつきかぶと》、頸甲《あかべよろい》、肩甲《かたよろい》など一式や、四五号墳の銅鏡は日本列島産のものであると考えられる。三二号墳の金銅製冠は、大伽耶王の威勢を物語るものだが、福井県永平寺町の松岡古墳群の一角にある五世紀後半代に築造された前方後円墳である二本松山《にほんまつやま》古墳（墳丘長九〇メートル）から出土した鍍銀冠の形態に類似している。

また、高霊（大伽耶）様式と呼ばれる陶質土器は、口縁部や天井部を櫛描きの美しい文様で飾った大型長頸壺や蓋《ふた》などがある。高霊を中心に多羅国にあたる陜川、洛東江の東側の分流である南江《ナムガン》の上・中流域の居昌《コチャン》、咸陽《ハンヤン》、山清《サムチョ》、晋州《チンジュ》や、南原《ナムウォン》、小伽耶にあたる固城《コソン》まで及んでいる。そして、この様式の土器は、日本列島でも東北地方から福岡県にいたる広い範囲で出土している。この土器の分布は、五世紀代の地域間交渉をしめしていると考えてよい。

このように、加羅国（大伽耶）と倭は、五世紀代を通じて盛んな交渉をおこなっている。五世紀初頭の時点で、その交渉の端緒を開いたのが「かづらぎ」の王であった。

## 「かづらぎ」の王の奥津城

室宮山《むろみややま》古墳は、奈良盆地西南部では最大の前方後円墳である。所在地は奈良県御所《ごせ》市室で、水越峠《みずこし》を越え、大阪府富田林市方面に向かう国道三〇九号線と奈良県五條市から和歌山県橋本市方面へ至る国道二四号線の結節点であり、古代から現代までつづく交通の要衝の地である。

『帝王編年記』は天神七代、地神五代の神代と中国夏・周・殷王朝の歴代皇帝、神武天皇から後伏見天皇までの二十七巻が現存する歴代の天皇の年代記をまとめた歴史書である。成立は、南北朝時代の貞治三年（一三六四）から康暦二年（一三八〇）の間で、僧の永祐《えいゆう》がまとめたとされる。『帝王編年記』仁徳天皇七十八年に、〝武内宿禰が薨じた。年齢は未詳。一説では景行天皇九年に生まれ、六代の天皇を経て、年三百一十二歳が経過する。死所はわからない。一書では東夷平定で身苦となって、甲斐国に入ったが死所を知らず。一書では東夷平定で身苦となって美濃国不破山に入ったが死所を知らず。また、一書では東夷を討って大和国葛下郡に戻ってきて薨じた。室破賀《むろはか》墓がこれである〟という記事があって、この室破賀墓がすなわち室宮山古墳であるとするなら、室町時代に室宮山古墳の被葬者が武内宿禰であるという伝承があったことになる。

『古事記』の孝元天皇の条には、建内宿禰《たけのうちのすくね》は孝元天皇の孫で、その子として波多八代宿禰《はたのやしろのすくね》・許勢小柄《こせのおからの》宿禰《すくね》・蘇賀石河宿禰《そがのいしかわのすくね》・平群都久宿禰《へぐりのつくのすくね》・木角宿禰《きのつぬのすくね》・久米能摩伊刀比売《くめのまいとのひめ》・怒能伊呂比売《ののいろひめ》・葛城長江曾都毘《かづらぎのながえそつび》古《こ》・若子宿禰《わくごのすくね》の名をあげている。そして、それぞれが波多氏・許勢（巨勢）氏・蘇我氏・平群氏・木（紀）氏・葛城氏などの始祖となったという。そして、四九ページで述べた神功皇后摂政四十七年条の記事をはじめ、歴代天皇の重臣として武内宿禰は登場する。あくまで伝説上の人物である。

『日本書紀』の允恭天皇五年条に、〝葛城襲津彦の孫である玉田宿禰《たまたのすくね》が反正天皇の殯《もがり》を司ったのに、酒宴を開いていた。視察に来た尾張連吾襲《おわりのむらじあそ》を殺して、武内宿禰の墓域に逃げ隠れた〟という記載がある。武内宿禰は葛城氏の祖でもあるので、『日本書紀』編纂時点での各氏族の古墳にかかわる祖先の伝承との関係を知るうえで興味深い。

ここに記述された武内宿禰の墓域がいずれの場所を指すのか明らかではないが、これを室宮山古墳とするなら、『日本書紀』編纂時点において、古墳の正確な被葬者が明確でなくなっており、伝説上の人物が古墳の被葬者であると認識されていた可能性を示すものである。

しかし、正しい史実は「かづらぎ」の王として地域支配を実現し、海外にまで雄飛した人物が室宮山古墳の被葬者である。

室宮山古墳の後円部には二基、前方部には一基、前方部張り出し部に一基、それぞれ埋葬施設がある。後円部の埋葬施設が主を埋葬した場所であり、ほぼ同規模のものが南北二基あるものと考えられる。後円部の南側の一基のみ一九五〇年に発掘調査がされており、竪穴式石室とその内部にあった王者の棺である長持形石棺の周囲から盗掘をまぬかれた三角縁神獣鏡などの銅鏡の破片、出雲産の碧玉製勾玉、北陸産の緑色凝灰岩製管玉や滑石製の石製品などが出土している。また、家形埴輪や靫《ゆぎ》形・盾形・甲冑形埴輪をはじめとする巨大な形象埴輪群がこの石室の周囲を長方形に取り囲んでいる状況が確認された。こうした出土遺物から、室宮山古墳の築造年代は、五世紀初頭と推定される（図13）。

北側の埋葬施設については、調査はおこなわれていないが、近年、台風によって木が根元から掘り起こされ、船形陶質土器《とうしつ》の破片が出土した。咸安（安羅伽耶）様式のもので、安羅国から持ち込まれたものである（図14）。

北側の埋葬施設は、天井石が露出しており、南側の石室と同様の竪穴式石室であったと考えられる。陶質土器も本来はこの埋葬施設の副葬品であったのが、盗掘にあったときに土の中にまぎれ込んでしまったものと考えられる。この副葬品からみて、まさに、この後円部北側の埋葬施設の主こそ、海外に雄

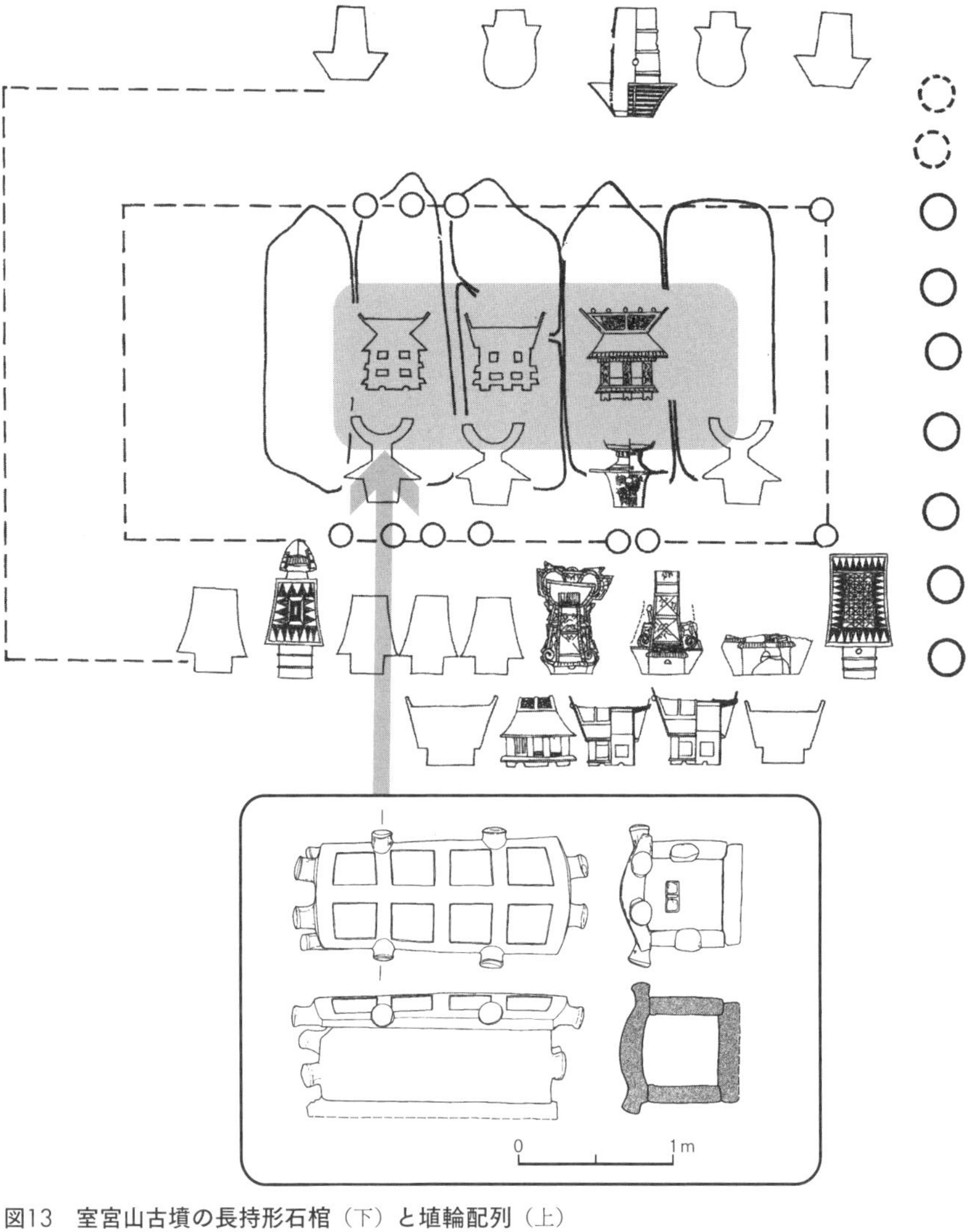


図13　室宮山古墳の長持形石棺（下）と埴輪配列（上）

飛した「かづらぎ」の王、その人であるといえるのである。

## 王のまつりごと

室宮山古墳の被葬者の居館の所在は明らかではない。しかし、古墳の北側に中西遺跡があって、同時期の竪穴住居などの遺構が検出されている。さらに、中西遺跡は東北方向に大きく広がっており、布留式期前半代（四世紀前半）の祭儀用の独立棟持ち柱建物とそれを取り囲む方形区画および竪穴住居が検出された秋津《あきつ》遺跡と一体となる。弥生時代から布留式期にまで継続的に集落が営まれ、古墳が造営された鴨都波《かもつば》遺跡とあわせ、「かづらぎ」のなかで、有力地域集団が持続的に成長していく状況が明らかである。

さらに、室宮山古墳のすぐ南西に位置する南郷《なんごう》遺跡群は、二平方キロに及ぶ古墳時代の巨大集落遺跡だが、遺跡群の南西高所にある極楽寺《ごくらくじ》ヒビキ遺跡において室宮山古墳で検出された大型家形埴輪と同様の構造をもつ、「かづらぎ」の王が祭儀をおこなった大型建物が検出されている。室宮山古墳よりものちの五世紀中葉頃につくられたものであり、次代の「かづらぎ」の王がここで祭儀をおこなったものと推定される。

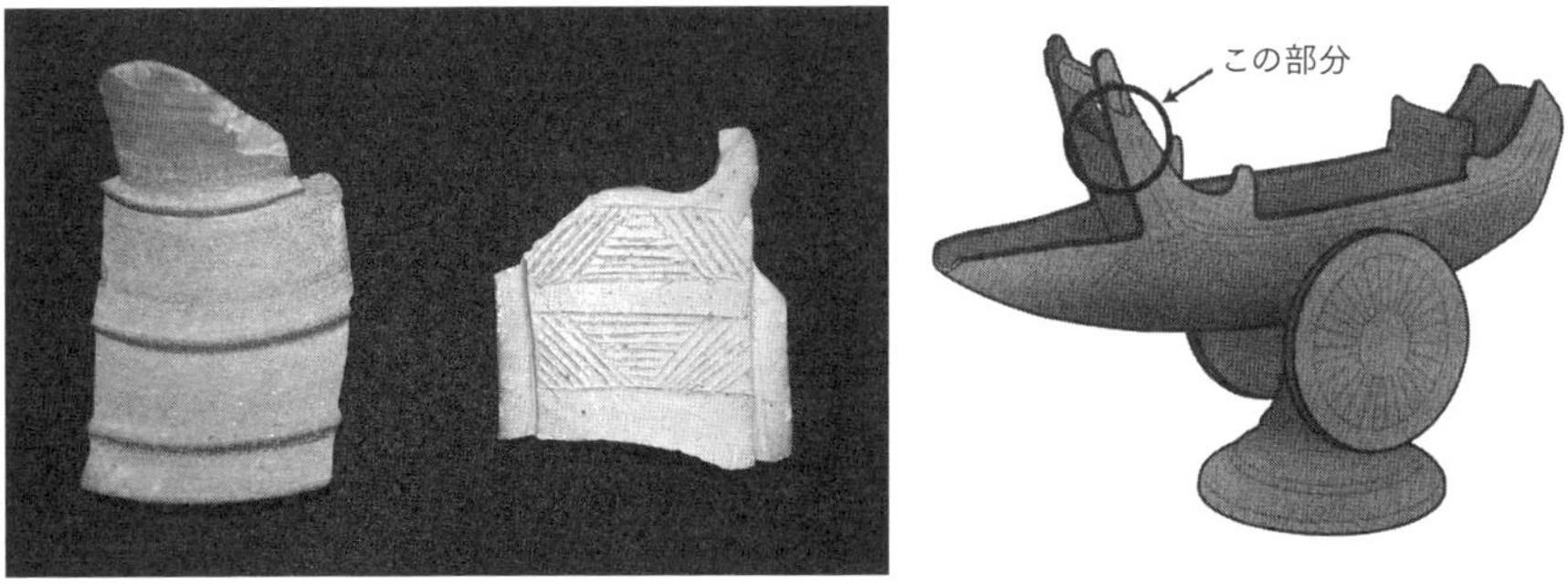


**図14　室宮山古墳の船形陶質土器**〈右：高さ 6.2 cm〉

極楽寺ヒビキ遺跡の大型建物の規模は、二二〇平方メートル（約六七坪）、東側には広大な広場があり、その周囲には柵（塀）をめぐらせている。さらにその外側を両岸に石垣を積んだ堀が取り囲んでいて、南側に取り付いている幅八メートルの土橋から堀を渡って内部に立ち入る構造となっている（図15）。その占有面積は二〇〇〇平方メートルに及ぶ。「かづらぎ」の王が、ここで高所から遺跡全体や奈良盆地を見渡して「国見」をおこなった「高殿《たかどの》（楼閣のように高くつくった建物）」である。

さらに、この建物より大きな二八九平方メートル（約八八坪）の規模をもつ大型建物が検出されている。極楽寺ヒビキ遺跡の直下から北東へ五〇〇メートルの位置にある。五世

図15　極楽寺ヒビキ遺跡の遺構と大型建物（CG）の合成

紀中葉の年代において、日本列島最大の建物である。やはり、周囲には柵（塀）がめぐらされていて、「かづらぎ」の王が政治（祭祀）を実践した場所であると考えられる。南郷安田《なんごうやしだ》遺跡である。

また、極楽寺ヒビキ遺跡の約三〇〇メートル北東にあるのが、南郷大東《なんごうおおひがし》遺跡である。小河川から水を引き込んで石貼りのダムに水を溜め、そのダムから木樋をつないで水を流し、浄水を得る施設が検出された。最後の木樋には槽がとりつき、上屋があり、周囲を柵が取り囲んでいる。木製の祭祀具（武器・農工具・紡織具・容器・机・椅子など）や供物としての瓢箪・桃・馬（骨）などが出土しており、「かづらぎ」の王自身が神（司祭者）となって、水の祀りをおこない支配領域の土地開発をおしすすめたと考えられる。

「かづらぎ」の王は、南郷遺跡群の南部にあるこの三箇所の遺跡をめぐり、おごそかにまつりごとを挙行し、みずからが神（司祭者）となって地域支配を確立したと考えられる〔坂・青柳 二〇一一〕。

## 王と渡来系集団

### 王と手工業生産

南郷遺跡群の西中央部高所にあるのが、南郷角田《なんごうかどた》遺跡である。ここでは、銀滴・銅滓・小鉄片・ガラス滓や熱で焼けた直弧文を施した鹿角《ろっかく》・ガラス玉などの生産物の残滓が多量に出土していて、刀剣・甲冑といった武器、武具や帯金具などの金銅製品などを生産していた特殊工房があったと考えられる。

南郷遺跡群の中央部にある下茶屋《しもちゃや》カマ田遺跡の竪穴住居では、北陸産の緑色凝灰岩の原石や管玉の未製品が出土していて、付近で玉生産をしていたことがわかる。この下茶屋カマ田遺跡の竪穴住居のほか南郷遺跡群の各所からは鞴《ふいご》の羽口が多量に出土していて、遺跡内で盛んな鉄器生産がおこなわれていた。また、ガラス小玉の鋳型や木製品の未製品やケズリカスなども出土している。遺跡内で鉄器生産・玉生産・ガラス生産・木工などの手工業生産がおこなわれており、この状況を現代でいえば、工業団地とでもいえるものである。

刀、甲冑などの武器や金銅製品も、ガラス玉・鉄器などの製品もすべて「かづらぎ」の王に捧げられたものであり、ヤマト王権の王には帰属しない独自の生産活動と意義づけられる。「かづらぎ」の王が地域支配を実現し、独自外交をおこなうための、その実力の基盤となるものであった。

こうした金属製品、ガラス生産などの生産技術、土地開発などの分野において中国や朝鮮半島が先進地域であったことはいうまでもないことである。どのような地域の人びとが南郷遺跡群にやってきて、どのように生産活動にかかわっていたのだろうか。

## 渡来系集団の出身地

南郷遺跡群の各所からは、陶質土器や韓式系軟質《かんしきけいなんしつ》土器が出土している。陶質土器は、朝鮮半島産の土器で、前述のとおり、高霊（大伽耶）土器様式、咸安（安羅伽耶）土器様式などと呼ばれるものが日本列島に入ってきている。南郷遺跡群では高霊土器様式の陶質土器蓋が出土しているが、室宮山古墳でみられるような咸安様式の陶質土器はみられない。

韓式系軟質土器は、これまでの日本列島在来の土師器にはない甑《こしき》（米を蒸すための土器）や平底壺・鉢などの器形の土器を格子タタキなどの製作技術を用いてつくったものである。ちなみに竈《かまど》に鍋と甑をのせ米を蒸す習慣は、朝鮮半島から伝来したものであり、近畿地方で導入されたのは五世紀代以降のことである。

　この土器の器形と製作技術をみれば、朝鮮半島のどの地域の影響を受けているかがわかる。南郷遺跡群では、栄山江《ヨンサンガン》流域を中心とした朝鮮半島全羅道《チョルラド》地方の土器と、洛東江以西の特定はできないが伽耶諸国のいずれかの国から影響を受けた土器が多い。一例をあげるなら甑では、平底で円形の蒸気孔をあけているものが栄山江流域系（図16）であり、丸底で円形の蒸気孔を開けているのが伽耶諸国系である。百済中心部である漢江《ハンガン》流域・錦江《クムガン》流域、あるいは新羅とつながる洛東江以東の土器はない。

　また、下茶屋カマ田遺跡で陶製算盤玉《そろばんたま》形紡錘車《ぼうすいしゃ》が出土している。朝鮮半島では新羅や伽耶諸国の墳墓に副葬されており、女性被葬者とかかわると考えられている。

　こうした状況から南郷遺跡群の手工業生産には朝鮮半島南部各地の渡来系集団が従事していたことがわかる。

### 大壁建物と親方層の屋敷地

　遺跡群内には、竪穴住居を主体とした小規模な集落が点在しており、一般層が竪穴住居に住んで盛んな生産活

**図16　南郷遺跡群の韓式系軟質土器 甑**〈高さ21 cm〉

動をおこなっていたと考えられる。それとともに、大壁《おおかべ》建物と呼ばれる建物が遺跡内の中心部に分散している。大壁造りとは、建物の周囲が土壁で構成されたものをいい、柱などの構造材が外壁に露出してないものである。現代では外壁がモルタルで吹きつけられており、この種の構造をもつ住宅の数は多い。

古墳時代の大壁建物は溝を掘り、そのなかに細い柱を建て、壁のなかに柱を塗り込めるという方法をとるものである。ただし、四隅や棟を支える柱については、塗り込められず露出しているものもある。また、溝を掘ってから一旦埋め、そのあとに柱穴を掘って柱を立てるという、複雑な構築方法についての疑問が示されている〔青柳 二〇一六〕。近畿地方では、滋賀県や奈良県の渡来人にかかわる集落で検出されている。朝鮮半島では公州の艇止山《チョンジサン》遺跡や公山《コンサン》城をはじめ、六世紀代を中心に百済の地域でみられる。そのことから、百済系の渡来人の家として注目されてきた。先に六九ページで述べたように百済王城の風納土城で検出された大型の竪穴建物がその源流であるとする説もある〔権 二〇一二〕。

南郷遺跡群では石垣の基壇を構え、その占有面積が六〇〇平方メートルに及ぶ大壁建物が、南郷柳《なんごうやなぎ》原《はら》遺跡で検出されている。このことから百済系の渡来人が遺跡群を支えた手工業生産を統括しながら、大規模な居住地を構えていたことが想定できるのである。南郷遺跡群の百済系渡来人の一部は地域支配者に優遇され、手工業生産集団の親方として中間層にまで成長したと考えられる。

### 新羅系渡来人のいた名柄遺跡

南郷遺跡群の北にあるのが名柄《ながら》遺跡である。南郷遺跡にくらべると緩やかな傾斜地であり、居住に適した場所である。水越峠から降り、室宮山古墳へ至るまでの中間地点にあたる。濠で取り囲まれた石垣を基壇とする一辺四〇メートル以上の屋敷地があって、濠の内外から多数の遺物が出土している。木製刀装具の未製品や漆を詰めた容器などが出土していて、武器・漆製品・木工などの生産活動もおこなわれていたことが確認できる。さらに注目できるのが、丸底で細い筋条の蒸気孔を穿つ新羅系の韓式系軟質土器が出土していることである（図17）。この種の甑の類例は乏しいが、新羅系の渡来人が名柄遺跡に存在したことを示す貴重な資料である。前方後円墳を築いた「かづらぎ」の王その人が造営したものとはみなしがたいが、「かづらぎ」の王に関連する権力者層のものであることに疑いはない。年代は、五世紀後半代である。

以上の状況から、南郷遺跡群とその北に隣接する名柄遺跡が、五世紀代の「かづらぎ」の王の支配拠点であったことが実証される。百済系渡来人を優遇しながら、朝鮮半島各地の渡来系技術者集団を介在させ、盛んな手工業生産をおこなうことが、「かづらぎ」の王の実力の背景となったのである。

### 渡来人は戦争の捕虜か

このように名柄遺跡・南郷遺跡群におかれた渡来人は、新羅や百済の出身者も含まれるが、栄山江流域や伽耶諸国の出身者が多い。また百済系の渡来人が「親方層」として厚遇されている状況がある。

新羅との対等的な関係のなかで、新羅の出身者たちが王の身代わりとして相手国との修好を保証し、また政治的・軍事的な

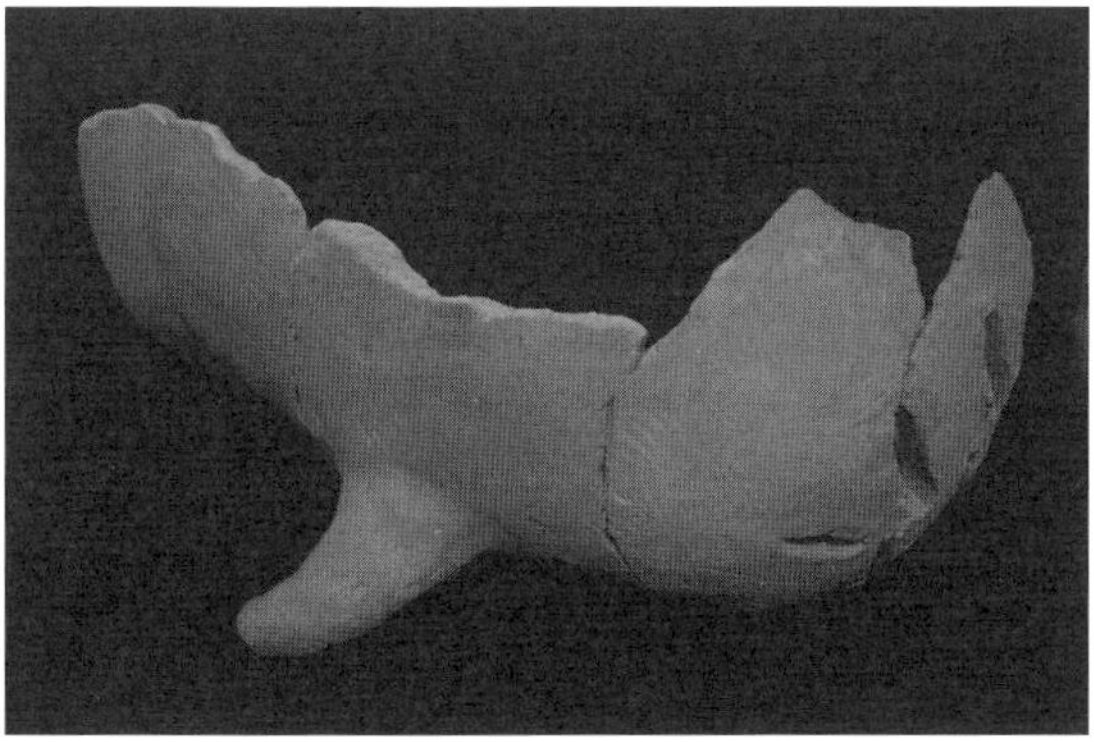

図17　名柄遺跡の韓式系軟質土器 甑〈高さ 24 cm〉

協力を働きかける外交官としての役割を担っていたとする見解（田中史生二〇〇二）もあるが、百済出身の渡来人を厚遇していたという事実とは、齟齬がある。

一方、神功皇后摂政六十二年条の「百済記」を深読みすると、新羅が差し出した美女に求めたのは、実は婚姻であって、婚姻によってその背後にある技術者集団を差し出させたのだという案もある（葛城市歴史博物館二〇一二）。この場合も、渡来人の出身地からみて齟齬がある。

名柄遺跡・南郷遺跡群の状況から「かづらぎ」の王が独自的、主体的に百済とつながりながら、加羅国をはじめとする伽耶諸国や全羅道地方、さらには新羅にまで進出したことは疑いがないところではあるが、『日本書紀』の本文①（一〇八ページ）における対新羅戦争ではなく、②で引用された「百済記」の記述内容と整合するものであろう。「かづらぎ」の王が独断で新羅と内通して、加羅国（大伽耶）に攻勢をしかけた戦闘と関連するものであり、そこにはそれぞれの国に帰属意識をもたない在地集団の支援があったと考えられるのである。

## 「かづらぎ」の王の支配領域

**葛城四邑**

ここで、「かづらぎ」の王の支配領域をみておきたい（図18）。

結論から述べれば、それは神功皇后摂政五年条の、葛城襲津彦が新羅との戦いで俘人を住まわせたという高宮・桑原・忍海・佐糜の四邑のあった範囲である。この四邑の名称は、あくまで『日本書紀』編纂時点の地名である。

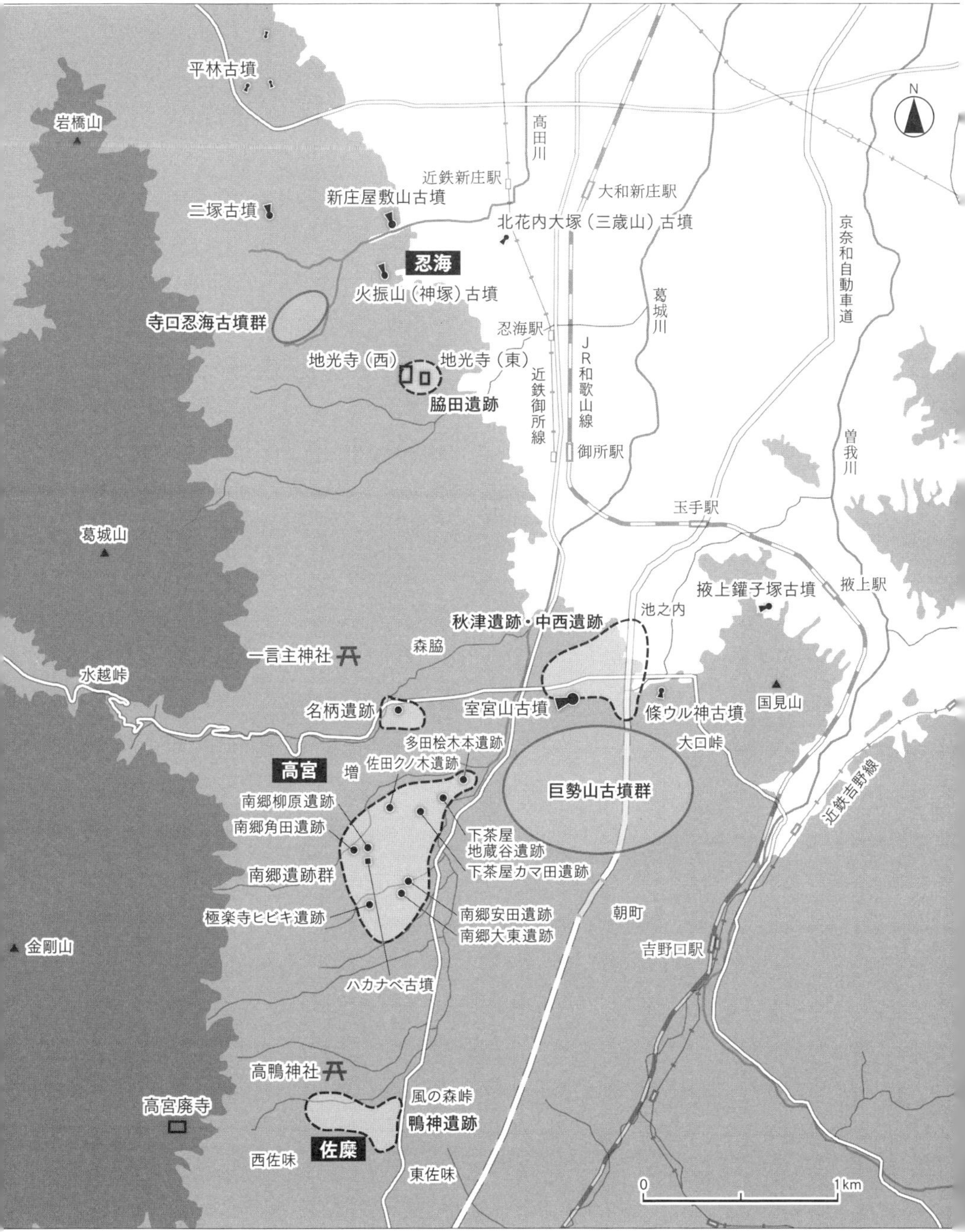


図18　「かづらぎ」の王の支配領域と関連遺跡

その支配領域を考えるうえで重要な説話が『日本書紀』雄略天皇の条にある。

天皇が、葛城山で狩猟された。突然背の高い人に会って、谷の交わるところで対面した。顔や姿が天皇によく似ていた。天皇は「どこの方か」と問われた。背の高い人は「姿を現した神であるぞ。さきに御名を名乗りなさい。そのあとで私が名乗ろう」と言い、天皇が「私は幼武尊《わかたけるのみこと》である」と答えると、背の高い人は「私は一言主神《ひとことぬしのかみ》である」と言った。

しばらくして共に遊猟を楽しまれ一匹の鹿を追い、互いに譲りあって矢を放し、轡《くつわ》を並べ馳《はし》り回られた。言詞は恭虔で仙《ひじり》に会ったようだった。日が暮れて猟が終わった。神は天皇をお送り申し上げて、来目河《くめのかわ》までこられた。このとき、百姓がことごとくに「有徳な天皇である」と申し上げた。

（『日本書紀』雄略天皇四年条）

一言主神が天皇を送り届けた来目河は、曽我川の支流の高取川が現在の橿原市久米《くめ》町あたりを流れており、この付近だろう。一言主神は葛城山にいた神であるから、「かづらぎ」の王の支配範囲の東の限りは曽我川あたりである。ただし、『古事記』では、天皇が葛城山で同じ装束を着た一言主神に出会い、官人たちの装束を脱がせ、神に献上したとする。そして一言主神は、長谷《はっせ》の山口《やまのくち》まで送り届けたとする。これは、天皇が葛城の一言主神に従っていたとするもので、天皇がいかに「かづらぎ」の王を畏れていたかを示す説話である。ちなみに、長谷の山口は、雄略天皇の即位したのが長谷朝倉宮（『古事記』）、泊瀬朝倉宮（『日本書紀』）であり（第七章、第八章で詳述）、そのあたりを示している。

「かづらぎ」の王の支配領域は、北の限りは葛城の四邑の忍海のあたり、南の限りは同じく佐糜のあたりである。西は葛城山で、古代にあっては葛城山と金剛山の二つの山を葛城山と総称していた。五世紀代を通じて、「かづらぎ」の王はこの範囲の地域を支配していたことが、『日本書紀』の記事と考古資料から証明できる。

それでは、この葛城四邑を個別にみてみよう。

### 高宮

『日本書紀』仁徳天皇三十年条のなかに高宮がみえる。仁徳天皇の皇后は、葛城襲津彦の女である磐之《いわの》媛《ひめ》である。

皇后磐之媛は、まつりのための御綱葉《みつなかしは》を取りに紀国に行っているあいだに、仁徳天皇が八田皇女《やたのひめみこ》を召したと聞き、怒って天皇の待っていた難波津には停泊せずに、山背（山城）から倭《やまと》に向かい、那羅山《ならやま》（平城山）付近で歌を詠んだ。

つぎねふ　山背河を　宮泝《のぼ》り　我が泝れば　青丹よし　那羅を過ぎ　小楯《をだて》　倭を過ぎ　我が見が欲し国は　葛城高宮　我家のあたり

（難波宮を通り過ぎて、山背河をさかのぼると奈良を過ぎ、倭を過ぎ、私の見たいと思う国は、葛城の高宮のわが家のあたりです）。

（『日本書紀』仁徳天皇三十年条）

嫉妬のすえ、磐之媛が偲んだ場所が、実家のある高宮であるという内容であり、葛城氏の本拠が高宮であったと認識されていたことがわかる。

平安時代の承平年間（九三一～九三八）に成立したとされる『和名類聚抄《わみょうるいじゅうしょう》』には大和国葛上郡《かつらぎのかみのこおり》に高宮郷の名がある。このように平安時代までは高宮は、地名として受け継がれた。しかし、今は地名としては現存しない。

『日本書紀』の解釈書として記された卜部兼方《うらべかねかた》の『釈日本紀』（鎌倉時代成立）では、一言主神社について、雄略天皇四年条の葛城山での一言主神と天皇の狩猟について、或説として〝天皇と一言主神とが獲物を競いあい、一言主神に不遜の言葉があったので、天皇が大いに怒り、神を土佐に流した。初めは賀茂の地に至り、後にこの地に遷った。高野（称徳）天皇宝字（天平宝字）八年（七六四）に従五位下の高賀茂朝臣田守等が葛城山東の麓の高宮岡の上に奉祭したものであるが、その和魂はなお彼の国（土佐）にとどまっている〟としている。

一言主神社の社地は、現在は御所市森脇にあって、社地の移動がないとすれば、このあたりを高宮と呼んでいたという可能性がある。また、『大和志料』（一九一五）では、「葛木鴨一言主神社　吐田村大字森脇（葛城山の東麓）に存す。此処は土佐風土記に謂うところの高宮岡なり。今県社なり」と記述する。

一方、御所市鴨神に高鴨《たかがも》神社がある。『続日本紀』淳仁天皇天平宝字八年（七六四）条では、高鴨神について、獲物を争って雄略天皇の怒りをかい土佐に放逐されたのを、田守を派遣して高鴨神をもとの葛上郡に戻したという内容となっている。この場合は、一言主神でなく高鴨神が直接土佐に放逐されたことになっている。

この高鴨神社からさらに東へ一・六キロ登った標高五四五メートルの地点に、金堂跡、塔跡と推定される大規模基壇と礎石が山中に残されており、高宮《たかみや》廃寺と呼ばれている。金剛山中腹にある奈良時代の山岳寺院のひとつである。この地に高宮段《たかみやのだん》という小字名が残っており、ここも高宮の有力候補地である

〔塚口一九九三〕。また、これが『日本霊異記』に記載された「高宮山寺」や『行基菩薩伝』の「高宮寺」にあたるという説〔平林二〇二二〕もある。しかし、周辺に四邑の高宮に相当する五世紀代や七世紀代の集落などが広がっていたとは考えられない。

このように、高宮の所在地をめぐっては諸説が提示されているが、蘇我氏とのかかわりからみると、その位置は明快である。

それは、蘇我蝦夷《えみし》・入鹿《いるか》親子が謀殺された乙巳の変の三年前の皇極天皇元年（六四二）の記事である。〝高宮に祖先をまつるための祖廟《そびょう》を立てた〟というものであるが、それは、葛城県が蘇我氏の祖先からの土地であると主張していたことによる。すなわち、推古天皇三十二年（六二四）に蘇我馬子が、推古天皇に対し葛城県は蘇我の本居《うぶすな》であると主張し、その割譲をもとめたもののそれを拒否されたというものである。馬子の子である蝦夷は、皇極天皇元年に、葛城の高宮に祖廟を立て八佾《やつら》の舞を挙行する。八佾の舞とは、中国の天子だけに許される八列六十四人が並んで舞うものである。また陵の造営も天皇・皇后のみに許されたものであるが、双墓《ならびのはか》を今来《いまき》に造り、蝦夷の墓を大陵、入鹿の墓を小陵と呼んだという記事がこれにつづく。いずれも蘇我氏の専横を語った記事であり、その真偽は不明であった。

そうしたなか、南郷遺跡群の発掘調査において、この地と蘇我氏のかかわりが鮮明となった。七世紀初頭に築造されたハカナベ古墳（一辺一九メートルの方墳）が水田の下から忽然と姿をあらわしたのである（図19）。墳丘・周濠内側の斜面両側に貼石を施し、横穴式石室に家形石棺をおさめる主体部をもつ。蘇我馬子の墓とされる石舞台古墳と同様の構造をもつもので、「ミニ石舞台古墳」とでも形容されるべきものである。

史実はともかく、蘇我氏にとって、葛城氏はみずからの祖先である必要があったのであって、その本拠地である高宮に墳墓や祖廟を造営することによって、その強いかかわりを強調したのである。

　さらに、南郷遺跡群では七〜八世紀代の遺構・遺物も多く出土している。前述のハカナベ古墳のほか、多田桧木本《おいたひのきもと》遺跡では大型建物の門扉の礎石、下茶屋地蔵谷《しもちゃやじぞうだに》遺跡では、厨子《ずし》に用いられた小型の鴟尾《しび》などが出土している。また、佐田クノ木遺跡や、南郷遺跡群の西側の増《まし》にある上増《かみまし》遺跡では飛鳥寺と同笵の瓦が出土している。蘇我氏が造営した飛鳥寺に供給した瓦窯が存在し、それにかかわった百済系の生産工人がこの地に居住していたと考えられる。そのほか、『元興寺縁起並流記資材帳』には、飛鳥寺塔の露盤銘が記されており、朝妻手人、忍海手人の名がある。飛鳥寺にかかわる渡来系工人が南郷遺跡群の南の朝妻や、忍海の地に居住していたことが知られている。

　このように、『日本書紀』編纂時点で、寺院造営にかかわっていた渡来系工人が名柄・南郷

**図19　ハカナベ古墳**（南西上空から）

遺跡群周辺に居住していたことが実態として確かめられるわけで、この工人たちを、蘇我氏が「かづらぎ」の王の本拠地で従事していた渡来系工人たちの末裔として位置づけたのだろう。渡来系工人を掌握するためにも、蘇我氏は葛城氏をみずからの祖先とする必要性があったのである。

その意味で、名柄・南郷遺跡群とその周辺一帯が高宮であったことは疑いのないところであり、伝承されている地名を重視するなら、一言主神社とその門前にあたる森脇・宮戸あたりまでを含めて、その全体を高宮に比定することができるだろう。

### 忍海

忍海《おしぬみ》は、現在葛城市忍海《おしみ》として地名が残る。明治三十年（一八九七）まではその周辺の一四地域をあわせ、忍海郡忍海村とよばれていた。「忍海郡」という郡名の表記は、『続日本紀』文武天皇の大宝元年（七〇一）までさかのぼる。さらに、藤原宮からは「忍海評《おしみのこおり》」と書かれた木簡が出土しており、「忍海郡」の以前に「忍海評」が存在していたことが知られる。葛城四邑の忍海邑と古代から近代にかけての忍海評・忍海郡が直結するわけではないが、現在の近鉄忍海駅一帯から、それより西高所の丘陵上の寺口忍《てらぐちおし》海《み》古墳群のある葛城山麓公園一帯までの広い地域が忍海邑に関連する地域とみてよいだろう。

ここには、竜山石《たつやまいし》製の長持形石棺の存在が知られる新庄屋敷山《しんじょうやしきやま》古墳（墳丘長一三五メートル以上）と、それに近在する火振山《ひふりやま》（神塚《こうづか》）古墳（墳丘長九五メートル以上）という、五世紀中葉頃に築造された前方後円墳がある。

さらに、県道の建設にともなって発掘調査された脇田遺跡では、各時代の遺構・遺物が多量に検出されたが、五世紀代の竪穴住居が確認されたほか、同時期の土器や鉄器生産関連遺物などが出土している

〔神庭ほか二〇一九〕。土器は、通有の土師器・須恵器に加え、朝鮮半島の全羅道地方や伽耶諸国と関連する韓式軟質系土器や、新羅と関連する陶質土器が認められる。また、奈良時代のものまでを含めると鞴羽口は約六〇〇点、鉄滓は約三七キロに達し、継続的に遺跡内での鉄器生産がおこなわれていたことがわかる。とくに飛鳥時代後半期の遺物が多量に出土し、これに相当する掘立柱建物の存在も知られている。脇田遺跡が忍海の地域のなかでは中心的な位置にあり、付近では飛鳥時代の遺跡が存在しないことから、付近に忍海評の評家（衙）が存在した可能性が高い。こうした状況から忍海邑も脇田遺跡を中心とした一帯に求められるだろう。

また、脇田遺跡の調査地の東西に隣接して、新羅系鬼面文瓦が出土したことで知られる地光寺《じこうじ》が存在する。東側の伽藍は飛鳥時代後半期にさかのぼり、西側の伽藍は奈良時代からの造営であるとされ、奈良時代には、脇田遺跡を挟んで東西に二つの伽藍が並立していた。

古墳時代の脇田遺跡に「かづらぎ」の王の政治拠点があったかどうかはさだかではない。しかし、五世紀代の古墳の存在から、忍海にもそうした空間が存在していた可能性はある。『日本書紀』には、そのことを考えるうえで参考となる記述がある。

五年の春正月に、白髪天皇（清寧天皇）がお崩れになった。この月に（顕宗天皇の姉である）飯豊青《いいどよあおの》皇女《ひめみこ》が、兄の億計王《おけのみこ》（のち仁賢天皇）と弘計王《をけのみこ》（のち顕宗天皇）のあいだで皇位の譲り合いがあったので、一時的に忍海角刺宮《おしぬみのつのさしのみや》で朝政をとり、みずからを忍海飯豊青尊《いいどよのあおのみこと》と名乗った。当時の人が歌をつくって、

倭辺《やまとべ》に　見が欲しものは　忍海の　この高城《たかぎ》なる　角刺の宮

（大和のあたりで見ようと思うものは忍海の地のこの高城である角刺宮です）

と詠んだ。冬十一月に飯豊青尊が亡くなった。葛城埴口丘陵《はにくちのおかのみささぎ》に葬り申し上げた。

（『日本書紀』顕宗天皇即位前紀）

忍海角刺宮に直接関連する遺跡はまだ確認されていないが、近鉄新庄駅の南六〇〇メートルにある北《きた》花内大塚《はなうちおおつか》（三歳山《さんざいやま》）古墳（墳丘長九〇メートルの前方後円墳）を宮内庁は飯豊陵に治定している。五世紀末～六世紀初頭の年代の埴輪や笠形木製品が出土しており、飯豊皇女が実在の人物であれば、被葬者として整合的である。

飯豊皇女はこれより先、清寧天皇三年条にも登場し、〝角刺宮で夫とはじめて性交した。そのあと決して男と交わることを願わなかった〟という不可思議な記事がある。清寧天皇は、雄略天皇の第三子、母は葛城韓媛《からひめ》（葛城円大臣《つぶらのおおみ》の女《むすめ》）である。顕宗天皇即位前紀では、飯豊皇女・仁賢天皇・顕宗天皇は履中天皇の孫で、父が市辺押磐皇子《いちのべのおしいわのみこ》、母が荑媛《はえひめ》であるという。この系譜では葛城氏と強く関連する（**図20右**）。また、履中天皇元年秋七月条では、葦田宿禰《あしだのすくね》の女《むすめ》である黒媛《くろひめ》と履中天皇のあいだに、磐坂市辺押羽皇子、御馬皇子《みまのみこ》・青海皇女《あおみのひめみこ》（一説では飯豊皇女という）が産まれたという（**図20左**）。一方で履中天皇即位前紀では、黒媛は羽田矢代《はたのやしろ》宿禰の女とある。この場合は、葛城氏との関連は薄い。

一般的には、五世紀代のうちに葛城氏は滅亡し、その領域は大王家に接収されたと理解されているが、六世紀代まで、地域のなかで古墳の造営が継続する。忍海の地域のなかでは北花内大塚古墳につづき、二塚《ふたつか》古墳（墳丘長六二メートル）が造営され、地域における代々の首長墓が五～六世紀のあいだ切れ目なく造営されている。強調されるべきは、「かづらぎ」の王が一時的にでも政権中枢の地位を占めたこと、

『古事記』、『日本書紀』雄略天皇・清寧天皇・顕宗天皇即位前紀

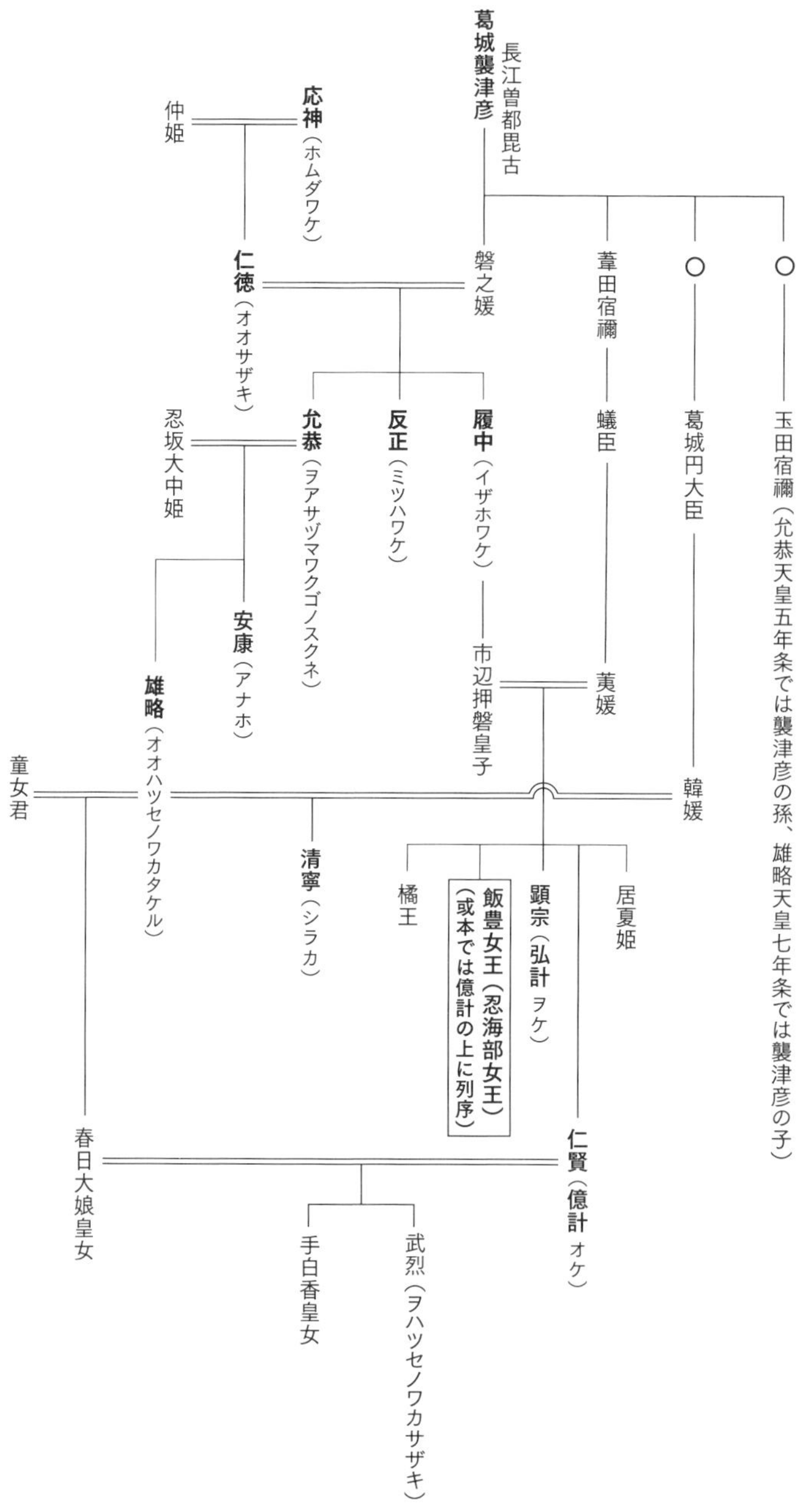

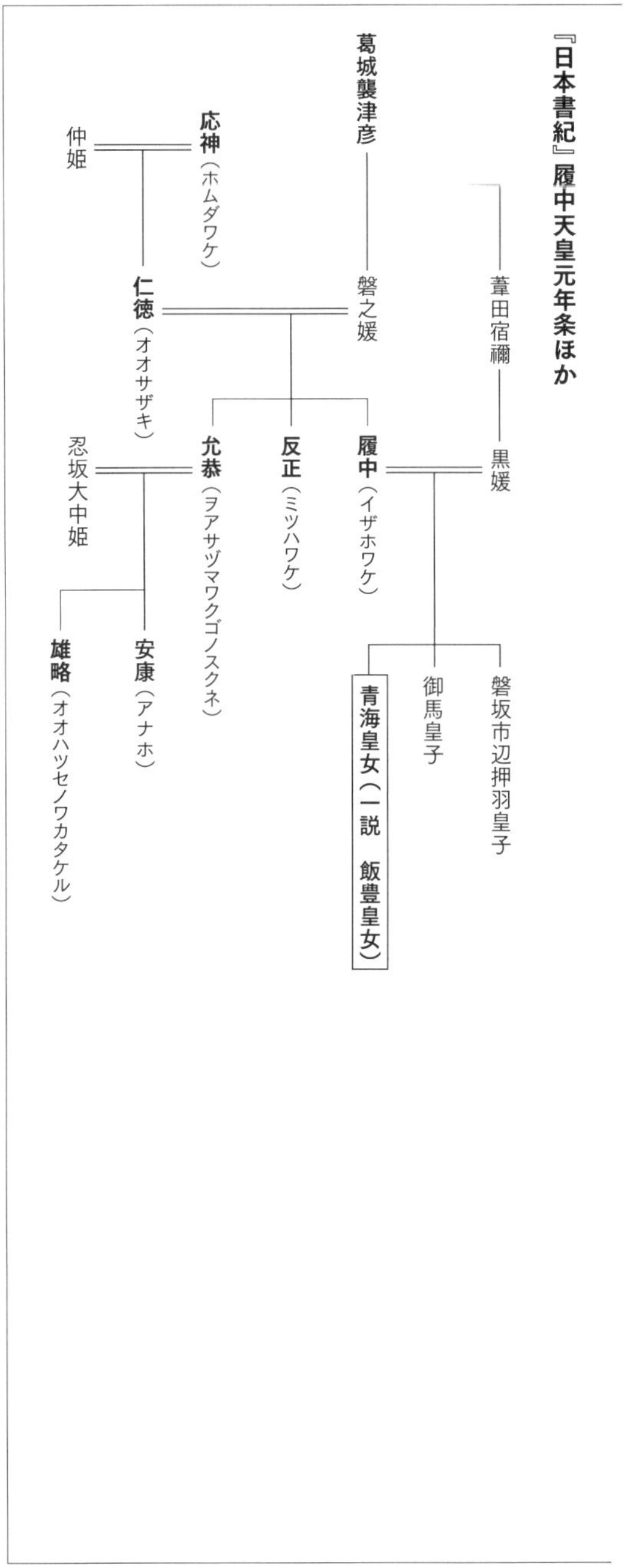

図20　飯豊皇女の系譜

その政治拠点を忍海においたことが、古墳や遺跡の実態のうえで確認できることである。血縁関係が権力基盤の源泉と捉えられることが多いが、実際の権力基盤は地域に求められるべきであって、「かづらぎ」の王が、一時的にヤマト王権の王の一人となったのである。

## 桑原と佐糜

桑原は、『和名類聚抄』には葛上郡桑原郷という郷名として受け継がれているが、高宮と同じく現存地名としては残らない。また、『続日本紀』の天平宝字二年（七五八）に大和国葛上郡桑原史年足《くわはらふひととしたり》ら男女九六人が、近江国神埼郡桑原史勝《かつ》らとともに桑原直《くわはらのあたい》を与えられたという記事があるなど、桑原出身者は、桑原村主《すぐり》、桑原史、桑原直などを名乗ったり、任じられたりした。忍海の地域のなかに小字名が残るが、さだかではなく、和田萃氏は南郷遺跡群を桑原邑の可能性があるとした（和田萃 一九九四）。また、塚口義信氏は御所市池之内や朝町《あさまち》のなかの小字名に桑原が残るとし、いずれかの地であるとしている（塚口 一九九三）。

佐糜は、現存地名では御所市東佐味《ひがしさみ》・西佐味《にしさみ》である。五條市との境界をなす風の森峠一帯であって、古代にあっては葛上郡と宇智郡の境界である。峠近くの鴨神《かもがみ》遺跡では、古墳時代の道路が検出されている。この道路は、名柄遺跡・南郷遺跡群から鴨神遺跡を経て、五條猫塚古墳（約三七×三四メートル以上の方墳）のある近内《ちかうち》古墳群から、紀ノ川へ至る古墳時代の大動脈である。五條猫塚古墳からは、倭と新羅の関係を示す金銅製三葉文・龍文帯金具や、中国・朝鮮半島との関係を示す金銅装蒙古鉢冑《もうこばちかぶと》などのほか、鍛冶工具や砥石が出土している。「かづらぎ」の王と連携しつつ、この被葬者もまた海外に雄飛した人物であったと推定される。鴨神遺跡からは奈良時代の遺物が出土しているほか、遺跡と隣接する高鴨神社は、前述一三〇ページのとおり『続日本紀』天平宝字八年（七六四）条に田守を派遣し、土佐から現地へ復祀した記事があり、その翌年の天平神護元年（七六五）土佐国に二〇戸、同二年大和国に二戸、伊予国に三〇戸の神戸があてられた（新抄格勅符抄）。

以上、「かづらぎ」の王の支配領域と、その活動をみてきた。くり返し述べるが、「かづらぎ」の王の活動は、ヤマト王権の王の意志とは別の主体的・独自的なものであった。「かづらぎ」の王は、独自の支配領域を有し、独自の生産組織をもつことによって、ヤマト王権の王と対峙した。そして、ヤマト王権の王に先んじて国際外交を展開していたのである。次章では、同じく中国地方にあって、この「かづらぎ」の王とつながりながら、同じく独自の支配領域をもち、独自の国際外交を展開したキビ王権についてみてみよう。

# 第六章

# 倭とキビ王権

## 倭国王と対峙した一大勢力

## キビ王権の支配領域

「ヤマト」王国、「イヅモ」王国、「ツクシ」王国などと並ぶ「キビ」王国という地域王国（地域国家）があり、それぞれが独自の支配領域をもち、独立した支配体制のもと、独自の外交を展開していたとする見解が、早くに門脇禎二氏によって提示されている（門脇一九九二）。私は「キビ」においては、独自の支配領域を確保した王とそれを支えた集団が存在し、独自の国際外交を展開していたことは明瞭であるが、独立した統治機構や制度を保持していたかというと、それについてはやはり不明確であり、「国家」に相当する存在であったとはいえないと考える。私は、「かづらぎ」の王や「キ」の王（第八章で詳述）とつながりながら、倭国王と対峙したこの地域の勢力をキビ王権と位置づける。本章では、その実態に迫ってみたい。

ここでいうキビ王権の支配領域は、吉井川、旭川、足守川《あしもりがわ》流域とそれが流れ込む岡山平野と児島湾一帯及び、総社《そうじゃ》市から倉敷市にいたる高梁川《たかはしがわ》中下流域一帯、現在の岡山県南部にあたる。備中国分寺・造山《つくりやま》古墳・作山《つくりやま》古墳などがある「吉備路」という古代を訪ねる観光ルートと、備前国分寺や両宮山《りょうぐうさん》古墳のあるあたりがそれにほぼ対応している。

いうまでもなく、「キビ」は北部九州地方と近畿地方の中間の、陸上交通と海上交通の要地である。岡山平野・総社平野では、江戸時代以降に河川の付け替えがおこなわれ、干拓がすすんだ。古代には海が深く入りこんでおり、「キビ」の遺跡は陸上交通、海上交通及び河川交通の結節点に立地している。

## 三〜四世紀の「キビ」

四二ページで述べたとおり、魏や西晋と交渉した倭女王卑弥呼や壱与の時代は、諸国は分立していた。三世紀の「キビ」に魏と交渉し、「キビ」全体の広域支配を実現した王は存在しない。

もっとも、倉敷市の楯築《たてつき》墳丘墓の規模は、直径四〇メートルの円丘部の南北両側に取り付く突出部の規模を二〇メートルと復元すれば、墳丘長八〇メートルとなる。同時期の日本列島では最大規模である。また、キビの葬祭に欠かせない弧帯文と呼ばれる文様のなかでも、もっとも古い特徴をもつものを彫り込んだ弧帯石が存在し、円筒埴輪の起源となった特殊器台（壺をのせる台）形土器のなかでも、もっとも古い特徴をもつ立坂《たちさか》型器台などが出土している。また、三〇キロの水銀朱を木棺内に敷き詰め、その木棺をさらに大きな木槨で包み込むという埋葬施設の構造は、楽浪郡の墓制に近いという指摘もある〔高久二〇一一〕。

さらに、ヤマト王権の初代王墓である箸墓古墳（墳丘長二八〇メートル）と同型でその二分の一の規模をもつ岡山市の浦間茶臼山《うらまちゃうすやま》古墳（墳丘長一三八メートル）、六分の一の規模をもち、一一面の三角縁神獣鏡が出土した岡山市の備前（湯迫《ゆば》）車塚古墳（墳丘長四八・三メートルの前方後方墳）、同じくヤマト王権の王墓である行燈山《あんどんやま》古墳（墳丘長二四二メートル）と同型でその二分の一の規模をもち、と特殊器台と円筒埴輪の中間的形態である「都月型」の存在が知られている中山茶臼山古墳（墳丘長約一二〇メートル）などがある。

三〜四世紀の倭の政治状況を探るには、「キビ」の集落遺跡や古墳・墳墓の分析は欠かせない。多くの研究者がその分析を試みている。最近、松木武彦氏は、「キビ」には河川流域ごとに個別の生産基盤をもつA〜Gの七つの在地集団があって、それぞれの成長過程や諸地域との関係性をふまえ、それぞれが個別的・主体的に前方後円墳、前方後方墳、方墳などの墳形を採用していることを論証した〔松木二〇一八〕（図21）。

ヤマト王権の王と「キビ」の王や首長が交渉するなかで、前方後円墳や埴輪が成立し、発展していったことは疑いのないところである。「キビ」では前方後円墳を中心とした価値観も一部に浸透していたと考えられる。しかし、あくまでそれは三三ページで述べたとおり、権力者どうしの競争原理がはたらいていたとみるべきである。そして、「キビ」でも個々の在地集団が周辺との関係のもと、個別的・主体的に古墳の墳形、規模を採用したと考えられる。

そして、四世紀後半代に集落遺跡が衰退して、人口減少がおこったのちの、五世紀代に三基の大型前方後円墳が累代的に造営される。Fの足守川下流域の岡山市造山古墳（墳丘長三五〇メートル）、Gの高梁川下流域の総社市作山古墳（墳丘長二八二メートル）、Bの赤磐砂川中流域の赤磐市両宮山古墳（墳丘長二〇六メートル）であり、これらこそ、広域支配を実現したキビ王権の王墓であると考えられる。

## 造山古墳とその被葬者像

造山古墳は南の倉敷市、西の総社市との市境に近い岡山市の西端部、足守川の西岸部に所在する。古墳と足守川とのあいだには圃場整備がおこなわれた広い水田景観が広がっている。一方、北側、西側、南側は低い丘陵が迫っている。

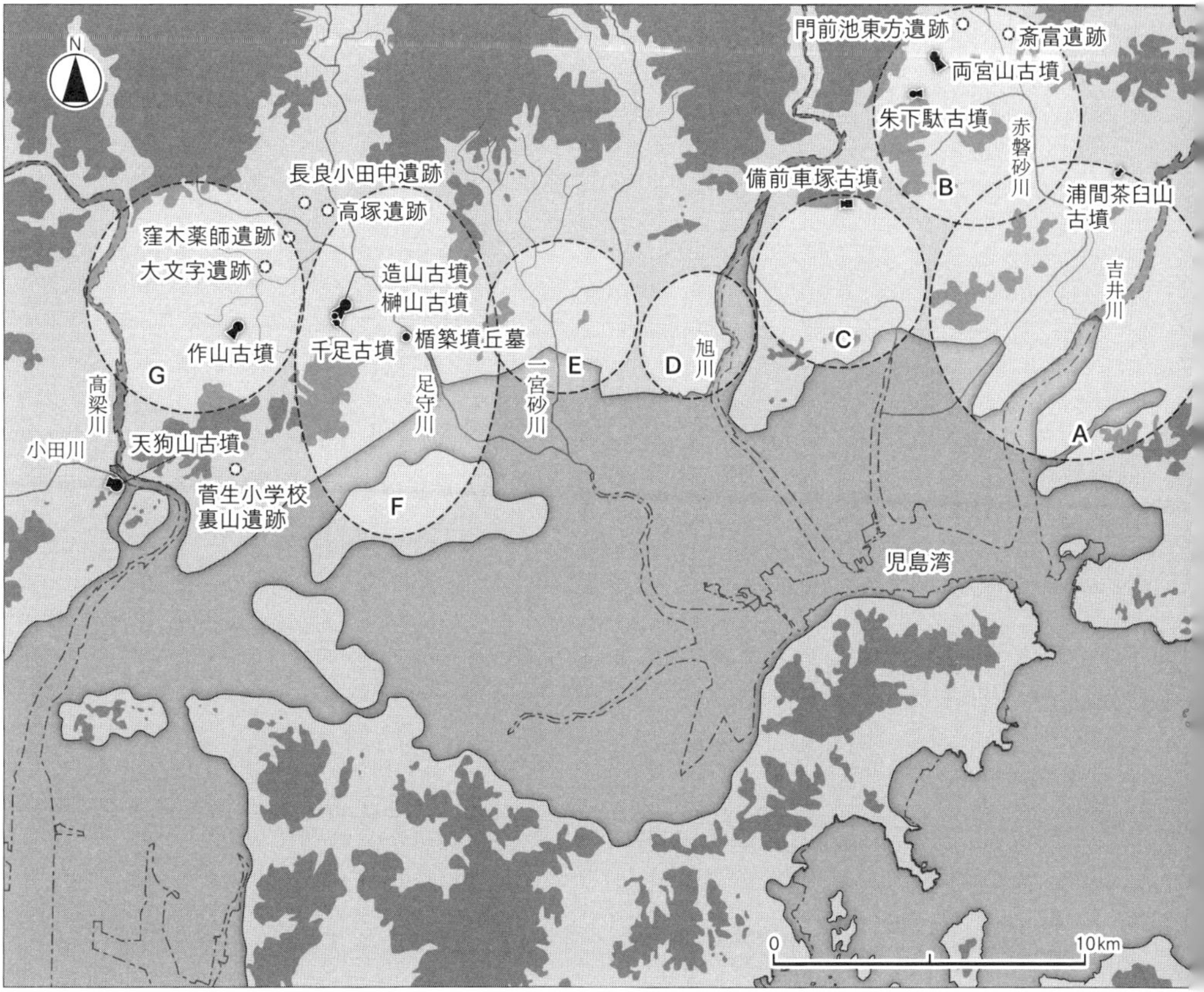


図21 「キビ」の在地集団と古墳・遺跡

近年、墳丘のデジタル測量図が作成されるとともに、岡山大学や岡山市教育委員会によって墳丘とその周辺部の発掘調査がおこなわれている。三五〇メートルという墳丘規模は、日本列島で第四位である。墳丘形態・規模が近似しているとされるのが、日本列島で第三位の墳丘規模をもつ百舌鳥《もず》古墳群の上石《かみいし》津《づ》ミサンザイ古墳（墳丘長三六五メートル）であり、前方部寄りにある造り出しや三段に築成された段築、平坦面の幅など、形態的にも、規模的にも両者は近い。

ただし、両者の設計原理は異なっているという。設計原理において関連性が認められるのが、日本列島第二位の規模をもつ誉田御廟山《こんだごびょうやま》古墳（墳丘長四二五メートル）であり、造山古墳の設計原理を踏襲して、古市古墳群の誉田御廟山古墳が造営されていると考えられている〔新納 二〇一八〕。採集された円筒埴輪には窖窯《あながま》で焼成されたものと、野焼きの埴輪の両者が含まれている。

円筒埴輪は、前述のとおり「キビ」の特殊器台形土器が起源であり、当初はそれと同様の特徴をもっていた。時代を経るにしたがい、透かし孔の形では長方形・三角形・勾玉形などが円形に統一され、横ハケと呼ばれる段の間の横方向の板状工具による仕上げが、当初は丁寧におこなわれていたが、徐々にシステム化されていく。また、この間に朝鮮半島から窖窯で焼成する技術が導入され、埴輪も須恵器のような硬質の埴輪の生産が開始された。こうした円筒埴輪の形態や技術上の変化から、古墳の築造順序がわかる。私は、奈良県を中心とした円筒埴輪について、一期〜四期という時期別の変化を考えた〔坂二〇〇九〕。

百舌鳥古墳群・古市古墳群では、上石津ミサンザイ古墳で、窖窯が導入される以前、野焼き焼成の三―二期の埴輪が出土している。一方、誉田御廟山古墳では、窖窯が導入された直後の三―三期の埴輪が出土している。

造山古墳の築造時期については、円筒埴輪からみれば、上石津ミサンザイ古墳と誉田御廟山古墳のちょうど中間の時期におくことができるが、研究者によっては差違がみられ、上石津ミサンザイより若干先行する見解、上石津ミサンザイ古墳と同時期とみる見解、上石津ミサンザイ古墳と誉田御廟山古墳との中間に築造年代をもとめる見解〔造山古墳蘇生会二〇一九〕のほか、誉田御廟山古墳と同時期におく見解〔宇垣二〇一七〕もある。

造山古墳の南には、榊山《さかきやま》古墳や千足《せんぞく》古墳〔岡山市教育委員会二〇一五〕がある。榊山古墳は直径三五メートルの円墳で、千足古墳は墳丘長八一メートルの帆立貝式古墳である。千足古墳の埋葬施設は、横穴式石室である。そのうちの一基は明治年間に盗掘があって、石障《せきしょう》と呼ばれる埋葬空間を確保するための平坦な石材を周囲に立てかけた横穴式石室の存在が知られていた（図22）。こうした特徴をもつ横穴式石室は、熊本県を中心にみられるものであって、肥後型横穴式石室と呼ばれている。さらに屍床《ししょう》と呼ばれる埋葬空間を確保するために立てられた仕切り石に直弧文《ちょくこもん》が刻まれており、数少ない装飾古墳の事例として著名な存在であった。また、近年その東側であらたに横穴式石室が発見されたが、いずれもその石室構造は九州地方の強い影響をうけたもので、この築造技術や埋葬の方法はそこから伝播したものであると考えられる。

また、宮内庁には造山古墳群のある新庄下地域のどの古墳から出土したかが不確かな「新庄下古墳出土」とされる遺物が所蔵されている。そのうち、馬形帯鉤《たいこう》、環状銅製品、龍文透金具、青銅製多孔鈴、青銅製鈴、提げ砥石は、中国・朝鮮半島とかかわる遺物である。

馬形帯鉤は新羅または伽耶諸国製であり、日本列島での出土例はわずか二例である。また、龍文透金具は日本列島ではこの一例があるのみで、中国の東北地方と金海大成洞《キメテソンドン》七〇号墳での出土例がある。多

**図22　千足古墳の横穴式石室と石障**（撮影：井上直夫・栗山雅夫〈奈良文化財研究所〉）

孔鈴も日本列島での類例は数例をあげるのみであり、中国東北地方や金海大成洞七〇号墳、九一号墳での出土例がある。これらは伽耶諸国に類例がみられる青銅製鈴とともに、金官《きんかん／クムグアン》国経由で古墳被葬者が直接入手したものであると考えられる。造山古墳の周辺にあった人物が金官国と交渉し、これらを入手したと考えてさしつかえない。

これまでに出された造山古墳の被葬者像については、「キビ」王国の王陵とみて、吉備氏の祖先である御友別《おんともわけ》をその被葬者にあてる説〔門脇二〇〇五〕、万世一系の思想のもと文献資料からその記録が抹消された吉備地方出身の倭の大王であるとする説〔出宮二〇〇五〕、倭国王と同盟関係にあった吉備の地域政権の盟主とする説〔白石二〇〇九〕、ヤマト王権と友好関係にあった「キビ」の有力首長であり、宋から将軍号を与えられた倭隋など一三人（後述＝第七章）のうちの一人〔都出二〇一〇b〕などの説がある。

私は、これまで述べてきたように「キビ」地域で最初に広域支配を実現したキビ王権の初代王墓として位置づける。キビ王権は、ヤマト王権に匹敵する実力をもち、独自に外交をおこなっていた。ヤマト王権とキビ王権はいずれも、国際交渉や地域間交渉を重ねながら、支配領域の拡大を指向していたのである。両者は互いに交渉する一方で、覇権を競いあっていたのである。ただし、両者が戦端を開くことは、造山古墳の時代にはなかったといえる。

## 作山古墳とその被葬者像

造山古墳からは西へ三・七五キロ、徒歩で五〇分ほどの距離に作山古墳がある。吉備路めぐりの中心の備中国分寺や国分尼寺、こうもり塚古墳などが両古墳のあいだにあり、自転車道も整備されておりレンタサイクルを借りれば、それぞれを短時間でめぐることができる。

作山古墳は河川でいえば、距離的に高梁川の方に近く、造山古墳とは農業生産においては、その生産基盤が異なっていたものと考えられる。

造山古墳と同じように後円部を北東に向け、三段築成でくびれ部前方部よりに造り出しを備えた墳丘をもつ。ただし、後円部の形状が正円形ではなく、南北に長い楕円形となっている。周辺の発掘調査で出土した円筒埴輪は、窖窯で焼成されたものであり、また最終の仕上げでおこなう横ハケからみて、造山古墳よりやや新しい様相をもつ。古市古墳群の誉田御廟山古墳と同時期であると考えられる。その場合、同時期では日本列島で第二位の墳丘規模である。百舌鳥古墳群の百舌鳥御廟山古墳（墳丘長二〇三メートル）より規模が大きい。

造山古墳からは低い丘陵を越え、直線距離にして北西三キロほどの位置の総社市窪木《くぼき》薬師《やくし》遺跡がある。六～七世紀の鍛冶炉や鞴羽口など、鉄器生産に関連する遺構・遺物が多く検出されているが、それに先駆けて五世紀初頭の竪穴住居も検出されており、ここでも鉄鋌《てってい》や鉄鏃などが出土している。鉄鋌は、先述したとおり朝鮮半島の新羅や伽耶諸国との交渉の結果、入手した鉄素材である。新羅・伽耶諸国から、鉄器生産工人が招聘され現地で生産にあたったことが想定されている。

さらに、窪木薬師遺跡の北東部、高塚遺跡や長良小田中《ながらおだなか》遺跡があり、丸底で円形の蒸気孔をもつ甑《こしき》や、タタキをもつ長胴の甕など伽耶諸国系の韓式系軟質土器が出土している（図23）。また、作山古墳の北東二キロにある総社市大文字《だいもんじ》遺跡では同様の伽耶諸国系の韓式系軟質土器が出土している。また、作山古墳から南方四・六キロ、旧海岸線にあたる位置にある倉敷市菅生《すごう》小学校裏山遺跡では、丸底で細い筋条の蒸気孔をうがつ新羅の韓式系軟質土器の甑や、平底で円形の蒸気孔をうがつ栄山江《ヨンサンガン》流域系の韓式系軟質土器の甑などが出土している〔亀田二〇一九〕。

これらの遺跡は、造山古墳や作山古墳と同時期に営まれており、造山古墳と作山古墳の被葬者が、瀬戸内海の高梁川河口部から下流部の東岸部と足守川下流部西岸部を直接の支配領域として確保し、朝鮮半島のさまざまな地域に出自をもつ渡来人を居住させて、盛んな生産活動をおこなっている状況を示すものであると考えられる。そして、その生産活動が後世にうけつがれ、継続的に渡来人を受け入れているのである。

これは前章でみた「かづらぎ」の王が独自に渡来人を受け入れている状況とまったく変わらない。ただし、キビ王権においては、王の支配拠点は確認されておらず、王が政治、祭祀をおこなった施設が確認されていないため、不明な点が多い。

造山古墳と作山古墳は近在していて、築造年代もさほどかわりはない。両者が系譜的につながっていたかどうかは見解が分かれるところである。両古墳の被葬者に血縁関係があったかどうかは証明できないが、手工業生産においては共通の権力基盤をもつと推定されるところか

**図23　高塚遺跡の韓式系軟質土器**　左：甑〈高さ 16.0 cm〉、右：長胴甕〈高さ 33.6 cm〉

ら、兄弟関係であったとみてもあながち無謀ではないだろう。

## 両宮山古墳とその被葬者像

両宮山古墳は、造山古墳・作山古墳のある足守川と高梁川のあいだの平地部からは東へ二〇キロ、赤磐砂川中流西岸から約二キロに位置する。後円部を西北にむけた前方後円墳で、近年測量調査や、墳丘の調査が岡山県赤磐市教育委員会によって実施され、墳丘規模などがほぼ明確となっている。東西のくびれ部前方部よりに造り出しを備えた三段築成の墳丘と、その周囲に盾形の周濠をめぐらす。周濠は二重にめぐらされており、内濠の南側・西側には水をたたえている〔岡山県赤磐市教育委員会二〇一八〕。前述の百舌鳥御廟山古墳と同型同大で、二重にめぐらされた周濠も同じであるが、百舌鳥御廟山古墳では東側の造り出しが存在するかどうかは明確ではない。

発掘調査によっても葺石や埴輪は検出されず、それが両宮山古墳の特徴となっている。この時期の大型前方後円墳ではそれを有していることが通常だからである。そのため、埴輪によって築造年代を想定することはできない。墳形の特徴からみれば、作山古墳や誉田御廟山古墳と同時期か、それに後続する大山（大仙陵）古墳と同時期に築造されたものと推定される。後者の大山古墳（墳丘長五二五メートル以上）と同時期とみた場合、大山古墳の全体規模を約四〇パーセントまで縮小すれば、その形状は近似する。大山古墳については、次章で後述するが、同時期には佐紀古墳群のウワナベ古墳（墳丘長二六〇〜二七〇メートル）があり、それに次ぐ規模である。また、馬見古墳群の川合大塚山《かわいおおつかやま》古墳（墳丘長一九七メートル）をしのぐ規模である。

両宮山古墳の南西七〇〇メートルには朱下駄《しゅげた》古墳（墳丘長八五メートルの前方後円墳）があり、王者の棺である兵庫県の竜山《たつやま》石製の長持形石棺があり、玉類、刀剣類、神人車馬画像鏡《しんじんしゃばがぞうきょう》、蛇行状鉄器などが出土している。石棺はヤマト王権、銅鏡は中国南朝、蛇行状鉄器は朝鮮半島とそれぞれ関連する遺物である。

一方、両宮山古墳の北東一・五キロには門前池東方《もんぜんいけとうほう》遺跡がある。ここでは、伽耶諸国と関連する陶質土器が出土している。さらに、両宮山古墳の東北三キロに斎富《さいとみ》遺跡があり、新羅系の陶質土器、伽耶諸国にかかわる韓式系軟質土器などが出土している。

両宮山古墳の被葬者もまた、ヤマト王権と交渉する一方、独自に海外交渉をおこなったキビ王権の王である。作山古墳に後続するかどうかは断定にまでは至らない。ただし、後続した場合でも、そこにあるのは血縁関係ではない。その経営基盤が明らかに異なっていて、異なる出自をもつ集団が「キビ」の王権を奪取したとみることができるだろう。

その意味で参考となるのが、『日本書紀』に記載されている備前国の吉備上道臣《かみつみちのおみ》氏と備中国の吉備下道臣《しもつみちのおみ》氏の反乱伝承である。とりわけ、この反乱の首謀者である吉備上道臣田狭《たさ》が、両宮山古墳の被葬者である可能性があるとされている〔亀田 二〇一七〕。

## 吉備下道臣前津屋と上道臣田狭の反乱

『日本書紀』雄略天皇七年八月条には、吉備下道臣前津屋《さきつや》の反乱の記事がある。以下がその概略である。

吉備弓削部《ゆげべ》虚空《おおぞら》が急用で（大和から吉備に）戻った。吉備下道臣前津屋が虚空を留め使役し、何カ月たっても大和に上ることを許さなかった。（雄略）天皇は身毛君大夫《みけのきみますらお》を遣わして虚空を召した。虚空は、「前津屋は幼女を天皇の分身、大女を自分の分身として競い合わせました。幼女が勝つのをみて即座に刀を抜いて殺しました。また小さい雄鶏を天皇の鶏とし、毛を抜いて翼を削ぎ、大きな雄鶏を自分の鶏として鈴や金のケヅメを着けて競い合わせました。小さい雄鶏が勝つのをみて刀を抜いて殺しました」と申し仕上げた。天皇はこの話を聞いて、物部の兵士三十人を遣わし、前津屋とその同族七十人を誅殺させた。

（『日本書紀』雄略天皇七年八月条）

この記事の後段に、この年におこったと記載されているのが九一ページで述べた、吉備上道臣田狭が任那に、その子の弟君《おときみ》が百済に、それぞれ立て籠もろうとしたという反乱記事である。この反乱の端緒は、田狭の妻で、弟君の母である稚媛《わかひめ》を雄略天皇が女御《みめ》にしたことにある。

以下がその概略である。

稚媛は、絶世の美女で、天皇は、田狭を「任那国司」に任じ、その派遣中に稚媛を寝取ったのである。それに怒った田狭は新羅に援助を求めた。天皇は、弟君と吉備海部直赤尾《あまのあたいあかお》に新羅を討つよう命じる。そのときに、西漢才伎歓因知利《かわちのあやのてひとかんいんちり》が、韓国に自分よりすぐれた技術者（才伎《てひと》）がいるので、召すように天皇に提案し、それに同行した。しかし、弟君は新羅を討たず、百済のたてまつった今来の才伎を大嶋（諸説あり。韓国慶尚南道《キョンサンナムド》の南海島《ナムヘソン》か）にあつめ、順風を待っていることにかこつけて、久しく百済にとどまった。田狭が密かに弟君に使者を送り「おまえは百済に立て籠もれ。自分は任那に立て籠もる」とすすめた。しかし、反乱を憎んだ妻の樟姫《くすひめ》が夫を殺し、海部直赤尾とともに百済の献じた手末《たなすえ》の才伎を連れて、大嶋に在留した。天皇は、日鷹吉士堅磐固安銭《ひたかのきしかたしわこあんぜん》を遣わして、倭国の吾礪《あと》（大阪府八尾市植松町付近）の広津邑《ひろきつむら》に手末の才伎を安置したが、病死する者が多かった。そこで、天皇は大伴大連室屋《おおとものおおむらじむろや》に詔して東漢直掬《やまとのあやのあたいつか》に命じて、新漢陶部高貴《いまきのあやすえつくりのこうくい》・鞍部堅貴《くらつくりけんくい》・画部因斯羅我《えかきいんしらが》・錦部定安那錦《にしこりじょうあんなこむ》・訳語卯安那《おさみょうあんな》らを上桃原《かみももはら》・下桃原《しももももはら》・真神原《まがみはら》（いずれも奈良県明日香村）の三箇所に住まわせた。

（『日本書紀』雄略天皇七年是歳条）

一方、この条には別本の記載もあって、〝田狭の妻の名を毛媛《けひめ》といい、葛城襲津彦の子の玉田宿禰《たまたのすくね》の女《むすめ》で、その容姿が美しいことを聞いた天皇が夫を殺し、毛媛を召した〟とするものである。

次に星川皇子の反乱についてみておこう。

## 星川皇子の反乱

星川皇子は、雄略天皇と吉備稚媛のあいだに産まれた子である。『日本書紀』雄略天皇七年是歳の条によると、吉備田狭と稚媛のあいだには妻に殺された弟君のほか、弟君の兄にあたる兄君《えのきみ》がいた。兄君は、星川皇子の異父兄にあたる。

一方、『日本書紀』雄略天皇元年三月条では、雄略天皇の二番目の妃である稚姫は、吉備上道臣の女で、ある本では吉備窪屋臣《くぼやのおみ》の女としている。長男の磐城皇子《いわきのみこ》、次男の星川稚宮皇子《ほしかわわかみやのみこ》という二人を産んだとしている。なお、雄略天皇の元《はじめ》の妃は、葛城円大臣《つぶらのおおおみ》の女の韓媛《からひめ》で、生まれつき髪が白かったとい

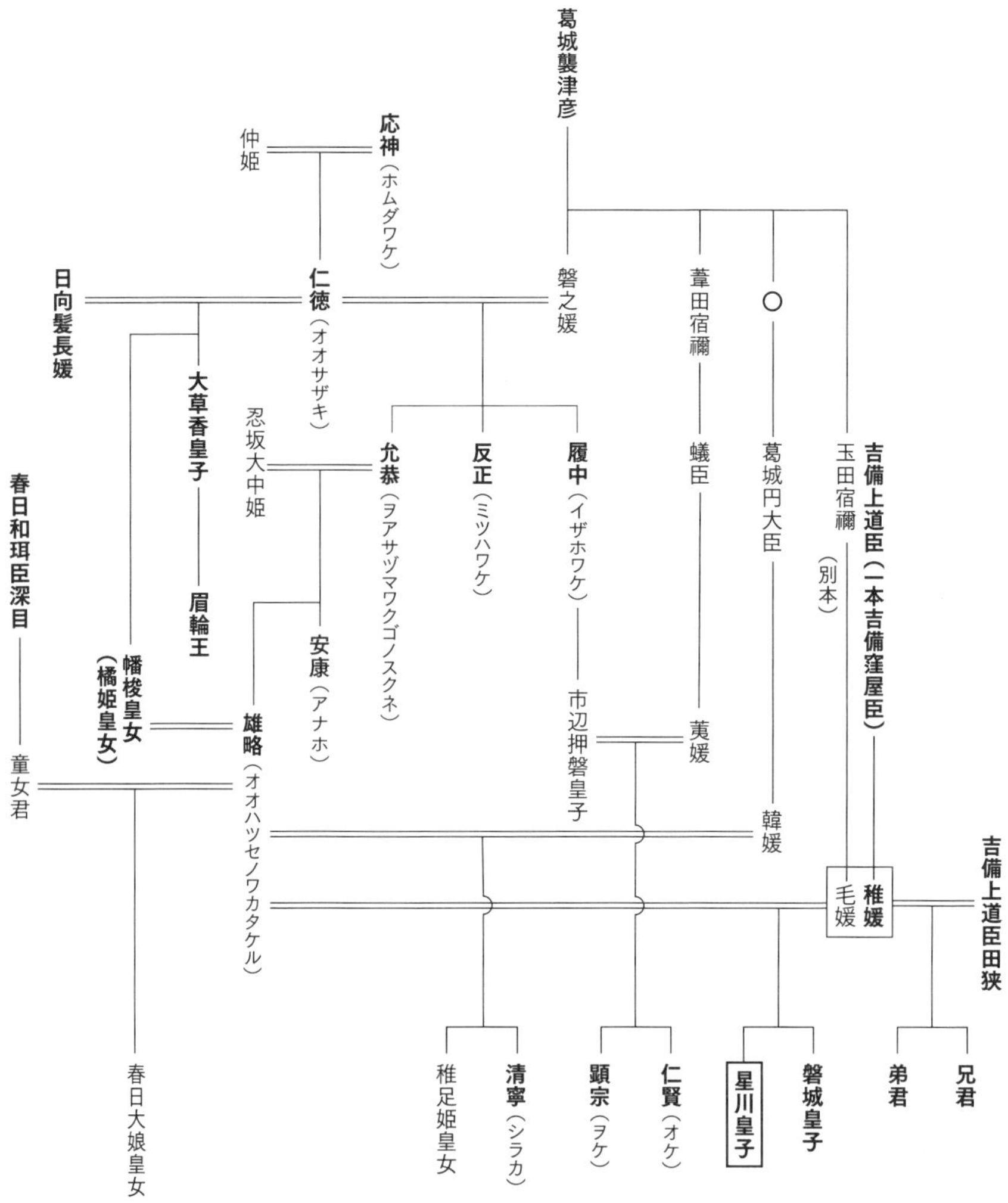


図24　星川皇子の系譜（『古事記』『日本書紀』による）

う白髪皇子《しらかのみこ》（のちの清寧天皇）などを産んだとしている（図24）。

『日本書紀』雄略天皇二十三年八月条に、〝雄略天皇の病気が重くなり、大殿で崩御した。そのとき、大伴室屋と東漢直掬に遺詔し、「（前略）星川王は、兄弟の義を欠き、心に悪意を抱いている。星川王が志を得て、国家を治めたなら必ず戮辱《りくじょく》が臣連に及び酷毒が庶民にゆき渡るであろう。（中略）皇太子（白髪皇子）は仁孝が及んでいてわたしの志をうけつぐのに不足がない。（後略）」と述べた。このときに、征新羅将軍の吉備臣尾代《おしろ》は吉備に行き、家に立ち寄ったが、従っていた蝦夷五百人が天皇の訃報を聞いて、時を得たとして近隣の郡を侵寇する。尾代が蝦夷と娑婆水門《さばのみなと》（広島県福山市＝旧沼隈郡佐波村付近か）で出会って戦ったあと、追撃して丹波国浦掛水門《うらかけのみなと》（京都府京丹後市久美浜町浦明）で、ことごとくこれを攻め殺した〟というくだりがある。

この記事が星川皇子の反乱の伏線であり、『日本書紀』清寧天皇即位前紀に、〝吉備稚媛が星川皇子に「天皇の位に即こうとするなら、まず大蔵の官になりなさい」と言った。兄の磐城皇子が、「皇太子も私の弟である。弟を欺くべきではない」と諌言したにもかかわらず、星川皇子は大蔵の官となり、大蔵の外門を閉め攻撃に備え、権勢をほしいままにした。大伴室屋と東漢直掬は遺詔にしたがい、兵をおこして大蔵を取り囲み、星川皇子と従っていた吉備稚媛、兄君などを焼き殺した〟とある。さらに、〝この月に吉備上道臣らは朝廷で乱がおこったことを知って稚媛の産んだ星川皇子を救おうと思い、船師《ふないくさ》四十艘を率いて海を渡りはじめた。しかし、焼き殺されたことを聞いて、海から帰った。天皇（白髪皇子）は使者を派遣し上道臣を責めその管掌下にあった山部《やまべ》を奪い取った〟とある。

異母兄弟による皇位継承争いとして記されており、このような血肉の争いは古代を通じて継続している。記事のなかでは、長幼の序に重点がおかれているが、読み取るべきは、吉備氏の反乱の実態である。

## 反乱伝承は史実か

これらの記事については、雄略の遺詔が『隋書』高祖紀、ほかにも『文選』の引用が目立つことや、全体の構成や地理的な記述に不合理な点がみられることから史実性を認めないという見解が古くからある。また、星川皇子の反乱を含め、全体的には顕宗・仁賢天皇の即位を正当化するために述作されたもので、吉備氏の反乱そのものを史実でないとする見解〔大橋 一九九六〕もある。

一方で、反乱そのものについては、これを史実として認める立場があり、〝吉備政権と近畿政権が日本列島で覇権を競った〟とする見解〔西川宏 一九七五〕のほか、吉備の中・小首長層を再編成して吉備一族を孤立させせようとする大王家と、葛城氏と連合し、それを阻止しようとした吉備一族の対立であるという見解〔吉田晶 一九九五〕などである。

ここでは、反乱そのものは史実であったと考える。

まず、「キビ」にヤマト王権に対峙しうる実力をもつ人物が存在したことは、これまで述べてきた遺跡や古墳のありかたからみても、まぎれもない史実であるといえるだろう。すべての記事に通じていえるのは、吉備氏が瀬戸内の海上交通を支配していたことであって、吉備臣尾代が星川皇子の反乱時に「キビ」の西側の備後国の領域で戦端を開いている点が注目できる。つまり、吉備氏はみずからの領域を強く意識し、海上交通の要所をおさえる一方、備後国は近隣の領域外であって、そこで吉備氏の対抗勢力と対峙したのである。

一方、下道臣前津屋の記事では、ヤマト王権とは別の独自の使役をおこなっていることから、キビ王権が独自の支配構造をもっていたと考えられるのである。さらに、上道臣田狭の記事では、独自に新羅、百済、任那（金官国）にそれぞれ援助を求めていることから、ヤマト王権とは別の独自の外交をおこなっていたと考えられる。

年代的に必ずしも整合するとはいえないが、上道臣田狭が「キビ」のうち、備前の領域で勢威を誇り、新羅および金官国と通じヤマト王権と対峙したとなれば、前述の両宮山古墳がその被葬者としてふさわしいといえるだろう。

そのようななか、吉備海部直赤尾がヤマト王権に協力して、渡来系技術者集団を百済から金官国経由で、「カワチ」まで連れ帰っていることが注目できる。漢城百済は、前述のように四七五年に滅亡した。これを契機に渡来人が日本列島にも流入する。ここで記された百済の技術者は、まさにこのような人びとであって、百済ばかりでなく全羅道《チョルラド》地方などに割拠していた在地首長のもとにあった人びとが多数含まれていたと考えられる。

このように、吉備海部直は吉備氏のなかにあって海外に雄飛する一方、ヤマト王権とも通じていた一族であり、「キビ」のうち高梁川河口部などの港湾を拠点に活動していたと考えられる。吉備氏もヤマト王権と一定の関係を結びつつ、王権と戦端をひらいたときも、内部が一枚岩ではなく、それぞれが自立し、それぞれが独自的な行動をおこなっていたのである。

このうち、海外で活動していたという吉備海部直と高梁川河口部の倉敷市真備《まび》にある天狗山《てんぐやま》古墳の被葬者像が一致することが指摘されている〔高田 二〇一七〕。

胡籙復元図

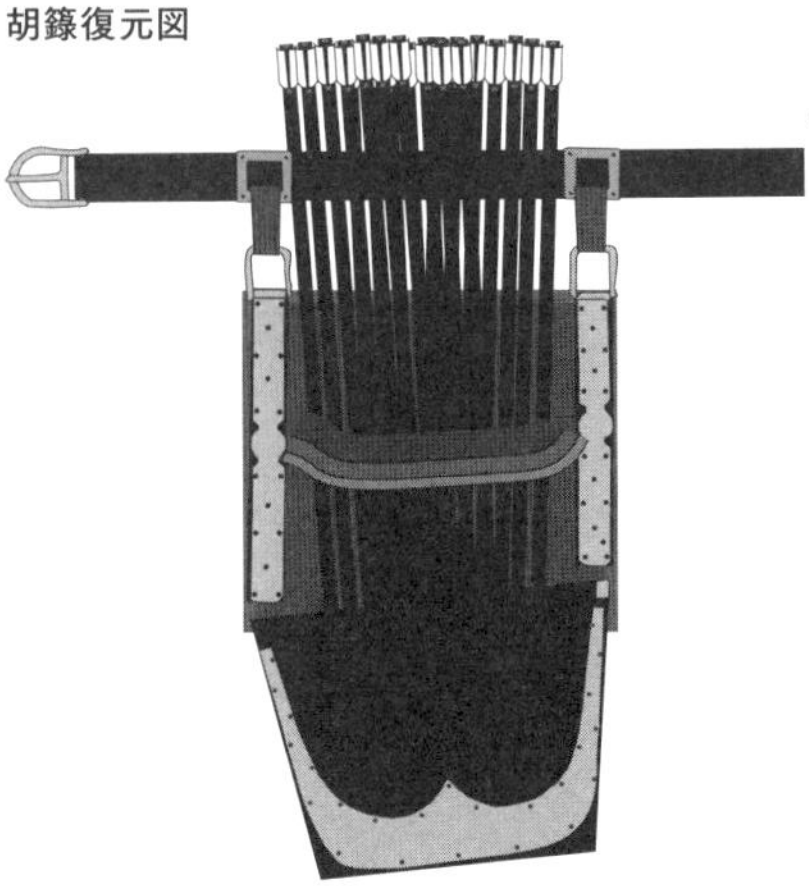

道渓洞19号墳（韓国・昌原）

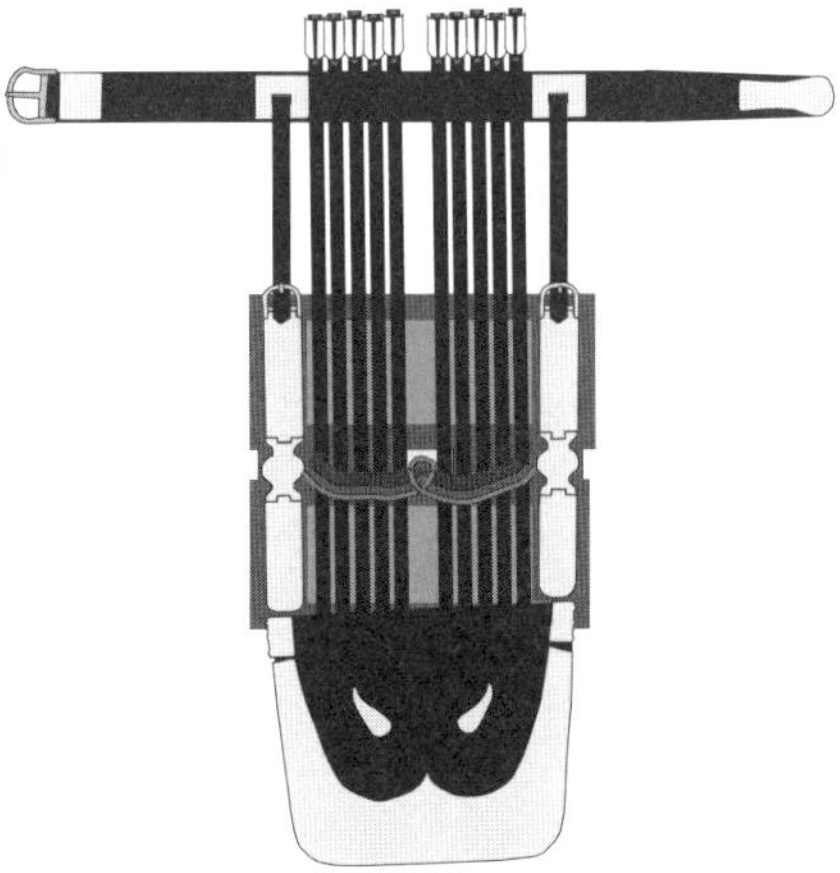

福泉洞22号墳（韓国・釜山）

天狗山古墳
胡籙金具実測図

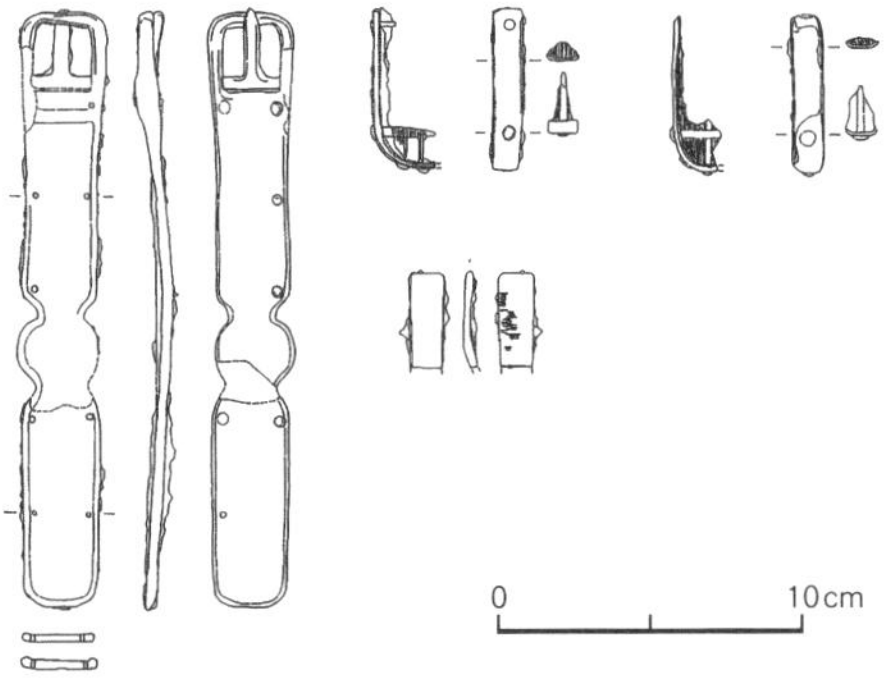


天狗山古墳
胡籙金具（写真トレース）

※現在所在不明となっている。

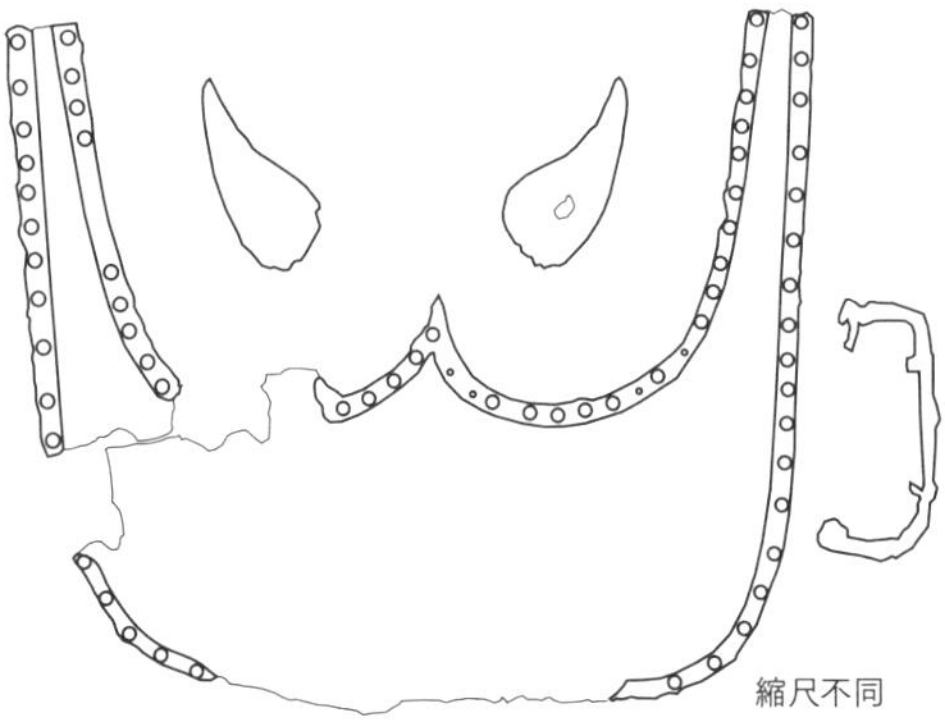


図25　胡籙復元図と天狗山古墳の胡籙金具

# 天狗山古墳とその被葬者像

天狗山古墳は、墳丘長六〇・五メートルの帆立貝式古墳である。北に高梁川を挟んで総社平野を見下ろす尾根の頂部に立地している。埋葬施設は、鎹《かすがい》を用いた木棺を安置する竪穴式石室であり、その壁面には白色粘土が充塡されている。これは、釜山福泉洞《プサンポクチョンドン》古墳群の竪穴式石槨と近似した構造である。また、石室構築後、その上面に約六メートルの盛土をおこなっており、新羅の古墳でよくみられる墳丘後行型の墳丘構造となっている〔松木・和田・寺村編 二〇一四〕。

副葬品は、馬上で腰帯に釣り下げ、矢を射るために矢筒として用いられた胡籙《ころく》が注目される。五世紀になって朝鮮半島から導入された新しい武具で、天狗山古墳の胡籙は、慶州仁旺洞《キョンジュイナンドン》三B号墓、釜山福泉洞二〇・二一号墳、高霊池山洞《コリョンチサンドン》三〇号墳、昌《チャン》原《ウォン》道渓洞《トゲドン》古墳群、咸安道項里《ハマントホリ》八号墳などにみられるものと系譜を同じくするものである。起源は中国北方や高句麗にあるが、新羅や加羅国（大伽耶）、安羅国、卓淳国など伽耶諸国で生産され、洛東江《ナクトンガン》河口部の港湾を通じ、日本列島へ舶載されたものと考えられる（**図25**）。

前方部に付設された造り出し状遺構からは、全羅道地方とかかわる陶質土器が出土している（**図26**）。また、その強い影響を

**図26　天狗山古墳の陶質土器**〈直径 12.4 cm〉

受け在地で生産されたものも含んでおり、全羅道地方に出自をもつ渡来人を天狗山古墳の被葬者が麾下においていたことを示すものである。

瀬戸内海交通の要地に基盤をおき、海外に雄飛しながら、朝鮮半島各地の器物を入手するとともに百済系の渡来人を取り込む一方、新羅および伽耶諸国系の埋葬方法も導入し、さらにはヤマト王権ともつながったと考えられる被葬者像は、高田氏の指摘のとおり吉備海部直一族と一致するとみてよい。

以上、五世紀代を通じてのキビ王権の展開をみてきた。それでは、いまいちど地域を近畿地方に戻し、ヤマト王権の王がどのように倭国王となって、中国への朝貢をおこなったのかを考えてみよう。倭の五王の中国への朝貢の端緒は、四二一年の讃による朝貢である。第七章では、五世紀前半代までその年代をさかのぼらせてみよう。

# 第七章

# 倭の五王の政治拠点と墳墓

## 「カワチ」と「ヤマト」

## 讃の朝貢

中国では劉裕が、四二〇年に東晋最後の皇帝である恭帝から禅譲をうけて、宋を建国した。九七ページで述べたとおり、この年は百済の腆支王《てんし ジョンチ》（直支王《とき》）の没年である。その翌年の永初二年（四二一）に、ようやく倭讃が遣使した。

倭讃は万里の遠くから貢物を修めた。その真心を褒め称えるべきである。よって官爵を授ける。

（『宋書』倭国伝）

倭（姓）讃（名）が、遠くから朝貢したので官爵を授けたという内容だが、このとき得た官爵が記されていない。次の四二五年の朝貢では倭讃ではなく、倭王讃と書かれており、司馬の曹達を遣わしたとある（『宋書』倭国伝）。中国皇帝から将軍に任命されると軍府を開き、長史・司馬・参軍といった府官（軍府の役人）をおくことができることから、四二一年の倭讃の朝貢では、安東将軍・倭国王という官爵を得たと考えられている。

その後の四三〇年に倭国王の朝貢の記録があるが、讃という王の名前やその官爵は記されていない（『宋書』本紀　文帝元嘉七年）。倭讃が、将軍・倭国王などの官爵をどの段階で得たのかは、記録のうえでやや不明確である。そうしたなか、倭国王が国内の統治機構として、中国の皇帝の権威のもと、府官を任用するという「府官制」を採用していたとするという説〔鈴木二〇一二〕もある。

　これより先、四一六年に百済の腆支王は東晋に朝貢している。百済王余映（腆支王）が使持節・都督百済諸軍事・鎮東将軍・百済王に叙されていることが『宋書』百済伝にみえる。さらに、四二〇年の宋の建国にあわせて、百済王余映を鎮東将軍から鎮東大将軍に進号（上位の官爵を与えること）させている。このとき高句麗王高璉（長寿《ちょうじゅ》《ジャンス》王）も征東将軍から征東大将軍にあわせて進号させている（『宋書』武帝永初二年、夷蛮伝高句麗条）。百済王は、高句麗王と戦線を構えると同時に、対中国外交でも先陣を競いあっていた。

　そして四二一年に、ようやく讃がやや出遅れて国際外交デビューを果たしたのである。一般的には、この時代には倭国が統一され、安定的な大王の系譜があったように捉えられることもある。しかし、ここまで述べてきたとおり、「かづらぎ」の王やキビ王権が地域支配と独自外交をおこなう一方で、王族のあいだで血なまぐさい抗争がくり広げられ、国内の統一にはほど遠い状況にあった。また、百済では、腆支王が亡くなり、木満致《もくまんち》が権勢を握ることとなる。百済の政権もまた混乱のなかにあった。

　安東将軍・倭国王という官爵を与えられ、中国皇帝の後ろ盾を得た讃は、ここからようやく国内の統一にむけて緩やかな歩みをはじめることとなるのである。見方を変えるなら、国際外交デビューを果たして中国皇帝の後ろ盾を得たからこそ、統合への歩みをはじめたといえる。ここに、讃が、海外交渉のために難波に政治拠点をおいた可能性が浮上する。

## 讃の政治拠点と墳墓

### 讃の政治拠点

いまのところ、大阪平野では四〜六世紀代のヤマト王権の王の居住地や、祭祀を実践した場は知られていない。しかし、難波宮跡や大阪城のある上町台地《うえまち》がそれにあたる可能性は高い。実際に五世紀代の巨大な高床建物が立ち並ぶ倉庫群や、須恵器生産や鍛冶生産に関連する遺構・遺物が検出されている。倉庫群が法円坂遺跡《ほうえんざか》であり、須恵器生産は上町谷《うえまちだに》一、二号窯で、鍛冶生産は大阪城下層遺跡である。五世紀代にはすでに難波がヤマト王権の流通拠点・生産拠点として、またヤマト王権の外港としての役割を果たしていたことが、これらの遺跡から実証される。ヤマト王権の王もまたその政治拠点を構えたであろうことは想像に難くない。讃の政治拠点がどこにあったかは中国史書に記されてはいないが、最大の有力候補地である。

さらに、百舌鳥《もず》古墳群は石津川河口部に近いが、それをさかのぼった上流に陶邑《すえむら》窯跡群がある。「陶邑」の名は、『日本書紀』の崇神天皇七年秋八月条の「茅渟県《ちぬのあがた》の陶邑」からその名称をとったものであるが、その時代のものではない。ヤマト王権が直営した須恵器生産地であり、五〜六世紀代に日本列島各地に須恵器が供給された。初期には加羅国、そののちは栄山江《ヨンサンガン》流域に出自をもつ渡来系集団が主導しながら須恵器生産がおこなわれた。百舌鳥古墳群の背後に、このようなヤマト王権の一大生産拠点があり、継続的に営まれたことは重要な点である。古市古墳群やそれと関連する集落のある大和川流域のみならず、上町台地と泉北地方も讃の重要な拠点であったと考えられる（図27）。

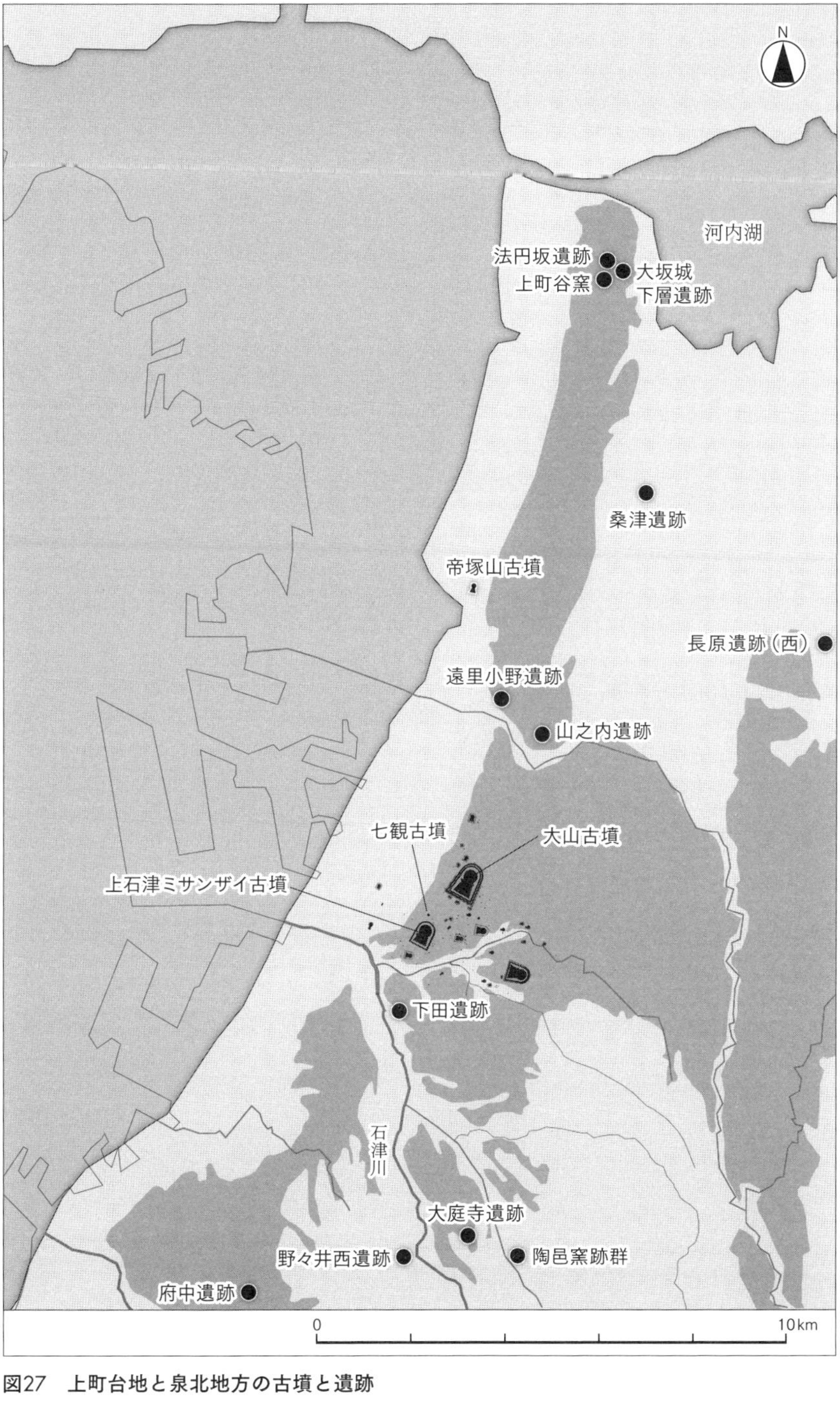


図27　上町台地と泉北地方の古墳と遺跡

## 誉田御廟山古墳と上石津ミサンザイ古墳

難波に政治拠点を設け、国際外交にデビューした讃の墳墓について考えてみたい。倭国王讃の弟珍が、宋文帝に朝貢したのが元嘉十五年（四三八）である。讃が亡くなって直後の王位継承だったとすると、讃の没年は四三八年と考えられる。この頃の墳墓において、海外交渉とかかわる遺物が出土しているものがその候補となる。

まず、第四章で述べた日本列島第二位の規模をもつ古市古墳群の誉田御廟山《こんだごびょうやま》古墳が、讃の墳墓である可能性がある。近接する誉田丸山古墳から金銅装の馬具が出土している。この馬具は龍文透《すかしぼり》彫鞍金具と草葉文透彫鏡板付轡《くつわ》で、ほかに草葉文透彫帯金具もあり、これらはすべて新羅からの舶載品であろう。

一方、百舌鳥古墳群の上石津ミサンザイ古墳は、一四四ページで述べたとおり、窖窯焼成が導入される以前の野焼き焼成の埴輪が採用されており、誉田御廟山古墳より以前に築造された巨大前方後円墳である。上石津ミサンザイ古墳は、近年の航空レーザー測量で墳丘測量図が作成され、三段築成の段と段の間の広い平坦面の様子や、西側の造り出し、前方部墳頂部にある円形の段の状況などが一層明確となった。ただし、埋葬施設の状況などは不明である。百舌鳥古墳群の大型前方後円墳のなかでは一番古い時期の築造が考えられる。

上石津ミサンザイ古墳の北側にかつてあったのが、直径約五〇メートルの円墳とされる七観《しちかん》古墳である。大正二年（一九一三）に遺物の出土があり、昭和二十二年（一九四七）、昭和二十七年（一九五二）には発掘調査が実施されている。墳頂部には家形・甲冑形・靫《ゆぎ》形・蓋《きぬがさ》形などの形象埴輪と鰭付《ひれつき》円筒埴輪などで構成される埴輪列が方形にめぐらされ、大量の副葬品を収めた内部施設が三基検出された。人体埋葬の痕跡はなく、副葬品だけをおさめた器物埋納施設であった可能性がある。鉄製の甲冑類、刀剣、鎗、鉄鏃などの武器・武具類や、鉄柄が取り付いた手斧《ちょうな》、三環鈴《さんかんれい》、鐙《あぶみ》などの馬具類などとともに心葉形の垂飾《たれかざり》をもつ金銅製龍文帯金具が出土している〔阪口編二〇一四〕。一三八ページで前述した五條猫塚古墳の金銅製龍文帯金具と同様、新羅との関係を示す遺物である。

八五ページで前述したとおり、馬見古墳群の新山古墳では中国の西晋代の帯金具が出土している。鉸具には龍文を透かし彫りした金具があり、心葉形垂飾がついた三葉文の帯金具で帯を飾る構成となっている。舶載品であり、朝鮮半島を経由するか直接搬入されたかが議論のあるところである。

中国の影響をうけ、新羅でも帯金具が発展した。新羅地域の古墳では、金製や銀製の「出」字形の冠、鳥翼形の冠飾、龍文や草葉文を透かし彫りした帯金具が被葬者に着装された状態で出土する。慶州皇《キョンジュファン》南大塚《ナムテチョン》南墳、江陵草洞《カンヌンチョドン》A—1号墳、慶山林堂《キョンサンイムダン》7B号墳では七観古墳と同型の龍文透彫帯金具が出土しており、前二者では「出」字形の冠が出土している。新羅の中心部である慶州を中心に東海岸部の古墳で同種の冠や冠帽、帯金具が分布しているが、江陵・慶山の二基の古墳は、新羅の王から金銀のきらびやかな装身具を授けられ、地方支配をおこなっていた在地首長の墳墓として位置づけられる。

一方、倭の七観古墳では、三角板・平行四辺形板を併用した革綴短甲《かわとじたんこう》の胴回りに帯が着装されており、五條猫塚古墳では、エプロン式の挂甲《けいこう》の腰回りに帯が着装されている（図28）。帯金具そのものは新羅で生産されたものである可能性が高いが、武具である甲冑を身にまとい、その上にきらびやかな帯金具で飾った帯を腰にまわすような、中国・朝鮮半島ではみられない倭独特の着装方法をとる。

七観古墳は、出土遺物から五世紀中葉の築造年代が考えられ、上石津ミサンザイ古墳よりは年代的に後出する。しかし、その位置関係からみれば上石津ミサンザイ古墳の被葬者と七観古墳は密接にかかわっていたに違いない。ただし、上石津ミサンザイ古墳の被葬者を讃とみるには、年代的に無理がある。

新羅との交渉がうかがえるものの、それは直接的なものではないし、中国との直接交渉の痕跡をそこに見いだすことはできない。

上石津ミサンザイ古墳の被葬者を、「ヤマト」の王（市庭《いちにわ》古墳）、「カワチ」の王（墓山古墳）などの墳墓と比較するとき、同時期のヤマト王権の王のなかでは、突出した実力をもち、日本列島各地に対しても強い影響力を及ぼしたことは間違いないところであるが、中国との国際外交デビ

**七観古墳**

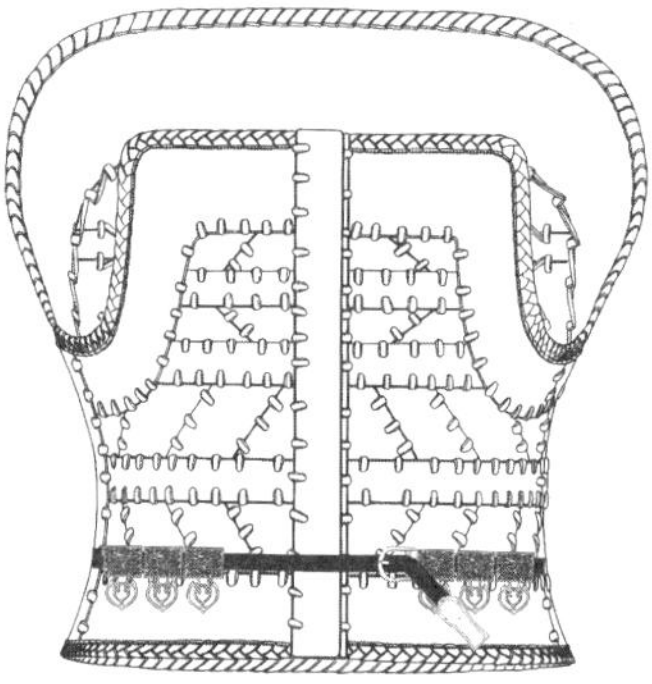

短甲に着装された帯

帯金具（銙帯）

**五條猫塚古墳**

挂甲に着装された帯（武装復元）

**図28　七観古墳と五條猫塚古墳の帯**（武装復元画：佐々木玉季）

ユーを果たした讃とみなすわけにはいかない。

## 大山古墳の威容

百舌鳥古墳群には、日本列島第一位の規模を誇る大山《だいせん》（大仙陵《だいせんりょう》）古墳がある。墳丘長が四〇〇メートル以上の前方後円墳は、前述した古市古墳群の誉田御廟山古墳とこの大山古墳の二基だけである。巨大前方後円墳といえば、誰しもこの大山古墳が思い浮かぶだろう。大阪府立近つ飛鳥博物館には一五〇分の一の復元模型があり、現地のすぐ南側の堺市博物館には、VR動画や出土品のレプリカがあって、かつての威容を目の当たりにすることができる。

大山古墳の威容は、今では上空からでしかその全景を捉えることはできないが、築造時には瀬戸内海から難波へ至る船上から望むことはできただろうし、明治年間に全国各地の古墳を訪れ、その記録を残したことで著名なイギリス人ウイリアム・ゴーランドが東側からのぞんだ墳丘の全景写真を遺している（図29）。幕末までは、ほかの陵墓と同様、周辺住民が墳丘の中にも立ち入り、柴を確保していた。

現在、墳丘内部に立ち入ることは許されないが、かねてから大きく墳丘が崩れている状況がわかっていた。近年の航空レーザー測量

**図29　ゴーランドが撮影した大山古墳全景**（東から）

により、より精緻な測量図が作成され、その現状が把握できるようになった（図30）。未完成であるという説もあるが、築造直後からの崩落に加え、地震により大きく崩れたと考えられる。さらに、航空レーザー測量によって、周濠に水没している墳丘裾部の状況が確認され、現状で墳丘長が五二五メートルに達することが判明した〔宮内庁書陵部陵墓調査室 二〇一八〕。

墳丘は東西に造り出しを備え、長い前方部をもち、精美な盾形の周濠が取り囲む。現在、濠は三重にめぐるが、三重目の濠にあたる部分は、江戸時代には埋められていた。明治三十二年（一八九九）から明治三十五年（一九〇二）に掘削し、整備して現在の姿となった。三重目の濠については、元来、水をたたえる濠と呼べるようなものではなく、その意図のない浅い溝をめぐらしたもので、外周溝と呼ぶべきものであったと考えられている〔一瀬 二〇〇九〕。

### 大山古墳の埋葬施設と出土遺物

明治五年（一八七二）、堺県の県令税所篤《さいしょあつし》が前方部の斜面で埋葬施設を清掃し、竪穴式石室と内部の長持形石棺、金銅装眉庇付冑《まびさしつきかぶと》、金銅装横矧板鋲留短甲《よこはぎいたびょうどめたんこう》などの副葬品があらわとなった。その記録が絵図に残されている。側面に二対四個、小口面に二対四個、合計八個の縄掛突起《なわかけとっき》を取り付けた石棺と石室の隙間に「此処に甲冑弁硝子坏太刀金具の御破裂あり」「此処に金具存ぜざる鉄刀二十口斗あり」などの記載がある。甲冑については、別に絵図が残されており、冑《かぶと》に歩揺がとりつき、甲《よろい》には前胴と後胴を金銅板の蝶番で連結している様子などが記されている。発掘後、これらはすべて埋め戻された。あくまで後円部の埋葬施設が古墳の主のものであり、前方部のこの埋葬施設の被葬者は、その主に従属する立場の人物であるが、それにしても、王の棺である長持形石棺と金色にきらめく甲冑は王の武装そのもので

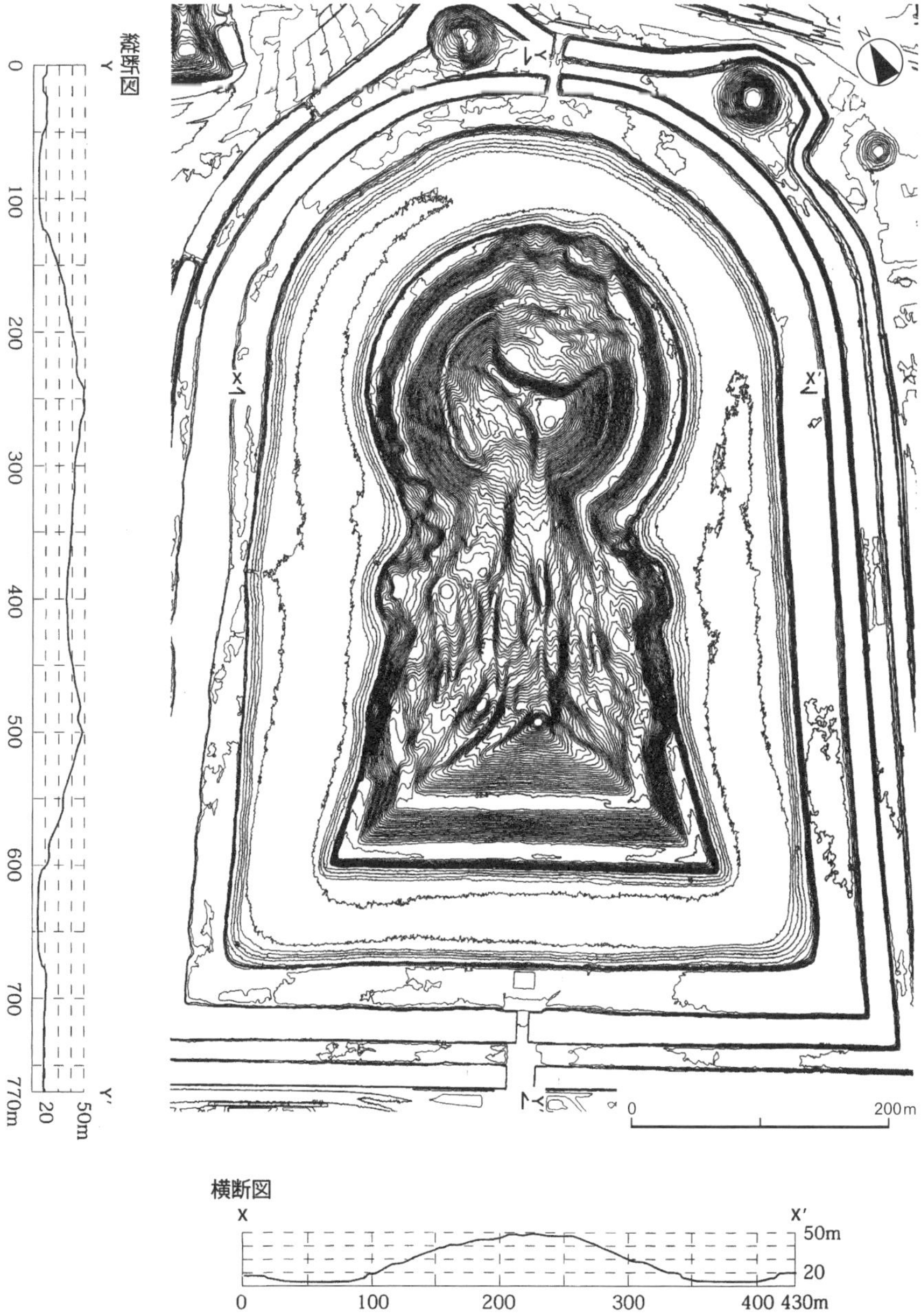


図30　大山古墳墳丘測量図

ある。

なお、ボストン美術館には、獣帯鏡、環頭大刀、三環鈴、馬鐸が伝仁徳陵出土品として所蔵されている。大山古墳から出土したものであるかは確証がないが、すべて五世紀代の中国・朝鮮半島との交渉に関連する遺物である。

## 大山古墳の埴輪と須恵器

埴輪や須恵器は、墳丘や外堤の周辺部などから出土している。大山古墳の円筒埴輪は、窖窯《あながま》で焼成された硬質の埴輪で、円形の透かし孔をあけ、凸帯と凸帯のあいだの段間を分割せずに幅の広い板状の工具を当てて最終の仕上げをおこなうものである。段間を分割しながら幅の狭い工具で少しずつ仕上げるのとは異なって、手っ取り早い。

埴輪からその築造の推移をみると、まだ窖窯が導入されていない段階の円筒埴輪を樹立している上石津ミサンザイ古墳がまずつくられ、次に、窖窯での焼成を導入し、仕上げの板状工具の幅が短く丁寧な円筒埴輪を樹立する誉田御廟山古墳、そして、仕上げを幅広の板状工具でおこなう大山古墳という順序になる。ただし、年代的、技術的な差異はほとんどなく、埴輪編年上の時期区分では同時期（三―二期）である（巻頭「古墳と関連遺跡編年表」参照）。

大山古墳の墳丘や外堤上に生垣のように立て並べられた円筒埴輪・朝顔形埴輪・盾形埴輪・蓋形埴輪の総数は、二万四二七五本と試算されており〔一瀬 二〇〇九〕、大量生産にむけシステム化された生産技術が、大山古墳の段階でその頂点に達した。

また、人物埴輪・馬形埴輪・犬形埴輪・水鳥形埴輪の出土もある。人物埴輪は巫女の埴輪である。外堤に方形区画が設けられ、そこで王が政治やまつりをおこなう様子が再現されたと考えられる。

巫女《みこ》の埴輪は、大山古墳の出土品が最古のものである。島田髷《まげ》に髪を結い上げ、袈裟のように一枚の布を肩からかけ、その上に襷《たすき》紐を結んだ衣裳を身にまとい、酒や聖水を王に捧げた女性は、近畿地方の埴輪配列の主人公である。残念ながら大山古墳の埴輪は、胴体部や脚部は残っていない（図31）。

このほか、朝鮮半島と関連するきらびやかな馬具で飾りたてられた馬形埴輪、王の威儀を示す狩猟にしたがった犬形埴輪、水をたたえた周濠に悠然と羽をやすめる水鳥形埴輪など、すべては王のまつりとその威儀を示すための形象埴輪である。外堤部や造り出しなどを舞台に女性埴輪を中心とした埴輪群像が、こののちさまざまな古墳に樹立されることとなるが、人物埴輪を中心とした埴輪配列は大山古墳で創出されたのである。

また、大山古墳東側の造り出しでは須恵器の大甕が採集されている。おそらく、数々の形象埴輪とともにこの大甕も配置され、ここから酒や聖水を汲み上げて王に捧げる儀式の様子が造り出し上で再現されたものと推測される。

### 大山古墳は讃の墳墓

このような限られた情報のなかでも、築造年代に加えて、その国際性やその後に及ぼした影響などからみれば、大山古墳が讃の墳墓である可能性はきわめて高いといえ

**図31　大山古墳の巫女の埴輪**〈高さ 19.5 cm〉

るだろう。前述のとおり、誉田御廟山古墳についても、近傍にある丸山古墳の遺物などから同様に讃の墳墓である可能性があり、その場合、大山古墳は珍の墳墓ということになる。しかし、海にのぞむ百舌鳥古墳群の立地からして、国際外交デビューを果たした讃の墳墓は、やはりこの大山古墳に求めるべきである。

いずれにせよ、大山古墳の築造をもって、古墳墳丘の大型化は頂点に達した。古墳の墳丘規模だけを指標にするなら、この時期にヤマト王権はもっとも強大な実力を有し、覇権をとどろかせたことになるのだが、史実はそうではない。結章で後述するように、倭国が専制的な体制を具備し、地方支配を実現するのは、六世紀を待たなければならない。前方後円墳が最大規模となった五世紀前半代で、ようやく中国との国際外交デビューを果たし、さらに版図を拡大して、地位を確定していくのである。このことからも前方後円墳は、政治体制を体現しているのではないといえるだろう。

さまざまな権力による抗争が幾度となく繰り広げられるなかで、前方後円墳が築造されたことは明らかである。その規模の違いに実力の大小があることは確かではあるものの、規模とデザインの選択は、あくまでその人物による趣向が働いていたものであるということができよう。

### ウワナベ古墳と大和六号墳

一五〇ページで述べたとおり、誉田御廟山古墳や大山古墳とほぼ同時期に築造された大型前方後円墳として、佐紀古墳群ではウワナベ古墳（墳丘長二六〇〜二七〇メートル）がある。また、大型前方後円墳とするにはわずかにその規模に達しないが、馬見古墳群には、川合《かわい》大塚山《おおつかやま》古墳（墳丘長約一九七メートル）がある。

ウワナベ古墳は佐紀古墳群の東端にあり、墳丘西側に造り出しを備え、精美な盾形周濠をもつ。造り出しからは、魚形土製品や蓋形埴輪、須恵器が採集されている。

墳丘の周囲には内濠、中堤を挟んで外濠、その周縁に外堤がめぐる。中堤上面には、内周と外周の二重に、鰭付円筒埴輪が間隔を空けずに密に配置されている。また、外堤部には大型鰭付円筒埴輪が八・七メートルの間隔をあけて配置されている。外堤外側で出土した大型鰭付円筒埴輪は、復元すると底部直径約四〇センチ、一三段構成で器高一六〇センチに達する〔奈良県立橿原考古学研究所 二〇一七〕。外堤に樹立されていたものを棺として利用し、そののちに廃棄したものである（図32）。

ちなみに、川合大塚山古墳でもウワナベ古墳とまったく同じ形態の鰭付円筒埴輪が出土している。三角形や長方形の透かし孔をもち、古い特徴を残したものであり、窖窯で焼成されている。三—三期にあ

**図32　ウワナベ古墳の大型鰭付円筒埴輪**
〈高さ 160 cm〉

たり、五世紀中頃の製作年代が考えられる。

　さらに、二〇二〇年には宮内庁と橿原考古学研究所、奈良市が発掘調査を実施し、墳丘の埴輪列や後円部墳丘裾を確認した。これによって、墳丘の規模において、佐紀古墳群では五社神《ごさし》古墳（墳丘長二六七メートル）の規模をしのぎ、群中で最大規模の前方後円墳となった。

　ところで、ウワナベ古墳の北側には、大和《やまと》六号墳という直径約三〇メートルの円墳がかつて存在していた。

　昭和二十年（一九四五）に、米軍により旧日本陸軍の国民勤労訓練所一帯が進駐軍のキャンプ地として接収され、大和六号墳は米軍によって削平された。進駐軍のブルドーザーが動くなか、調査の内容を記録にとどめたのが、当時十七歳であった森浩一氏である〔森浩一 一九九八〕。

　墳頂部の人体埋葬のない埋納坑から、大型鉄鋌《てってい》二八二枚、小型鉄鋌五九〇枚が積み重ねられた状態で出土したほか、その東側から鋤先、斧、鎌、手鎌《てがま》、鉇《やりがんな》、鑿《のみ》、刀子などの鉄製ミニチュア農工具、斧、鎌などの滑石製模造品が出土した（**図33・34**）。

　鉄鋌は、朝鮮半島南部の古墳・墳墓で大量に出土している。とりわけ、新羅の慶州皇南大塚南墳・金《クム》

**図33　大和６号墳の大型鉄鋌**〈左上：長さ 36.8 cm〉

冠塚《ガンチョン》、釜山福泉洞《プサンボクチョンドン》古墳群、前述した金官《きんかん》《クムグアン》国にかかわる大成洞《テソンドン》古墳群などの出土量が多い。日本列島では、東北地方から九州まで全国各地で出土しているが、大和六号墳の出土量は突出している。

かつては、鉄素材として朝鮮半島から搬入されたものとされてきたが、日本列島で再加工が加えられていることが明らかになっている〔宮内庁書陵部陵墓課二〇一七〕。さらにこの鉄鋌を加工してミニチュア農工具がつくられている。朝鮮半島でもこうしたミニチュア農工具の出土が各地にあって、渡来系鍛冶工人が、朝鮮半島各地と日本列島のあいだを往来したことが証明される〔坂二〇〇九〕。

鉄鋌は新羅や金官国を中心に、朝鮮半島各地域との交渉において、貨幣的価値をもつ器物として渡来工人を介して流通していたと理解される〔坂二〇二〇b〕。

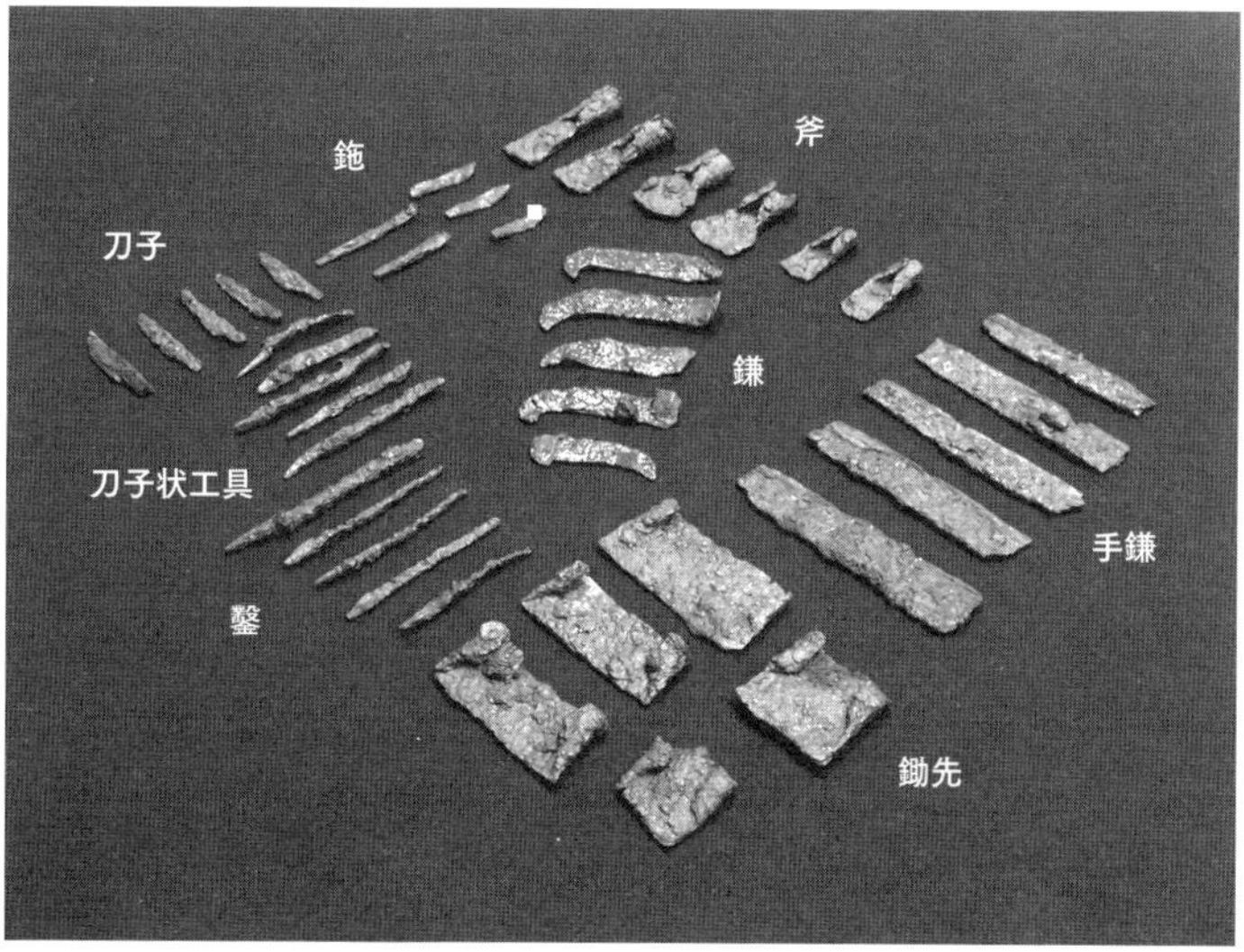


**図34　大和6号墳の鉄製ミニチュア農工具**〈中央：鎌 長さ5.5 cm〉

### ウワナベ古墳は讃の王妃の墳墓

古墳の位置関係からみて、ウワナベ古墳の被葬者が、大和六号墳の遺物埋納坑から出土した遺物の所有者であったと考えられる。

その場合、ウワナベ古墳の被葬者は、渡来系鍛冶工人を介在させ、新羅および金官国と交渉した人物を想定することができる。

そこで浮上するのが第五章で述べた葛城襲津彦である。一〇九ページで述べたとおり「百済記」には、襲津彦が独自に新羅と結び、加羅国を攻撃したことが記されており、ヤマト王権の意志から離れ、「かづらぎ」の王として独自外交を展開した。

一方、『日本書紀』には葛城襲津彦の女《むすめ》に磐之媛の名があり、仁徳天皇と婚姻し、履中天皇・反正天皇・允恭天皇などを産んだという。一二九ページで述べたとおり、磐之媛は、仁徳天皇が、八田皇女を召したとき激しく嫉妬するが、結局天皇のいる難波には戻らず、山背の筒城宮《つつきのみや》で亡くなり（仁徳天皇三十五年条）、乃羅山《ならやま》に葬られた（同三十七年条）とある。

朝鮮半島と独自交渉をおこなった「かづらぎ」の王の女と、難波に政治拠点をおいた王家とのあいだに婚姻関係があり、「かづらぎ」の王の女の埋葬地として選んだのが那羅山であったというこの『日本書紀』の記述内容からすれば、ウワナベ古墳の被葬者を讃の王妃にあたる人物と想定することもあながち無謀ではなかろう。

## 『日本書紀』と倭国王讃・珍

### 仁徳天皇と「民の竈」

讃と『日本書紀』の記述を対応させることは、古くから試みられている。主にその年代や名前と系譜の観点からである。応神（ホムダワケ＝誉田別『日本書紀』・品陀和気『古事記』）、仁徳（オオサザキ＝大鷦鷯『日本書紀』・大雀『古事記』）、履中（イザホワケ＝去来穂別『日本書紀』・伊耶本和気『古事記』）などにそれぞれ結びつけられてきた。

ところで、応神（ホムダワケ）と仁徳（オオサザキ）は、同一人格であるという説がある。『古事記』の応神天皇の段、吉野山中の土民に歌われた「国主歌《くずうた》」のなかで「品陀《ほむだ》の日の御子《みこ》、大雀《おほさざき》」とある。また、両天皇の事績の「ヤマト」や「カワチ」での池や溝の開発記事に共通点が認められる。

この同一人格説にたつ直木孝次郎氏は、ホムダワケが本来の名であり、やや時代を経てオオサザキの別称が生じたとした。さらに、時代が降って二人の大王に分化し、ホムダワケが始祖として神秘的・神話的性格、オオサザキは現実的な性格をそれぞれ担ったとする〔直木二〇〇五〕。

私は前述のとおり、ホムダワケの存在に疑義をもつが、この場合、オオサザキ＝仁徳が実在したかどうかについても検討する必要があろう。

仁徳は、大阪市歌にも歌われた「民の竈」の逸話でよく知られる存在で、『日本書紀』では「聖帝」として位置づけられている。

まず、仁徳天皇元年条に〝難波高津宮をつくったが、宮垣の室屋を白く塗らない、屋根の茅を葺くときは軒の端を切り揃えないなどの質素なものとした。これは私事が原因で人民が耕作し機《はた》紡ぎをする時間を奪ってはいけないという配慮からである〟というくだりがある。

同四年条からが「民の竈」の逸話で、〝「私（仁徳）が高台に登って見たところ、国中に飯を炊く煙があがっていない。三年のあいだ治政をおこなったが、ますます煙が少なくなっていて、百姓が窮乏していることを知った。畿内でこの状況なのに、畿外各地では一層不足しているだろう」と述べたあと、「むこう三年間すべての課役をやめ、百姓の苦しみを防げ」と命じた。それとともに天皇の衣服の新調をせず、飯も酸味が生じて食べられなくなるまではとりかえないことにした。さらに、宮垣が崩れてもそのままにし、茅葺きが崩れ雨漏りしてもそのままにして衣服が濡れた。三年後に天皇をほめ讃える声が満ち、飯を炊く煙が立ち上った〟とある。

そして、同七年条がこの後日談である。

〝天皇が煙の立ち登る状況を見て、百姓が豊かになったからだと皇后に語ると、皇后は、「宮垣が崩れたままで修理できない。どうして豊かになったといえるのか」とたずねると、天皇は、「天皇は、百姓のためにある。聖王は、一人でも飢えることがあれば自分を責めたものだ。百姓が貧しいなら私が貧しいことであり、百姓が富裕なら私も富裕である。百姓が富裕で、天皇が貧しいことはかつてあったことはない」とこたえた〟と記述されている。

延喜六年（九〇六）の『日本紀竟宴和歌』（宮中での『日本書紀』講読の終了時に宴席で詠まれた題詠和歌の記録）には、「たかどのにのぼりてみれば天の下四方に煙りて今ぞ富みぬる（藤原時平）」という歌があり、ここには民も竈もない。そして、その後の鎌倉時代の『新古今和歌集』に「高き屋に登りて見れば煙たつ民の竈は賑《にぎわ》ひにけり」（巻第七賀歌）という歌を仁徳天皇御製と後付けて収めている。実は「民の竈」というのは、ここではじめて登場するわけで、仁徳天皇と「民の竈」は必ずしも直結していない。

『日本書紀』に記述があるのは、あくまで飯を炊く煙が立ちのぼる光景であり、竈という文字はないのだが、それにしても四～五世紀の近畿地方にはこのような情景はなかったであろう。弥生時代の竪穴住居には炉があったが、煙が立ちのぼるような情景は想像できない。やはり竪穴住居内に造りつけの竈があって、煙道を通じ煙出しや煙突から煙が立ちのぼる情景が記述されたのであろう。『日本書紀』編纂時には、竪穴住居はほとんどみられないものとはなっていたが、竈は広く普及していた。竈を使って飯を炊く文化は、朝鮮半島からの渡来人がもたらしたものであり、北部九州では四世紀、近畿地方では五世紀以降に導入され、六世紀代になって広く普及する。仁徳天皇がいたとされる時代に、竈が広く普及していたとは考えられないのである。

課役を免除し、天皇が質素な生活をおこなったことを含め、これらは「聖帝」を強調するために挿入された説話にすぎない。

## 「カワチ」とオオサザキ

しかし、これをもってオオサザキ（仁徳）の存在まで否定してしまうのは早計である。

応神天皇から仁徳天皇への皇位継承にあたっては、九九ページで述べた応神天皇が立太子する前の麛《かご》坂王《さかのみこ》と忍熊王《おしくまのみこ》の反乱の記述と同様、その有資格者同士の激しい権力闘争が『日本書紀』のなかに描かれている。

応神天皇には、皇后仲姫《なかつひめ》とのあいだに産まれた大鷦鷯《おおさざき》（のちの仁徳天皇）のほかに、皇后の姉である高城入姫《たかきのいりひめ》とのあいだに産まれた額田大中彦皇子《ぬかたおおなかつひこのみこ》、大山守皇子《おおやまもりのみこ》ら、宮主宅媛《みやぬしやかひめ》とのあいだに産まれた菟《う》道稚郎子皇子《じのわきいらつこのみこ》、矢田《やた》（八田）皇女《ひめみこ》がいた（『日本書紀』応神天皇二年条）（図35）。

以下がその権力闘争の概略である。

> 応神天皇は、その晩年に菟道稚郎子を皇太子とし、大山守皇子に山川林野を掌らせ、大鷦鷯を皇太子の補佐役とした。（『日本書紀』応神天皇四十年条）

応神天皇没後に、皇太子の菟道稚郎子皇子が、長幼の序から、兄の大鷦鷯に皇位についてほしいと

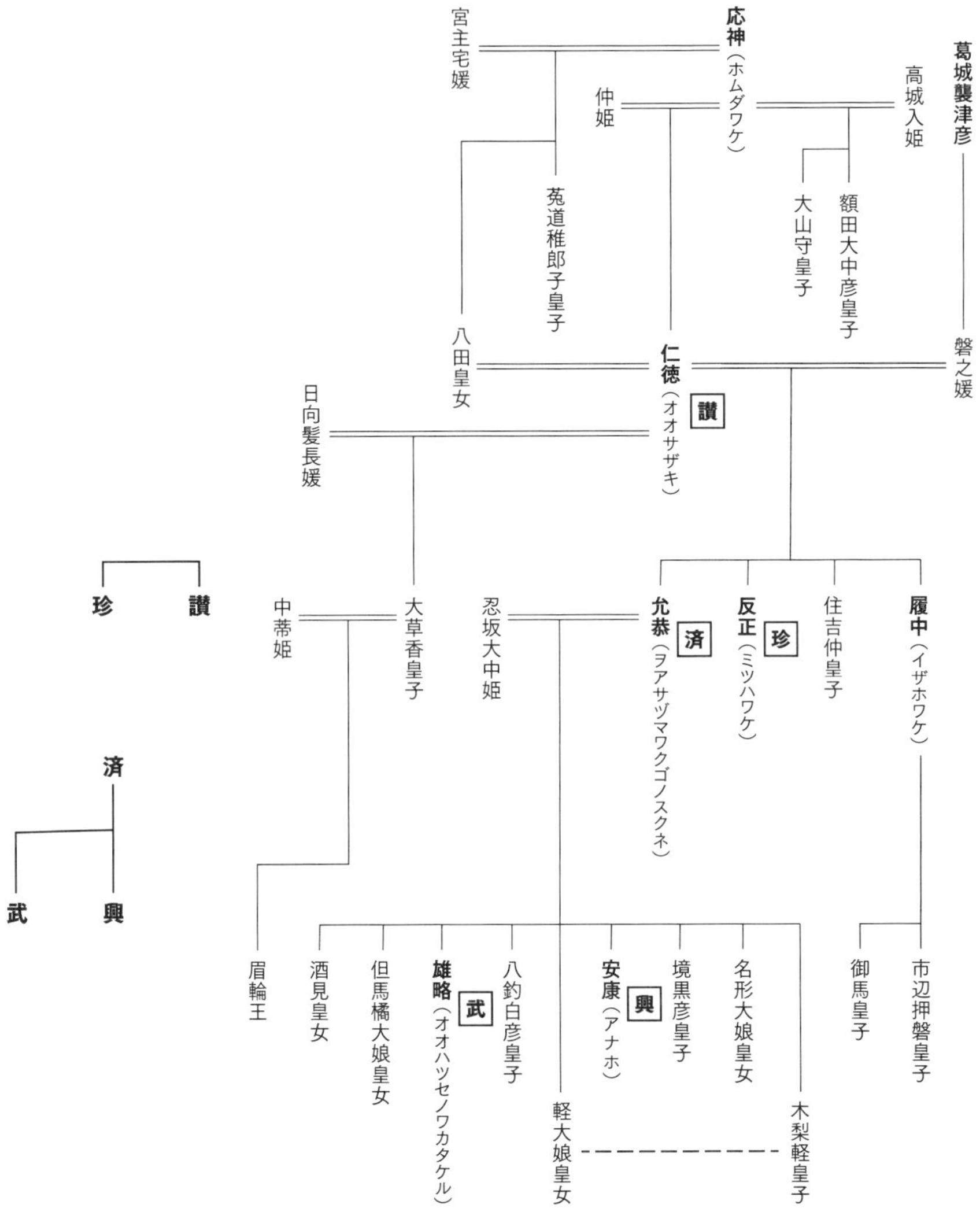


図35　**倭の五王の系譜**（左：『宋書』）**と天皇の系譜**（右：『日本書紀』）

願うのだが、大鷦鷯が辞退した。
一方、皇位継承の有資格者の一人である額田大中彦皇子が、倭屯田《やまとのみた》（奈良県磯城郡田原本町、三宅町、桜井市大西、大泉周辺）を治めようとしたが、屯田は天皇が直接管理する場所なので、皇族の額田大中彦が治めることはできないとして、大鷦鷯がこれを阻止した。
その後、大山守皇子は帝位を奪おうとして兵を率いて菟道（京都府宇治市）にむかった。大鷦鷯はそれを察知して、菟道稚郎子皇子に反乱を知らせ、菟道稚郎子皇子はこれを鎮圧し、大山守皇子は水死した。大山守皇子が葬られたのは那羅山である。その三年後、菟道稚郎子皇子は、皇位につかないまま、妹の八田皇女を大鷦鷯の後宮にたてて自殺してしまう。菟道稚郎子皇子は菟道の山の上に葬られた。

（『日本書紀』仁徳天皇即位前紀）

これが史実であったかどうかはさだかではない。しかし、王位をめぐって対抗馬となった人物の権力基盤が奈良盆地中央部・東南部と京都府南部であったことが重要である。そして、その闘争に勝利した仁徳は、前段でみた「民の竈」の説話にあるとおり、「カワチ」に難波高津宮を造営したのである。上町台地に法円坂遺跡があって、一六四ページで讃の政治拠点にかかわるものであると考証したところである。

また、仁徳は宮の北の郊野を掘って、南の水を引いて西の海（大阪湾）に流したという。難波の堀江である。また北の河があふれるのを防ぐために茨田堤《まったのつつみ》（大阪府門真市・寝屋川市）を築いた（『日本書紀』仁徳天皇十一年条）。さらに、〝猪甘津《いかいのつ》（大阪市生野区）に橋をかけ、小橋と称した。また、この年に大道を京の中につくった。南門よりまっすぐ丹比《たじひ》邑に至るのである。大きな溝を感玖《こむく》（大阪府南河内郡河南町・千早赤阪村）に掘った。石河の水をひいて、上鈴鹿《かみつすずか》、下鈴鹿《しもつすずか》、上豊浦《かみつとゆら》、下豊浦《しもつとゆら》（大阪府東大阪市）の四カ所の野に水をひたして、開墾して四万余頃《しろ》の田を得た。そのため、そこの百姓は豊穣となって凶作の心配がなくなった〞（『日本書紀』仁徳天皇十四年冬十一月条、是歳条）とある。このような開発記事については、仁徳天皇の時代に多くみられ、「聖帝」として仁徳を位置づけるために挿入された説話であるとみることもできる。しかし、やはりこれはオオサザキと「カワチ」が深くかかわったという史実が反映していたものであると考えられる。

五世紀代までさかのぼるものではないが、難波大道と古市大溝、丹比大溝などと呼ばれる遺構が発掘調査で検出されている。それぞれ同時代の実態は証明できないが、難波高津宮を政治拠点とした仁徳が、「カワチ」の大規模開発を実施したということを記述している点が重要である。オオサザキの権力基盤が、「カワチ」の地にあったことの裏付けであるといえる。

さらに、『日本書紀』仁徳天皇の六十七年条には、河内の石津原《いしづはら》に行幸し、生前に陵地を定め陵墓を築いたという記事がある。〝鹿が急に野から躍り出て、陵墓を築く役民のなかに倒れて死んだ。鹿の急死を怪しんでその傷を探したら、百舌鳥が鹿の耳から飛び出した。耳の中は百舌鳥が食い裂いていた。この場所を名付けて百舌鳥耳原《もずのみみはら》というのはこれによる〞という地名の起源説話がある。

そして、八十七年春正月条が崩御記事で、冬十月に百舌鳥野陵《もずののみささぎ》に葬られたとする。『古事記』では八十三歳で崩御し、御陵は毛受之耳原《もずのみみはら》にあると記す。『延喜式』では、百舌鳥耳原中陵であり、大山（大仙陵）古墳が仁徳天皇陵として、中・近世を通じて地元に伝承されつづけたのである。

讃とオオサザキ（仁徳）を重ねたとき、難波に政治拠点をおき、「カワチ」の開発をおこない、百舌鳥古墳群に埋葬地をもとめたという前述の推定がここに一致する。オオサザキにかかわる説話の内容は虚実、さまざま混じり合っているが、「カワチ」とオオサザキのかかわりからみれば、オオサザキが実在し、讃として中国に遣使したものとみてよい。

## 履中（イザホワケ）天皇の即位と墳墓

『日本書紀』の記述では、仁徳天皇の没後に即位したのが、皇后磐之媛とのあいだに産まれた第一皇子であるという履中天皇である。即位までの概略は次のとおりである。

仁徳天皇没後の皇位空白期に、皇太子となっていた履中が、羽田矢代の女の黒媛を妃にしようとしたとき、履中の同母弟の住吉仲皇子《すみのえのなかつのみこ》が偽って黒媛を奸《おか》してしまった。そのことを知られた住吉仲皇子が履中を殺そうとし、兵をおこして難波の宮を取り囲んだ。それを知った平群木菟《へぐりのつく》・物部大前《もののべのおおまえ》・阿知使主《あちのおみ》が履中を救い出した。それを知らないまま、住吉仲皇子が難波の宮を焼いてしまう。

履中は大和に向かう途中で会った少女から、迂回して当摩径《たぎまのみち》（当麻道）を越えるようにという助言を得、一度戻りもっと北の竜田山を越え、兵を集めて住吉仲皇子側に着いた阿雲連浜子《あずみのむらじはまこ》の命令で履中を追っていた淡路の野島の海人《あま》らを捕らえた。

（中略）

履中はその後、石上神宮に入る。履中の同母弟の瑞歯別《みずはわけ》皇子（のちの反正天皇）は履中が宮にいないことを知って難波から追いかけてくるが、履中はこれを疑い、住吉仲皇子を殺せと命じる。瑞歯別皇子は、住吉仲皇子の近習の刺領巾《さしひれ》を勧誘し、厠で住吉仲皇子を刺し殺させた。そのあと平群木菟の進言により主君を殺した刺領巾を殺して、倭《やまと》に入り石上で履中に報告した。

（『日本書紀』履中天皇即位前紀）

同母兄弟同士の皇位をめぐる権力闘争が記されているわけであるが、難波を権力基盤にする弟の住吉仲皇子が権力闘争から敗れ去ったことがここに記されている。

履中の政治拠点は、奈良盆地東南部であったとされている。磐余《いわれ》稚桜宮《わかさくらのみや》で即位し（履中天皇元年条）、磐余に都をつくり（履中天皇二年冬十月条）、磐余池をつくり（同冬十一月条）、石上溝《いそのかみのうなて》を掘った（同四年冬十月条）という記事がそれぞれある。石上神宮を軍事拠点にし、住吉仲皇子と戦ったということからすれば、のちに物部氏となる布留遺跡に支配拠点をおいた「ふる」の王との強いつながりも想定される。

そして、履中天皇は七十歳で磐余稚桜宮において亡くなり（六年三月条）、百舌鳥耳原陵（同冬十月条）に葬られたという。『延喜式』では、百舌鳥耳原南陵とし、宮内庁が日本列島第三位の墳丘規模をもつ上石津ミサンザイ古墳に治定している。『延喜式』に記載された位置関係は、宮内庁の治定する大山古墳＝仁徳陵の南に、上石津ミサンザイ古墳＝履中陵が位置し、それとは整合しているが、古墳の築造順序は、上石津ミサンザイ古墳、大山古墳の順に築造されているので、天皇の即位順序とは整合していない。履中は、百舌鳥古墳群に埋葬地を求めたとされているが、それにあてるべき大型前方後円墳がみあたらないのである。

倭の五王の系譜では、讃と珍が兄弟関係にあたることから、それが整合する履中を讃にあてる見解もある（藤間 一九六八）。しかし、『日本書紀』のなかに記載されているのはあくまで権力基盤を異にした兄弟同士の抗争である。

これまで述べてきたように讃の権力基盤は「カワチ」にある。一方、履中の権力基盤は「ヤマト」である。履中の子には、黒媛との間に産まれた市辺押磐皇子《いちのべのおしいわのみこ》がおり、履中天皇元年条では、「かづらぎ」の忍海とかかわりがある青海皇女《あおみのひめみこ》（一説では飯豊皇女）も履中天皇の女であるという記述もある。

その意味で、履中と讃をかさねあわせることは決してできないのである。

## 反正（ミズハワケ）天皇の宮と陵墓

珍は讃の弟であることから、『日本書紀』の系譜どおりに、讃を履中天皇にあて、珍を同母弟の反正天皇にあてるという見解がある。『日本書紀』の系譜とかかわりなく、讃を応神天皇または仁徳天皇にあて、珍を履中天皇にあてる見解もある。もとより、『日本書紀』の各天皇の実在性に疑義をもつ立場から、『日本書紀』の記述に合致させること自体あまり意味がないとする見解もある。

履中天皇と同じ、仁徳天皇と磐之媛とのあいだに産まれたのが瑞歯別皇子《みずはわけのみこ》（のちの反正）である。同母弟が、次代の允恭天皇（ヲアサヅマワクゴノスクネ〈雄朝津間稚子宿禰『日本書紀』、男浅津間若子宿禰『古事記』〉）である。履中、反正、允恭の同母兄弟が、兄弟順に皇位を継承したと『日本書紀』には記述されている。

『日本書紀』の履中天皇の即位前紀に瑞歯別皇子が登場することは前述した。履中天皇の即位に際し、住吉別仲皇子の反乱があったが、そのとき、同母兄である住吉別仲皇子を暗殺した。

反正天皇は春正月に即位し、冬十月に〝河内の丹比に都をつくり、これを柴籬宮《しばかきのみや》といった〟（『日本書紀』反正天皇元年条）という。人民が富み栄え、天下太平だったとも記述されている。

在位期間はわずか五年で、春正月に正殿で崩御したとある（『日本書紀』反正天皇五年条）。

『日本書紀』によれば反正天皇の陵墓は、耳原陵（『日本書紀』允恭天皇五年条）である。『延喜式』では、反正天皇の陵墓を百舌鳥耳原北陵、仁徳天皇の陵墓を百舌鳥耳原中陵、履中天皇の陵墓を百舌鳥耳原南陵としており、その位置関係が明示されている。この位置関係は平安時代に示されたのであって、元来のものであったかどうかは不明である。宮内庁の治定は、それにあわせたものであり、百舌鳥古墳群でもっとも北にある田出井山《たでいやま》古墳（墳丘長一四八メートルの前方後円墳）をこれに治定する。

しかし、田出井山古墳は大型前方後円墳に該当せず、これを王墓とすることはむずかしい。外周溝から窖窯焼成で、幅広の板状工具で仕上げをおこなう円筒埴輪が出土しており、大山古墳と同時期の築造年代が想定される。

それでは、珍とミズハワケ（反正天皇）を重ね合わせることはできるのだろうか。

## 珍の政治拠点と墳墓

### 倭国王珍の朝貢と倭隋

讃の最後の朝貢は四三〇年（『宋書』本紀　文帝元嘉七年）で、その八年後の四三八年に讃の弟の珍が宋へ朝貢する（『宋書』本紀　文帝元嘉十五年）。その具体的な内容は、『宋書』倭国伝に詳しい。

讃が死んで弟の珍が王となった。使者を派遣して貢献し、使持節、都督倭・百済・新羅・任那・秦韓・慕韓六国諸軍事・安東大将軍・倭国王と自称し、上表文を奉りその官爵を正式に認めてほしいと求めた。［文帝は］詔して、安東将軍・倭国王とした。珍はまた倭隋たち十三人に、平西・征虜・冠

軍・輔国の将軍号を授けてほしいと願い出た。［文帝は］詔してこれを許した。（『宋書』倭国伝）

珍の朝貢は、この一度だけであり、次の宋への朝貢したのが、四四三年の済によるものであって、珍が安東将軍・倭国王であった期間はわずか五年である。しかし、珍は確かに宋皇帝の権威のもと、倭国王として国内の統治にあたった。倭隋ら一三人が倭国王の推薦で将軍号を得ていることから、五世紀の倭国の支配構造の一端がここに示されている。

この場合、倭隋が得た平西将軍は、珍の安東将軍より一級しか差がない。特に倭隋は珍と姓も同じであることから、王族であり、珍を補佐した副王ではないかとされている。

これに関連し、平西将軍の名から、朝鮮半島への海路を扼《やく》する倭国王珍が北部九州に派遣した王族の将軍であるという説〔武田二〇〇二〕がある。しかし、五世紀の倭国王が、各地に将軍を派遣するような支配構造を有していたとは到底考えられない。

一方、一四七ページで前述したとおり、都出比呂志氏は、造山古墳・作山古墳の被葬者がこの倭隋ら一三人にあたるとみている。都出氏の場合、派遣将軍とはみていないが、倭国王珍のもとに造山古墳・作山古墳の被葬者があったとみている。しかし、あくまで両者は並び立つような立場であり、それぞれ牽制しあっていたことは明白である。年代的にみても、造山古墳は、倭隋からは年代的にさかのぼる上石津ミサンザイ古墳と同時期であり、これにあたるとはみなしがたい。

また、一〇六ページで述べた東国最大の前方後円墳である太田天神山古墳の被葬者を倭隋にあてる説もある〔金井塚二〇〇八〕。太田天神山古墳の被葬者も、ヤマト王権の王に対し並び立つような立場にあり、上石津ミサンザイ古墳と同時期に築造されたものであって、倭隋ら一三人にあてることはできない。

ただし、一三人もの人物が将軍号を得たともなれば、キビ王権や各地の王に対して、海外と交渉するために、将軍号を付与して、それを懐柔した可能性は考慮されるべきである。さらには、王族はもちろん、王権の所在地である「ヤマト」、「カワチ」に割拠していた有力地域集団などに将軍号を付与したとみることが妥当である。

### 珍の政治拠点

前述したとおり、珍は、キビ王権を懐柔して、海上交通を確保したとしたわけだが、それを確保し海外交渉をおこなううえで、「ヤマト」ではなく「カワチ」に継続的に政治拠点をおくことが求められたと考えられる。

珍が倭国王であった期間と、反正天皇の在位期間が同じ五年である。珍と反正天皇（ミズハワケ）が関連するとして、珍が「カワチ」の「たじひ」に政治拠点をおいたと考えることも可能である。

反正天皇の丹比柴籬宮については、大阪府松原市に柴籬《しばがき》神社があり、大正八年（一九一九）と昭和十九年（一九四四）に、大阪府によって立てられた「反正天皇柴籬宮址」「丹比柴籬宮址」と刻まれた石碑がある。また、周辺には柴垣という地名も残っており、江戸時代にはこのあたりに丹比柴籬宮があったと考えられていた。

「たじひ」は、古市古墳群と百舌鳥古墳群のちょうど中間の位置にあたる（図36）。上田町遺跡・伝丹比柴籬宮跡として発掘調査がおこなわれており〔伝丹比柴籬宮跡・上田町遺跡発掘調査団 一九九二〕、土師器（庄内式）や小型仿製鏡などの出土はあるが、五世紀代の遺構・遺物の出土はない。さらに広くみた場合、周辺には大和川今池遺跡、日置荘《ひきのしょう》遺跡、太井《たい》遺跡、立部《たつべ》遺跡などの遺跡があり、古墳時代の遺構・遺物が検出されている。しかし、五世紀の政治拠点にかかわる遺構はなく、今のところ珍の政治拠点については、その実態をつかむことができない。

## 珍の墳墓

百舌鳥古墳群は、瀬戸内海から望む人びとに対してもその威容を誇った。前項で、讃が大山古墳をその墳墓としたと考えた。讃が外交デビューを果たし、その弟の珍が倭国王・安東将軍の官爵を得たことをふまえるなら、讃の外交を引き継いだ珍の埋葬の場所は、同じ百舌鳥古墳群の地が選ばれたと考えられるのである。

珍の墳墓の可能性があるものとして、大山古墳に後続する百舌鳥古墳群の大型前方後円墳では、土師《はぜ》ニサンザイ古墳（墳丘長三〇〇メートル）があげられる。後円部を東にむけ、前方部前端が大きく開く墳丘の形態で、くびれ部の前方部寄りに造り出しをもつ。墳丘の周囲には盾形の周濠の内濠があり、その外側には現在埋没している外濠がある。宮内庁が墳丘の発掘調査を実施し、墳丘第一段の埴輪列や造り出しの状況などを確認している〔宮内庁書陵部陵墓調査室 二〇一四〕。また、墳丘裾部や内濠、外濠の調査は堺市教育委員会が実施している。

これらの調査で円筒埴輪、家形、蓋形、水鳥、鶏、動物の足などの形象埴輪と、埴輪と同じように樹立された笠形、蓋の立ち飾りなどの木製立物のほか、翳《さしば》、槽、鋤、部材など多くの木製品、須恵器、土師器などが出土している。また、墳丘主軸線上の後円部東側において、周濠を渡る木橋の橋脚が検出され、報告者は棺を運び入れるときの葬列がこの橋を通ったとする〔堺市教育委員会 二〇一八〕。

円筒埴輪は、大山古墳のものにくらべると、さらに大量生産の工夫がされたものであり、仕上げの板

◀図36　古市古墳群・百舌鳥古墳群と「たじひ」

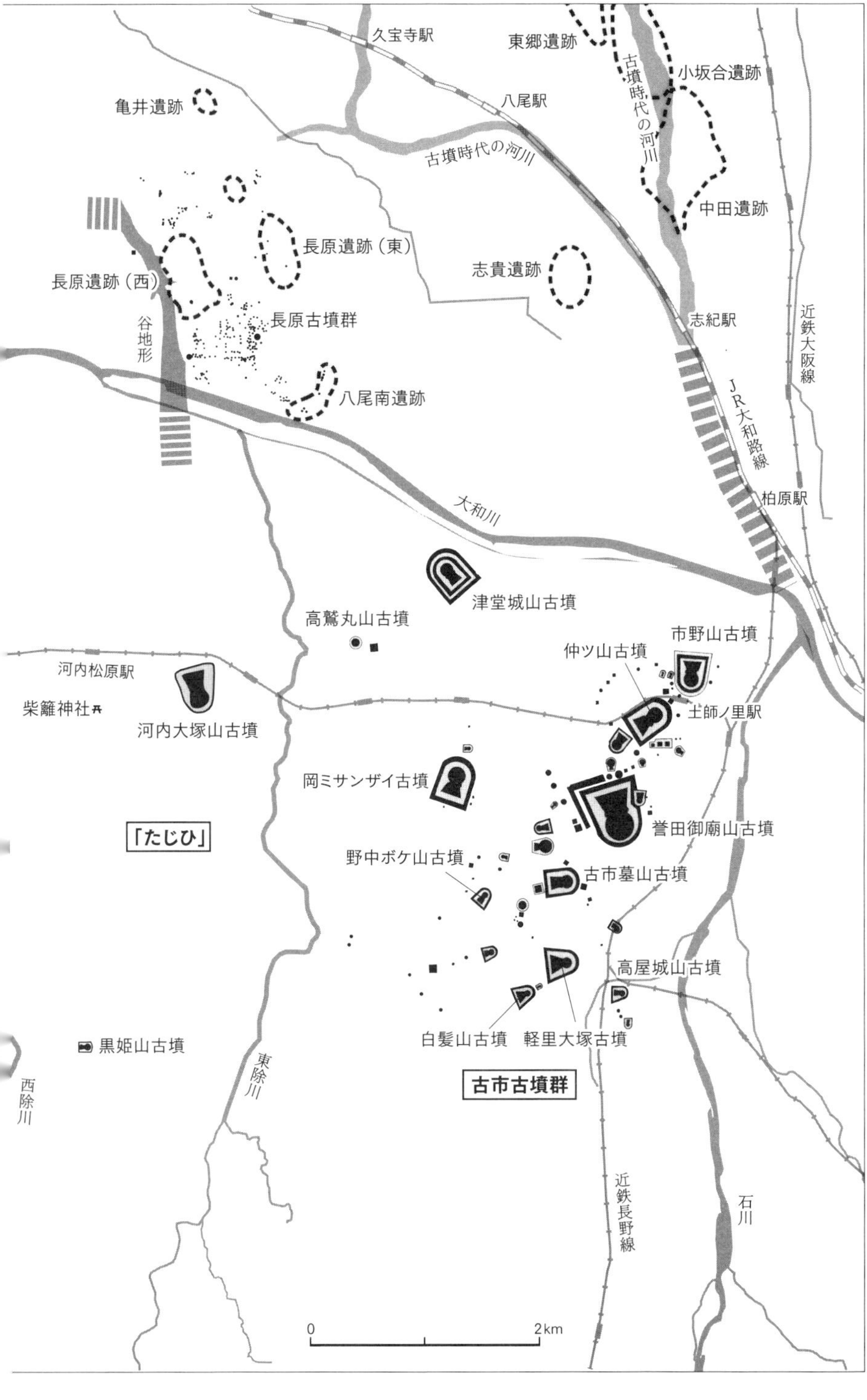
久宝寺駅
東郷遺跡
小坂合遺跡
古墳時代の河川
亀井遺跡
八尾駅
古墳時代の河川
中田遺跡
長原遺跡（東）
志貴遺跡
長原遺跡（西）
谷地形
長原古墳群
志紀駅
近鉄大阪線
八尾南遺跡
JR大和路線
柏原駅
大和川
津堂城山古墳
高鷲丸山古墳
市野山古墳
仲ツ山古墳
河内松原駅
柴籬神社
土師ノ里駅
河内大塚山古墳
岡ミサンザイ古墳
誉田御廟山古墳
「たじひ」
野中ボケ山古墳
古市墓山古墳
高屋城山古墳
白髪山古墳
軽里大塚古墳
黒姫山古墳
東除川
古市古墳群
西除川
近鉄長野線
石川
0
2km

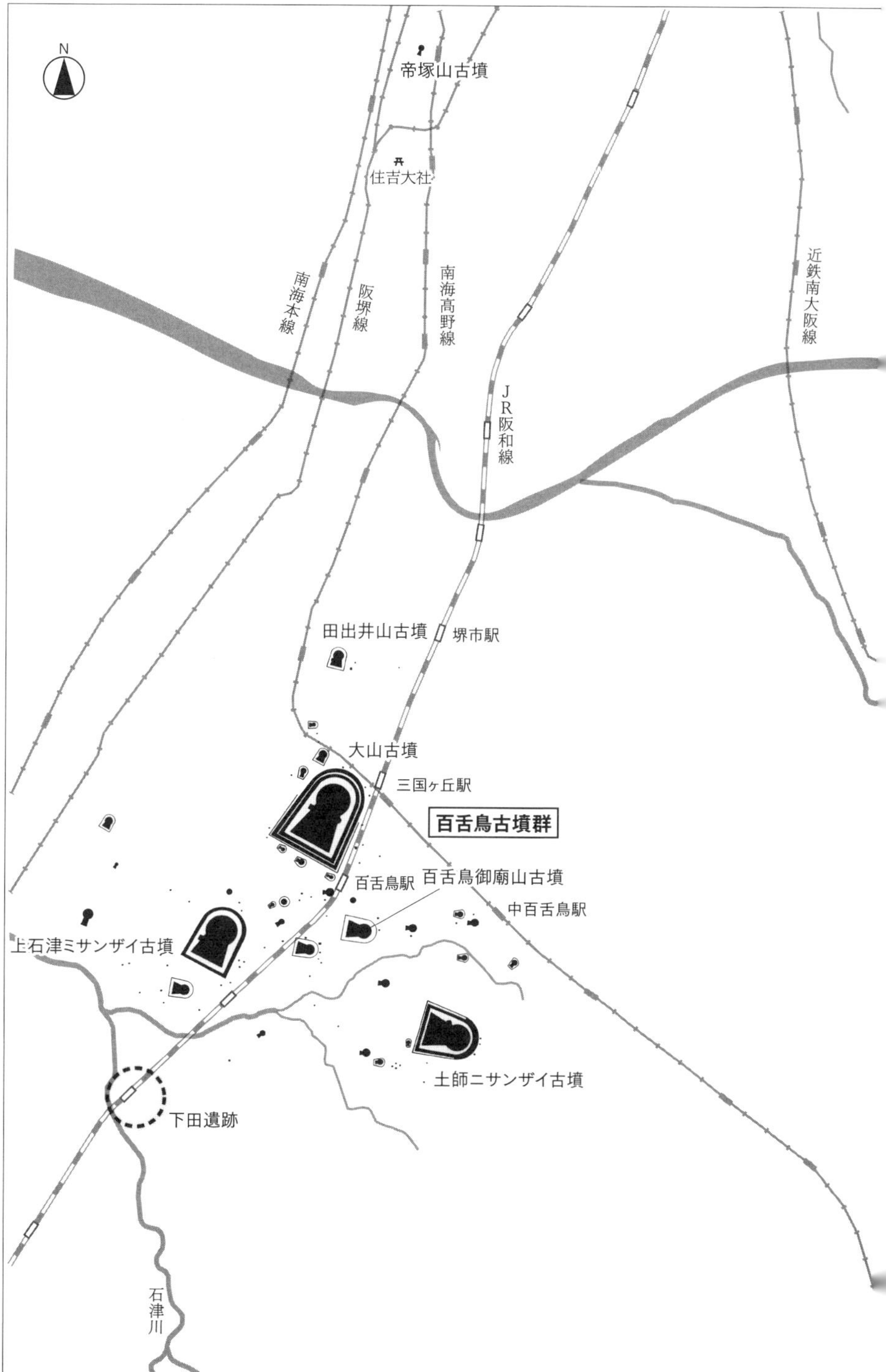
N
帝塚山古墳
住吉大社
南海本線
阪堺線
南海高野線
JR阪和線
近鉄南大阪線
田出井山古墳
堺市駅
大山古墳
三国ヶ丘駅
百舌鳥古墳群
百舌鳥駅
百舌鳥御廟山古墳
中百舌鳥駅
上石津ミサンザイ古墳
土師ニサンザイ古墳
下田遺跡
石津川

状工具の幅にあわせて凸帯と凸帯の間隔を揃えている段階のものである。埴輪からみた築造時期においては、珍の墳墓のものとすれば時期的にわずかに降る可能性はあるが、百舌鳥古墳群においては、大型前方後円墳はこのほかにはないので、土師ニサンザイ古墳こそ、珍の墳墓であるとここではしておきたい。なお、土師ニサンザイ古墳の周濠から出土した木製品のうち、樹皮に近い部分まで残るヒノキ製の板材についての年輪年代測定結果は、伐採年を四二七年以降であるとしている。西川寿勝氏は、この結果と円筒埴輪・須恵器などの資料をあわせて検討し、土師ニサンザイ古墳を讃(履中天皇)、田出井山古墳を珍(反正天皇)の墳墓としている〔西川 二〇二〇〕。

## 倭隋と黒姫山古墳

黒姫山《くろひめやま》古墳は、堺市美原区黒山にある墳丘長一一二メートルの前方後円墳である。丹比柴籬宮跡の石碑がある柴籬神社からは、南へ二・八キロにある。平安時代の『倭名類従抄』には、丹比郡に黒山郷があり、この周辺にあたると考えられる。古墳は、明治八年(一八七五)には、仁賢天皇の皇后陵に治定されたが、根拠が薄弱であるとして明治十二年(一八七九)に取り消しとなった。

戦時中に、前方部の竪穴式石室が露出し、鉄製冑や剣が掘り出された。昭和二〇年(一九四五)五月に地元を訪れた森浩一氏がそれを知り、一九四七年から四八年にかけて大阪府教育委員会が発掘調査を実施した。一七六ページで述べた大和六号墳の発掘調査から二年後、当時十九歳の森浩一氏が調査の主な担当者となった〔森浩一 一九九八〕。

前方部の石室からは、二四領もの甲冑とその付属具のほか、鉄刀一四点、鉄剣一〇点、鉄鏃五六点、鉄鉾九点、鉄鐏《いしづき》七点、鉄刀子五点が出土している。この甲冑の出土量は、一古墳として最多である。短甲は、三角板鋲留短甲《さんかくいたびょうどめたんこう》、横矧板鋲留短甲の二種で、三角板鋲留短甲の一領は、背面から肩を大きく覆う板と、首に襟《えり》をとりつけた、襟付短甲と呼ばれる特異な形態をもつものであった（図37）。

後円部墳頂にも竪穴式石室があり、長持形石棺が内蔵されていたと推定されるが、盗掘によって持ち出され、現在は天井石が付近の広口神社に残るのみである。調査では盗掘坑から滑石製紡錘車や、冑片、須恵器が出土している。さらに、靭形、盾形、蓋形などの形象埴輪が、埋葬施設を外部から守るように、方形に取り囲む形で樹立されていた。

墳丘に樹立された円筒埴輪は、幅広の板状工具で仕上げをおこなう円筒埴輪が含まれる一方、凸帯と凸帯の間隔を揃えている段階で、三—三期から二—四期への過渡的な段階に位置づけることができる。これが、後円部竪穴式石室の築造時期にあたり、前方部竪穴式石室は甲冑の様相からみてそれよりやや降る時期で、珍の墳墓と推定した土師ニサンザイ古墳と同時期とみなしてよいだろう。

これまで述べてきたとおり、珍の墳墓が土師ニサンザイ古墳であり、政治拠点をおいた場所を丹比とするなら、「たじひ」に位置する黒姫山古墳の被葬者は、

**図37　黒姫山古墳の襟付短甲**〈高さ 48 cm〉
（撮影：牛嶋茂・橋本達也）

その同族である倭隋その人であろう。

倭隋は、倭国王珍によって平西将軍に推挙され、除正されている。平西将軍が文字どおり西国平定の任を担っていたとするなら、多量の甲冑を保有し、その兵力を誇示していた黒姫山古墳の被葬者こそ、倭隋にふさわしい。

橋本達也氏も同様の見解を近著で提示している〔橋本 二〇二〇〕。橋本氏の場合、大山古墳の被葬者を珍とし、黒姫山古墳を大山古墳の同時期の築造とみなして倭隋の墳墓である可能性があるとしている。私も珍と同時期にあたるのは、前方部竪穴式石室であり、後円部竪穴式石室の主は、讃の時期までさかのぼるものとみなしているが、それでもその年代差は許容できる範囲内である。隋もまた、珍と同じく「たじひ」に拠点を設け、墳墓を珍の政治拠点の近くに単独で造営したものと推定できるのである。

## 倭隋ら一三人の墳墓

同じように、倭隋ら一三人にあたる珍と同族の人びとの墳墓が、珍と同じ百舌鳥古墳群に造営された可能性は高い。

百舌鳥古墳群においては、百舌鳥《もず》御廟山《ごびょうやま》古墳（墳丘長二〇三メートル）を倭隋にあてる見解〔十河 二〇一四〕がある。しかし、誉田御廟山古墳と同時期と推定されており、讃をその後に築造された大山古墳の墳墓の被葬者とした場合、年代的にむずかしくなる。ただし誉田御廟山古墳と大山古墳のあいだに築造の年代差がないと認めた場合、この立論も可能である。あるいは、百舌鳥古墳群では、前述の田出井山古墳と大山古墳を同時期とみた場合、珍の墳墓と想定した土師ニサンザイ古墳にくらべるとさかのぼるが、田出井山古墳の被葬者を倭隋ら一三人のうちの一人にあてることも可能である。

古市古墳群には、軽里大塚（前の山）古墳（墳丘長二〇〇メートル）がある。土師ニサンザイ古墳と墳丘形態が類似し、倭隋らの墳墓にあてることが可能である。さらに、奈良盆地では、前述の馬見古墳群の川合大塚山古墳、「かづらぎ」の掖上鑵子塚《わきがみかんすづか》古墳の被葬者が、倭隋ら一三人の墓の候補にあたる。これらは、珍と同族にあたる人びとや、「かづらぎ」の王にあたる人物であると考えられる。

また、「キビ」においては、大山古墳や土師ニサンザイ古墳と同時期にあたるのが、先に吉備上道臣田狭の墳墓と想定した両宮山《りょうぐうざん》古墳があり、田狭を懐柔して瀬戸内の海上交通をおさえる意味でも、珍によって推挙された田狭が、平西将軍号を除正された可能性がある。また、次章で後述する「キ」の王にあたる淡輪《たんのわ》古墳群や木ノ本古墳群の被葬者もその候補者である。

いずれにせよ、倭国王珍の時代に、中国の権威を背景にした国内政策は一定の成果をあげたと考えられる。「たじひ」に政治拠点をおき、珍の同族の人びとや「かづらぎ」の王に加え、キビ王権や「キ」の王にも懐柔策をとった。しかし、相次ぐ反乱と戦争があり、決して安定した状態になかったことは明らかである。

## 済の政治拠点と墳墓

### 倭国王済の朝貢

つづく、済の最初の朝貢は、元嘉二十年（四四三）である。『宋書』倭国伝では、〝倭国王済が使者を遣わし奉遣した。また、安東将軍・倭国王に任命した〟と記載される。『宋書』本紀、文帝元嘉二十年には、〝是歳、高句麗、百済、倭が、遣使して方物を献じた〟とあり、同年に高句麗、百済、倭が朝貢したとしている。高句麗は長寿王《ちょうじゅ》《ジャンス》、百済は余毗（毗有王《しゆう》《サユ》）による朝貢である。

しかし、『宋書』百済国伝では、余毗の朝貢は、元嘉七年（四三〇）と元嘉二十七年（四五〇）で、『三国史記』百済本紀では毗有王三年（四二九）、同四年（四三〇）、同十四年（四四〇）で、この四四三年の朝貢は記されていない。このうち、四二九年の朝貢は、『宋書』本紀に同年の百済からの朝貢がみえるものの、そこに王名は記されていない。百済は、その前代の余映（腆支王《てんし》《ジョンチ》）の時代に宋に朝貢し、元嘉二年（四二五）に文帝から使持節・都督百済諸軍事・鎮東大将軍・百済王の官爵を得て、宋から答礼の遣使を受けている。また、余毗の元嘉七年の朝貢では、余映と同じ官爵を得ている。ともかく、百済は、この二代の王が頻繁な朝貢をおこない、鎮東大将軍を除正されているのである。

倭国王済の次の朝貢は、元嘉二十年の最初の朝貢から八年後の元嘉二十八年（四五一）で、『宋書』倭国伝では、官爵に使持節、都督倭・新羅・任那・加羅・秦韓・慕韓六国諸軍事を加えたとする。これまで自称するだけであった念願の使持節以下の官爵をはじめて得たのである。安東将軍・倭国王の官爵はもとのままであるのだが、『宋書』本紀では、安東将軍から安東大将軍に進号させたとしている。このとき、済の求めに応じて、二三人が軍・郡に除せられている。

ここでえた官爵のうち使持節は、皇帝から節（旗印）を付与されたことを意味し、倭・新羅・任那・加羅・秦韓・慕韓諸軍事とは、その地域の軍事権を皇帝から委任されたということを示している。あくまで軍事権の付与であって、王としての統治や領有を認められたわけではない〔森公章二〇一〇〕。

これまで述べてきたように日本列島各地と朝鮮半島南部各地で倭人が軍事行動をおこしていたのは事実であったと考えられる。任那は金官国、加羅は加羅国（大伽耶）、秦韓は辰韓を指し、新羅王の権勢が及んでいなかった地域である。また、慕韓は馬韓を指し、百済王の権勢が及んでいなかった地域である。

倭国王に与えられた安東将軍は、宋に頻繁に朝貢していた高句麗王や百済王に与えられた鎮東大将軍などにくらべ、同じ将軍号のなかでも低い地位にある。この関係は、宋に朝貢しているあいだ変わらなかった。宋からみて、百済王が常に倭国王の上位にあって、朝鮮半島南部諸国や諸地域と日本列島諸地域の軍事を倭国に委任する形をとっていたと理解される。百済は、毗有王の時代に新羅と頻繁な交渉をおこなう（『三国史記』百済本紀）一方、倭兵は新羅金城《クムソン》（慶州）を取り囲むなど、独自の軍事行動をおこしていた（『三国史記』新羅本紀）。もちろん、ヤマト王権が組織的な兵力をもって、大規模な軍事行動をおこしていたわけではなく、有力地域集団による個別的、独自的で小規模な活動であったと考えられる。また、特段の帰属意識をもたない倭人が朝鮮半島で軍事行動をおこしていたことにも留意する必要がある。

倭国王珍はすでに、元嘉七年（四三八）の朝貢で使持節、都督倭・新羅・任那・秦韓・慕韓に加え、百済の軍事を自称し、宋に対してそれを求めており、さらにその後も百済の軍事を宋に対して求めているが、最後まで除正されることはなかった。百済王は、宋に対して戦略的な外交をつづけたのであり、宋に対しては常に倭国王より上位の立場にあったのである。

### 珍と済の関係

『宋書』には、珍と済の係累が示されていない。ところが、後世に編纂された『南斉書』に後続する『梁書』倭伝には、〝倭王賛がいた。賛が死ぬと弟の彌を立てた。彌が死ぬと子の済を立てた〟とある。彌は珍の誤字とみられている。

ただし、『梁書』はあくまで後世に編纂されたものであって、珍と済がはたして親子関係にあったかどうかはさだかではない。

ここまで、珍と反正天皇を結びつけてきたが、前述のとおり『日本書紀』の天皇系譜では、反正天皇の次代天皇は、同母弟の允恭天皇である。済と允恭天皇を結びつける説は古くからある。

## 允恭（ヲアサヅマワクゴノスクネ）天皇の即位

まずは、『日本書紀』の允恭天皇の即位記事をみておこう。以下がその概略である。

雄朝津間稚子宿禰皇子（のちの允恭天皇）は、成人になってから重い病気にかかられ、ご挙止が不自由であった。反正天皇が崩御したとき、群臣が協議し、大草香皇子《おおくさかのみこ》（允恭の異母弟、母は日向髪長媛《ひゅうがのかみながひめ》）と雄朝津間稚子宿禰皇子が候補にあがったが、兄で仁孝のある允恭を推挙し、天皇の璽を奉った。しかし、雄朝津間稚子宿禰皇子は重い病気にかかったことを理由に、皇位の継承を固辞し、さらに妃の忍坂大中姫《おしさかのおおなかつひめ》が「皇位の空位が何年もたっている。群臣も心配しているので、皇位についてほしい」とすすめたが、それでも聞き入れなかった。大中姫が水を入れた鋺《かなまり》を捧げて側に一時間余り控えていたところ、寒さで水があふれて氷ってしまい、凍えて死にそうになった。そこで皇子が助けおこして、「群臣の要請は道理が明確である。どうして最後まで断ることができようか」と告げて、ようやく帝位についた。

（『日本書紀』允恭天皇即位前紀）

反正天皇と允恭天皇のあいだで王位の空白期間があったとする記事である。皇位についたのは、太歳壬子年（五世紀では四一二年もしくは四七二年）とする。このように、『日本書紀』には、各天皇の即位年について、「是歳、太歳〇〇年」として干支の記載がある。この『日本書紀』の干支では、倭の五王の遣使と年代が整合しない。また、『古事記』の分注に、各天皇の崩御年の干支の記載がある。『古事記』では反正天皇は六十歳丁丑年（五世紀では四三七年、四九七年）八月崩御とある。済が朝貢したのは、元嘉二十年（四四三）癸未であり、この『古事記』分注による崩御干支は妥当のようにみえる。

実際、考古学者のなかには『古事記』分注の崩年干支をそのまま実年代にあてはめ、考古学的手法で割り出した年代観をもとに倭の五王の墳墓を比定しようとする見解〔鐘方 二〇〇八〕がある。

一方、反正天皇の殯《もがり》がおこなわれたのが允恭天皇五年であり、殯まで五年の年月を経るのはあり得ないとし、反正天皇と允恭天皇が並立していたとする説もある。倉西裕子氏は、『日本書紀』の各天皇の即位年と『古事記』の分注による各天皇の崩御年、百済王の生没年を組み合わせ、独自の紀年論を提示した。また、賛・讃・珍・彌・済・興・武という倭の七王を想定し、五世紀代に二王が並立している期間があるとし、独自の天皇系譜を提示した〔倉西 二〇〇三〕。さらに、この倉西氏の紀年論に基づく一方、聖・俗の二王が並立し、役割分担しながら国内統治をおこなっていたことを前提にして、倭の五王とその墳墓を比定する見解〔岸本 二〇二〇〕もある。

### 王位の空白期間と権力基盤

しかし、このような操作をおこなったとしても、中国史書の紀年と倭国王の係累と『古事記』『日本書紀』の記述のあいだには乖離がある。倉西氏や岸本氏が述べるような二王が並立していたのか、それとも実際に倭王の空白期があったのかは、逐一検討していく必要がある。

私は、王の並立については決して否定しないが、それは老・若、聖・俗といった役割分担ではなく、

「カワチ」「ヤマト」などの地域ごとの王の権力基盤が異なっていたことによるものであると考えている。その意味において、『宋書』において珍と済の間の血縁関係が記述されていないことと、『日本書紀』において反正天皇が崩御し、允恭天皇が即位するまでのあいだに空白期間があったことは、相関すると考えられる。

前述のとおり、『日本書紀』では、まず反正天皇五年条に崩御記事があり、次に、病気を理由に即位を固辞したという允恭天皇即位前紀の記載があり、最後に、允恭天皇五年条に反正天皇の殯の記事につづく。

反正天皇の殯では、一一六ページで述べたとおり、葛城襲津彦の孫とされる玉田宿禰がそれを司ることとなったが、酒宴を開き、その執行を拒否して、允恭天皇によって殺されるという事件がおこっている。「かづらぎ」の王と激しく対立し、それを鎮圧して、倭国王の地位についたことが記載されているわけであり、忍坂大中姫に推されたとすることを含め、倭国王がここで「ヤマト」での権力基盤をようやく確立したと考えられるのである。

このように倭国王珍から済への権力委譲は、済が「ヤマト」の権力基盤を獲得したことにあるのであって、珍と済のあいだの係累が示されていないのは、そのあいだの空白と断絶があるとみてよいだろう。

## 済の政治拠点

それでは、済は、どこに政治拠点をおいたのだろうか。

済と允恭天皇がかかわるとすると、允恭天皇の和風諡号のなかに「あさづま」がある。これは、南郷遺跡群のすぐ南にある御所市朝妻の地を指すものであって、「かづらぎ」の王の支配領域に含まれる。

王名が王宮を示しており、允恭天皇の宮の所在地が朝妻であるという見解〔古市二〇一九〕もあるが、倭国王と「かづらぎ」の王が対立し、「かづらぎ」の王が敗れ殺されたということからすれば、この見解にはしたがえない。

『日本書紀』には、允恭天皇がたびたび茅渟宮《ちぬのみや》（大阪府南部）に行幸した記載があるが、即位した宮の記述がそこにはない。『古事記』では、允恭天皇の宮を遠飛鳥宮《とおつあすかのみや》としている。そうしたなか、『日本書紀』にも允恭天皇の宮にかかわる記載がある。

それは、允恭天皇四十二年の春正月の允恭天皇の崩御の記事である。このとき新羅王が、調《みつぎ》の船八〇艘と種々の楽人八〇を貢上し、対馬から難波に入り京に入り、殯宮に参会したという。

そして、冬十一月条では、〝新羅の弔使が帰国するとき、京城《みやこ》のほとりの耳成山《みみなしやま》、畝傍山《うねびやま》を愛で「うねめはや、みみはや」と言った。これは畝傍山を訛って「うねめ」といい、耳成山を訛って「みみ」と言ったものだったが、倭飼部《やまとのうまかいべ》が、新羅人と采女が密通したと誤解した。それを大泊瀬皇子《おおはつせのみこ》（允恭天皇の第五子、のちの雄略天皇）に告げたところ、皇子が新羅の使者を禁固にして詰問した。そこで、誤解は解けたが新羅人は大いに恨み、貢ぎ物の種類と船の数を減らした〟とある。

当時、新羅が倭国に朝貢していたという事実はないが、新羅と倭の交渉があったのは事実である。また、允恭天皇の「京」や「京城」が飛鳥一帯にあったということと、允恭天皇四年条では、盟神探湯《くがだち》をおこなった場所が飛鳥甘樫丘であるということ、『古事記』の「遠飛鳥宮」の記載とが一致する。

済と允恭天皇をつなげた場合、済の政治拠点が、飛鳥周辺部にあったとみることが適当である。明日香村・橿原市域では五〜六世紀の遺構・遺物が多量に検出されており、とりわけ藤原宮下層遺跡では、五世紀後半代とされる独立棟持ち柱をもつ大型建物が確認されている。南の朱雀大路西側には五世紀代に築造された日高山古墳群なども知られ、五～六世紀に有力地域集団が拠点をおいたと推定される。

私は六世紀には、大伴氏がここに拠点を構えたものと想定しており、その淵源をなす有力地域集団が、畝傍山・耳成山周辺部から桜井市あたりまでの広い範囲に跋扈《ばっこ》していたと考えている〔奈良県立橿原考古学研究所附属博物館 二〇一五〕。済は、この有力地域集団の招きに応じ、藤原宮下層あたりに政治拠点を構えたと想定される。なお、これより南が蘇我氏の領域であり、五世紀の段階でその淵源をなす渡来系集団が、同地を開発し、七世紀に大王を迎え入れていたことは、すでに詳しく述べたところである〔坂 二〇一八〕。

**済の墳墓**

前項で述べた『日本書紀』の允恭天皇四十二年冬十一月条につづくのが、冬十月条である。十一月の次に十月条があり、その順序が逆転している。そこで、天皇を河内の長野原陵に葬ったとする。『古事記』では、御陵は河内の恵賀の長枝《ながえ》とする。分注の崩年干支は甲午年で、四五四年にあたる。『日本書紀』では、即位年について太歳として干支の記載があり、壬午年（四一二）とする。それをそのまま即位年数の四二年後に没したとするなら、それは癸巳年（四五三）であり、『古事記』分注の崩御の干支とは一年のずれしかない。ともかく、『日本書紀』では允恭天皇の在位期間を四二年と長くして紀年の辻褄あわせがはかられているのである。

允恭天皇陵は『延喜式』には、恵我長野北陵として記され、現在、古市古墳群の市野山《いちのやま》古墳（墳丘長二三〇メートル）に治定されている。

市野山古墳は、近鉄南大阪線の土師ノ里駅のすぐ北側、市街地のなかにある。後円部を南にむけ、くびれ部両側の前方部よりに造り出しをもつ。墳丘の形態は、前方部前端の幅があまり広がらず、後円部の直径と前方部幅の長さの差があまりない。墳丘の周囲には盾形の周濠（内濠）、さらにその外側には外濠を有する。外濠は、市街地となっているが、かつては池として一部が残存していた

この外濠の周辺などから円筒埴輪や家・蓋・盾・靫形、人物・馬・犬・鶏などの形象埴輪、須恵器などの土器が出土している。円筒埴輪は窖窯焼成で、大量生産の工夫がなされたものであり、仕上げの板状工具の幅にあわせて凸帯と凸帯の間隔を揃えている段階のものであって、百舌鳥古墳群の土師ニサンザイ古墳と同時期に位置づけられる。古市古墳群の大型前方後円墳のなかで、済の墳墓とした場合、位置的、年代的に整合している。まずは、これを済の墳墓とみて差し支えないだろう。

済とヲアサヅマワクゴノスクネ（允恭天皇）との関連を認めた場合、済は「ヤマト」に支配拠点を設け、「カワチ」の古市古墳群に墳墓を築いたことになる。それは、「かづらぎ」の王の反乱をおさえ、国内政治を安定させたことによって、ここではじめて成し遂げられたものであった。

## 興の政治拠点と墳墓

### 倭国王興の朝貢

『宋書』本紀孝武帝の大明四年（四六〇）の倭国の朝貢については、王名が記されていない。

一方、『宋書』倭国伝には、大明六年（四六二）に朝貢してきた興に対し、安東将軍・倭国王に除正する記事があるが、その前に年号を記さず、〝済が死に、世子の興が使者を遣わし朝貢した〟とある。これを四六〇年の興の朝貢とみなせば、『古事記』の允恭天皇の崩年干支（甲午）からみた四五四年とあ

わせると、済の死後の六年後に、興が朝貢したと考えることもできる。しかし、この六年の空白は、不自然である。

さらに注目できるのが、済の世子として興が朝貢していることである。王位を継承したのち、倭国王として宋に朝貢したのではなく、倭国王の世子（後継）として朝貢したのち、宋から倭国王に除正されたという可能性も考えられる〔河内二〇一八〕。興と武が兄弟で、済がその親であったことは、武の上表文などからみて、親子関係であったことは間違いがないものの、興と済のあいだで順調な王位の継承ができなかったと考えられる。興は、王位のないまま王の世子として朝貢し、宋から倭国王に除正されたのである。

この後には興の朝貢はなく、『宋書』倭国伝では、興が死んでその弟の武の朝貢があったという記事がつづく。武は使持節、都督倭・百済・新羅・任那・加羅・秦韓・慕韓七国諸軍事・安東大将軍・倭国王と自称する。ここには年号が記されていない。同じように、『宋書』本紀順帝の昇明元年（四七七）に、王名が記されていない朝貢の記事があるので、四七七年の朝貢は武によるものであるとみなすことができる。ただし、四七七年の朝貢については、興による二度目の朝貢とする説〔坂元一九七八〕もある。

興に与えられた官爵は、結局安東将軍・倭国王にとどまった。これは順調に済からの王位の継承がなされなかったことと関連するのかもしれない。在位の期間は、長くみれば一七年間である。

### 安康（アナホ）天皇の即位

前述のとおり、葛城玉田宿禰の反乱を鎮圧した允恭（ヲアサヅマワクゴノスクネ）が済として宋に朝貢したのであり、次にその子が興として宋に朝貢するのである。

『日本書紀』では、允恭の次代の天皇は、忍坂大中姫とのあいだの第二子（一説では第三子）という安康天皇（アナホ＝穴穂『日本書紀』『古事記』）である。

安康もまた、その有資格者である兄とのあいだで武力衝突のすえ、王位を継承したという。武力衝突にいたる前提が、『日本書紀』允恭天皇二十三年条の、同母兄の木梨軽皇子《きなしかるのみこ》が皇太子となったものの、当時も禁忌とされていた同母妹である軽大娘皇女《かるのおおいらつめのひめみこ》との婚姻をのぞんだという記載である。

そして、翌年、ついに木梨軽皇子と軽大娘皇女は関係を結んでしまうことになるが、木梨軽皇子を罰することはできず、軽大娘皇女を伊予に移したという。

武力衝突から天皇即位までの概略は、次のように記されている。

> 四十二年春正月、（允恭）天皇がお崩れになった。
>
> 冬十月、葬礼が終了した。このとき、木梨軽皇子は暴虐で婦女に淫行があり、群臣が離れて穴穂《あなほ》皇子（のちの安康）の側についた。木梨軽皇子は孤立し、物部大前宿禰《もののべおおまえのすくね》の家に隠れたが、穴穂皇子は兵をおこし、これを囲んだ。
>
> 穴穂皇子と物部大前宿禰が歌を交わし、物部大前宿禰は、穴穂皇子によって木梨軽皇子が殺されないように画策したが、結局、木梨軽皇子は、物部大前宿禰の家で自殺することとなった（一説では伊予に流された）。
>
> 十二月に天皇が即位し、都を石上に遷し、これを穴穂宮とした。このとき反正天皇の皇女たちを天皇の同母弟である大泊瀬皇子《おおはつせのみこ》（のちの雄略天皇）の妻にむかえようとしたが、この皇女たちは、大泊瀬皇子の暴虐をおそれ、それを拒絶した。
>
> （『日本書紀』安康天皇即位前紀）

**興の政治拠点**

このなかで注目されるのは、兵をおこし、物部氏の居宅を囲んで兄を自殺に追い込んだ安康天皇が、奈良盆地東北部の石上に宮をおいているとされていることである。

安康天皇は、父から子へ順調に王位継承がなされなかったと考えられる倭国王興の存在と重なり、物部氏は、石上に所在する布留遺跡に支配拠点をおいた「ふる」の有力地域集団の存在と重なる。

布留遺跡では、五世紀代の石垣基壇をともなう大型建物をはじめとした支配者層の政治・祭祀空間があり、その支配者層のもとでおこなわれた武器生産をはじめとする手工業生産に関連する遺構・遺物も検出されていて、その実態が明らかになりつつあることは、第一章で述べた。ここに支配拠点をおいた有力地域集団が、物部氏の淵源にあたる。

かねてから、ヤマト王権の王の外交を仲介し、融和的であった「ふる」の有力地域集団の招きに応じて、倭国王が布留遺跡内に支配拠点を構えたことが、『日本書紀』の記事に反映されているのだろう。

倭国王済が奈良盆地南部の有力地域集団の招きに応じて支配拠点を構えたのと同様に、倭国王興も「ふる」の有力地域集団の招きに応じて支配拠点を構えたと考えられる。

**興の墳墓**

安康天皇の埋葬については『日本書紀』雄略天皇の条に記述はなく、安康天皇三年条に、眉輪王《まよわのみこ》によって殺された三年後に菅原伏見陵に葬られたという記載があるだけである。なお、『古事記』には崩年干支や御陵の記述はない。

したがって、倭国王興と安康天皇を結びつける場合においても、一般的には古市古墳群のなかに倭国王興の墳墓を求める見解がある。しかし、私はこれまでみてきたとおり、済・興の支配拠点を奈良盆地のなかにもとめた。興が奈良盆地北部の菅原に埋葬地を求めたのはむしろ当然である。

菅原は佐紀古墳群では西端部の位置にあたり、宝来山《ほうらいやま》古墳（墳丘長二二七メートルの前方後円墳）の周辺部からその北側一帯あたりを指す地名である。そのため、宝来山古墳を興の墳墓とする見解〔森浩一二〇一二〕がある。しかし、採集された野焼き焼成の円筒埴輪片や、明治年間に長持形石棺の蓋石と思われる石材が盗掘で露出したと考えられていることなどをあわせると、五世紀前半代の築造年代が想定され、興の墳墓とするには、その年代が合致しない。

菅原からは、やや離れた地にはなるが佐紀古墳群の東端近くに、ヒシャゲ古墳（墳丘長二一九メートル）があり、これを私は興の墳墓であると考えている〔坂二〇一三〕。

ヒシャゲ古墳では、先に済の墳墓とした市野山古墳と同形の円筒埴輪が出土している。凸帯と凸帯の間隔が狭く幅の広い工具で仕上げを施すものである。その幅は九センチ〜九・五センチほどでばらつきがあり、市野山古墳の円筒埴輪の凸帯間の間隔がおおむね九センチであるのとくらべ、後出するものである。前述のウワナベ古墳につづく時期の築造であり、佐紀古墳群の大型前方後円墳としては最後の築造である。ウワナベ古墳には鰭付円筒埴輪が樹立され、奈良盆地の円筒埴輪の伝統的な形態が継承されているが、ヒシャゲ古墳の円筒埴輪は、大阪平野で発展した大量生産のための革新的な技術を受け入れたものである。

済と興のあいだは、順調な王位継承がなされなかったことをみてきたが、埴輪生産の観点からみれば、済から興へ多大な影響を与えている。埴輪生産の技術は、この両者のあいだで受け継がれたとみることができる。

## ワカタケル大王と「しき」

即位後の安康天皇は、仁徳天皇の皇子でみずからの叔父にあたる大草香皇子《おおくさかのみこ》を殺す（『日本書紀』安康天皇元年条）。しかし、その大草香皇子の子である眉輪王によって安康天皇は殺されてしまう（『日本書紀』雄略天皇即位前紀）。わずか三年の在位で、事績についてはまったく記されていない。この眉輪王と市辺押磐皇子を殺した弟の大泊瀬皇子が泊瀬朝倉宮《はつせのあさくらのみや》で即位する。その概略をみておこう。

安康天皇は、弟の大泊瀬皇子（のちの雄略天皇）のために、大草香皇子（仁徳天皇の皇子）の妹の幡梭《はたびの》皇女《ひめみこ》を娶《めと》らせようとして、大草香皇子のもとに坂本臣の祖である根使主《ねのおみ》を遣わす。大草香皇子はそれを承諾し、押木珠縵《おしきのたまかずら》を献上したが、根使主が押木珠縵を盗んで自分の宝としたいと企んだ。そこで、天皇に、大草香皇子が婚姻を拒絶したと伝えた。安康天皇は、根使主の讒言《ざんげん》を信じ、兵をおこして大草香皇子の家を囲んで殺してしまった。そして、天皇は、大草香皇子の妻の中蒂《なかしの》姫《ひめ》を自分の妃とし、幡梭皇女を大泊瀬皇子の妃とした。（『日本書紀』安康天皇元年春二月条）

安康天皇三年八月、天皇が沐浴をしようと山宮に行幸した。酒宴をひらいて、くつろいでいるときに、皇后の中蒂姫皇女に「私は眉輪王をおそれている」と語った。眉輪王は、幼少であって楼の下で遊び戯れていたが、その話を全部聞いてしまった。天皇は酒に酔って皇后の膝枕で眠ってしまった。眉輪王は、天皇が熟睡したのをみて刺し殺した。そのことが、大泊瀬皇子に伝わると、自分の兄たちにも疑いをかけ、まず、八釣白彦皇子《やつりのしろひこのみこ》（允恭天皇の第四皇子）を斬り捨てた。次に、坂合黒彦皇子《さかあいのくろひこのみこ》（允恭天皇の第二皇子）を詰問した。また、眉輪王の罪を調べたところ「私は皇位をのぞんでいない。父の仇に報いただけです」と述べたが、坂合黒彦皇子と眉輪王は、葛城円《かづらぎのつぶらの》大臣《おおおみ》の家に逃げ込んだ。円大臣が、坂合黒彦皇子と眉輪王を差し出すことを拒んだので、大泊瀬皇子が兵をおこして円大臣の家を取り囲んだ。円大臣は、女《むすめ》の韓姫と葛城宅七箇所を献上するとしたが、大泊瀬皇子はこれを許さず、火を放って家を焼いて、三人を焼き殺した。

同三年冬十月、安康天皇が市辺押磐皇子《いちのべおしいわのみこ》（履中天皇の長子、安康天皇・雄略天皇の従兄弟）に皇位を譲ろうとしていたのを恨んで、大泊瀬皇子は、市辺押磐皇子を近江の狩りに誘い、射殺してしまう。また、同じ月に、御馬皇子《みまのみこ》（市辺押磐皇子の弟）も不意うちにあって殺された。

同年三年十一月、大泊瀬皇子が泊瀬朝倉に壇《たかみくら》（天皇の即位の場所）を設けて即位した。

（『日本書紀』雄略天皇即位前紀）

ライバルを次々と倒し、安康天皇の弟が大泊瀬幼武（オオハツセノワカタケル）大王としてここに即位するのである。稲荷山鉄剣銘文の獲加多支鹵《わかたける》大王である。序章で述べたとおり、「大王」をはじめて称したのが、このワカタケルであり、そのためにタカミクラを設けたという記載もここではじめて登場する。稲荷山鉄剣銘文では「獲加多支鹵大王の寺、斯鬼《しき》宮に在ます時」とあり、この斯鬼宮が、「ヤマト」であれば、広域を指す「しき」のなかに泊瀬（初瀬）朝倉の地も含まれる。

安康天皇すなわち倭国王興が、「ヤマト」の「ふる」に政治拠点をおいたのと同様、ワカタケル大王、すなわち倭国王武もそれにつづいて「ヤマト」の「しき」に政治拠点を構えたのである。ただし、それは有力地域集団の招きに応じたものではなく、かねてからの権力基盤である「しき（おおやまと）」の地に戻ってきたのである。倭の五王のうち、讃・珍・済・興の四人は、対外的にも国内的にも「倭国王」にとどまったが、ワカタケルは国内的には「治天下」「倭国大王」と称し、その実力を誇示したのである。

最初の倭国大王であるワカタケル大王については、次章で詳しく述べることにしよう。

# 第八章
# ワカタケル大王と「キ」の王

## 漢城百済の滅亡

ワカタケル大王が王位についた頃、激動の東アジアのなかでおこった、四七五年の漢城百済の滅亡について述べよう。

『三国史記』「百済本紀」に詳しい記述があるが、「高句麗本紀」や『日本書紀』にも「百済記」の引用がある。その概略は次のとおりである。

高句麗の長寿《ちょうじゅ》《ジャンス》王（巨連〈璉〉）が、百済王都の漢城を三万の兵で取り囲み、火を放って城門を焼いた。百済王は、西方に数十騎を率いて逃げたが、高句麗軍に追撃され、殺害された。

これよりさき、長寿王はひそかに、間諜として僧侶道琳《トリム》をおくり、百済を欺いた。近蓋婁《クムケル》王（蓋鹵《がいろ》《ケロ》王のこと）と昵懇になった道琳は、百済王に城や墳墓を築かせた。また河に堰堤を築かせた。その結果、百済の米倉は底をついた。道琳は高句麗に帰り、その状況を長寿王に報告した。

高句麗王の出兵を聞いた近蓋婁王が、子の文周《ムンジュ》王に対し、「自分は人を見る目がなく、また自分のために戦ってくれる人もいない。自分は責任をとって死ぬが、難をさけて国王をつないでほしい」と言い残した。そこで文周王は木劦満致《もくぎょうまんち》《モクジョマンチ》と祖彌桀取《そやけつしゅ》《ゾミコルチ》とともに南におちのびた。

このとき、高句麗の対盧《たいろ》（役職名）の斉于《さいう》《ジェウ》・再曾桀婁《さいそうけつる》《チェジュンコルル》・古尓万年《こにまんねん》《コアマンニョン》が軍隊をもって北城を攻め、七日間でこれを破り、南城を攻めた。百済王は逃げたが、高句麗将軍の桀婁がそれをみつけた。王を縛って、

阿且《あしょ》《アジョ》城下までくだり、近蓋婁王を殺した。　　　（『三国史記』百済本紀蓋鹵王二十一年秋九月条）

漢城が陥落したときに、南におちのびた木劦満致と『日本書紀』応神天皇二十五年条に出てくる木満《もくまん》致《ち》および履中天皇二年条に記載のある蘇賀満智を同一人物とみなす見解もある。文献からみた蘇我氏渡来人説であるが、批判も多い。

これより先、蓋鹵王（諱は慶司《キョンサ》、中国史書では余慶、『三国史記』には分注で近蓋婁王ともいうと記す）は、大明元年（四五七）、同二年（四五八）、泰始七年（四七一）に宋に朝貢し、鎮東大将軍に除正されるとともに、後継者や同族の陪臣に対し将軍号の除正を求め、それを許されるなどしている（『宋書』百済伝、『宋書』本紀）。さらに、延興二年（四七二）には北魏に朝貢し、高句麗王のこれまでの罪をあげて、百済への侵攻をくい止め、進軍の際の援軍を求めている。

こうした蓋鹵王の外交的な努力もむなしく、高句麗長寿王のまえに、漢城百済は陥落してしまうのである。

そして、文周王が錦江《クムガン》中流の熊津《ゆうしん》《ウムジン》（現在の公州《コンジュ》）に都をおき、錦江流域を版図とする〝新生〟百済として四七五年に復興するのである。『三国史記』「百済本紀」では、文周王が四七七年に薨去し、長子の三斤王《さんきん》《サムクン》が十三歳で王位についたという。そして佐平（役職名）の解仇《かいきゅう》《ヘク》が統帥権と国政の一切を担ったとある。そして、三斤王三年に王が薨去し、文周王の弟の昆支《こんき》《コンチ》の子である東城《とうせい》王が四七九年に王位についたとある。

『日本書紀』雄略天皇二十三年条には、〝百済の文斤《もんこん》王が薨じた。天王（大王＝雄略）は、昆支王の五人の子のなかで、第二子の末多《また》王が幼年なのに聡明であるので、内裏に召した。親しく頭をなでて慇懃に戒めて、百済王とした。兵器を賜い、筑紫の軍士五百人を遣わし、国を守らせた。これが東城王である〟と記す。この記事に事実が含まれているとするならば、東城王は幼年時代にワカタケル大王の泊瀬朝倉宮に入ったことになる。

一方、東城王は、王位についたあとは、南斉・梁に朝貢して都督百済諸軍事・鎮東大将軍・百済王などに除正され、その臣の除正にも尽力するなど、高句麗に対抗した。そして、南方の全羅道《チョルラド》地方への攻勢を強める。

## 倭国王武（ワカタケル大王）の上表文

昇明元年（四七七）の朝貢でワカタケルは、使持節、都督倭・百済・新羅・任那・加羅・秦韓・慕韓七国諸軍事・安東大将軍・倭国王と自称して朝貢し、同二年（四七八）、順帝に遣使して上表する。著名な倭王武の上表文である。この流麗な漢文から、ワカタケル自身も国際情勢のみならず、中国の典籍にも通じたカリスマであったと理解される。まずは、その冒頭である。

封国は偏遠にして、藩を外に作す。昔より祖禰《そでい》躬《みずか》ら甲冑を擐《つらぬ》き、山川を跋渉《ばっしょう》して寧処《ねいしょ》に遑《いとま》あらず。東は毛人を征すること五十五国、西は衆夷を服すること六十六国、渡りて、海北を平らぐること九十五国……

祖禰については「倭讃」や「倭禰」など、特定人物を指すとする見解もあるが、遣使した先祖の倭王を指すとみた場合、〝みずからの先祖が先頭にたち、甲冑を着て、征服戦争をおこない、輝かしい戦果をあげた。日本列島内の東西の諸国を征服し、海外の九五国を平定した〟というものである。小国が分立しており、国内外の政治が決して安定していなかったことをここに記している。

そして、〝皇帝陛下の支配が広くゆきわたり、領土をひろげることができた。歴代の倭王が宋へ朝貢してきた〟と、宋への貢献をアピールする。つづいて〝臣下を率いて、天下の中心たる皇帝陛下に帰順するため、百済経由で朝貢しようと船の準備をしていた。しかし、無道な高句麗が百済を侵略し、人びとの殺戮をやめないため、朝貢が滞りがちになってしまった〟と朝貢の義務が果たせない弁解として、高句麗の妨害をあげる。

さらに、〝亡き父の済は、高句麗が宋への路を塞いでいることに怒り、出陣しようとしていたが、父と兄が相次いで亡くなり、自分も服喪のため出兵をとりやめた。未だに高句麗に勝利できない〟とつづく。高句麗征討こそ倭王三代の宿願であると述べる。

最後には、〝喪があけたあと、父兄の意志をついで決死の覚悟で高句麗を征討し、皇帝の恩恵に浴して強敵の高句麗を打ち砕き、わが国の困難な状況を克服できた暁には、ひきつづき先代の皇帝に対する貢献を継ぎ、忠誠を尽くしたい〟として、結びの一文にいたる。

ただし、この結びの一文である「竊自仮開府儀同三司、其余咸仮授、以勧忠節」には、諸説がある。武の臣下への官爵への除正を求めたとする説〔坂元 一九七八〕、高句麗征討のための援軍をもとめたとする説〔山尾 一九八三〕もあるが、〝自ら開府儀同三司を名のり、そのほかの官爵（使持節、都督倭・百済・新羅・任那・加羅・秦韓・慕韓七国諸軍事・安東大将軍・倭国王）も全部自ら称して、忠節に励んできた〟とする説〔熊谷 二〇一五〕をここでは採りたい。

結局、順帝は百済軍事への任官は却下し、武に対し使持節、都督倭・新羅・任那・加羅・秦韓・慕韓六国諸軍事・安東大将軍・倭王の官爵を除正したのである。

ところで、当時百済王であった蓋鹵王（余慶）は、北魏の孝文帝に対し延興二年（四七二）に、倭王武と同様の流麗な漢文で書かれた上表文を献上している。

そこで、〝高句麗からの攻撃が三十余年に及び、疲弊したので救援してほしいこと。後宮や厩に男女を差しだすこと。長寿王の暴政を糾弾する一方、宋に通じていること。北魏から百済への使者を殺戮した可能性があり、証拠を出すのでそれを調べてほしいこと〟などを述べている。この要請に対し、孝文帝は使者を厚くもてなしたが、高句麗への出兵はおこなわなかった。

高句麗が朝鮮半島で南下をつづけ、ついに四七五年に漢城百済を滅亡せしめたのは前述のとおりだが、この上表文のとおり、五世紀の倭国が高句麗征討を実際に計画していたかどうかはあやしい。

これまで述べてきたように、ワカタケルが王位を継承するまでのあいだ、朝鮮半島南部での軍事行動は、奈良盆地の有力地域集団やキビ王権が、独自に伽耶諸国や新羅においておこしていたものである。倭国軍と呼べるような組織的な兵力の投入はなく、また戦闘地域も限定的なものであった。高句麗軍と対峙しながら、百済王権および伽耶諸国と連なり、ときには新羅とも連携していたと考えられる。

朝鮮半島南部諸国の共通の敵である高句麗と対峙することによって、倭国内で権力闘争をしていた諸勢力と融和し、その意志を統合しようとしたのが、ワカタケル大王であった。

しかしながら、『日本書紀』は国内の諸勢力がそれぞれ朝鮮半島において独自行動をつづけ、内輪もめが絶えなかったことを記述している。眉輪王《まよわのみこ》や葛城円大臣《つぶらのおおおみ》、吉備上道臣《きびのかみつみちのおみ》田狭《たさ》・弟君《おときみ》の反乱をおさえて、国内統合を順調にすすめたかというと、決してそうは記されていない。

次に、『日本書紀』に書かれた「キ」の王の威勢をみていこう。

## 「キ」の王の威勢

### 紀氏と新羅征討

第六章で前述したように、『日本書紀』雄略天皇七年の条に、吉備上道臣田狭とその子弟君が、朝鮮半島で反乱をおこし、弟君が妻に殺される一方、天皇が大伴氏に詔して、朝鮮半島から連れて帰った手《たな》末《すえ》の才伎《てひと》を東漢氏に命じて、飛鳥に配置したという記事がある。

さらに、同八年の条には身狭村主青《むさのすぐりあお》、檜隈民使博徳《ひのくまのたみのつかいはかとこ》を呉国《くれ》（中国南朝　宋）に派遣したとしたあと、日本および新羅と高句麗の関係についての逸話をのせる。そして、新羅の救援要請に応じ、膳臣斑鳩《かしわでのおみいかるが》、吉備臣小梨《きびのおみおなし》、難波吉士赤目子《なにわのきしあかめこ》を任那に派遣し、高句麗軍を撃退したという。

つづく、同九年三月と夏五月の条にあるのが、新羅征討の記事である。以下がその概略である。

三月、天皇は、みずから新羅征伐をしようとしたが、神が天皇に行ってはならぬと戒めた。そこで、紀小弓宿禰《きのおゆみのすくね》・蘇我韓子宿禰《そがのからこのすくね》・大伴談連《おおとものかたりのむらじ》・小鹿火宿禰《おかひのすくね》に「新羅は代々臣従してきたにもかかわらず、私が王になってからは高句麗の貢を阻止し、百済の城を併呑した。朝貢することもない。おまえ達四人を大将に任命する。攻伐し天罰を与えよ」と詔した。このとき、紀小弓宿禰が大伴室屋大連《むろやのおおむらじ》を通じて「私の妻が亡くなったので、身の回りの世話をする者がいない」と天皇に奏上した。

そこで天皇は、吉備上道采女大海《きびのかみつみちのうねめおおしあま》を紀小弓宿禰に賜り、新羅に遣わされた。紀小弓宿禰らはただちに新羅に入り、先々の郡を撃ち破った。新羅の王は喙《とく》が占領されたことを知って、数百の騎兵とともに乱れ逃げてしまった。紀小弓宿禰らは喙の地で残兵と戦ったが、大伴談連と紀岡前《きのおかざきの》来目連《くめのむらじ》が戦死した。大伴談連の従者である大伴津麻呂《つまろ》があとから軍に入ってきて主人の行方を探し、ある人から敵によって殺されたことを聞き、敵のなかに赴いてそのあとを追った。大将軍紀小弓宿禰は、病気になって薨じた。

夏五月、紀大磐宿禰《きのおおいわのすくね》は、父が薨じたことを聞き、新羅にむかったが、小鹿火宿禰の兵馬・船官・および諸小官を指揮下において勝手にふるまった。小鹿火宿禰が恨んで蘇我韓子に偽って、「大磐宿禰が、韓子宿禰の司っている兵もその指揮下におくと言っているので、固く守りなさい」と告げた。

このとき百済王は、諸将が仲違いをしているのを知って、「国の境をみせたい」と言ったので、三人は轡を並べてかけていったが、韓子宿禰は大磐宿禰が馬に河の水を飲ませているときに矢を射かけ、反対に大磐宿禰によって射殺されてしまった。三人は前から競いあっていたので、道中も乱れ百済王宮に至ることなく帰還した。

采女大海が小弓宿禰の喪によって帰国し、大伴室屋を通じて埋葬場所を求めた。天皇はそれに応じて、「紀小弓宿禰大将軍は四海を平定し、三韓で絶命した。哀悼の意を表し、視葬者《はぶりのつかさ》を充てる。大伴卿と紀卿とは近隣の人で昔から由来があることだ」と述べた。大伴室屋は、土師連《はじのむらじ》小鳥《おとり》に墓を田身《たむ》輪邑《わのむら》（大阪府泉南郡岬町淡輪《たんのわ》）につくらせ、紀小弓宿禰を葬らせた。大海は、大伴室屋に韓奴室《からのやっこむろ》ら六人を送った。吉備上道臣の蚊嶋田邑《かしまだのむら》の家人部《やけひとら》（私有民）がこれである。

なお小鹿火宿禰は紀小弓宿禰の喪に従っていったが、ひとり角国《つののくに》（周防国都濃郡《つの》＝山口県下松市・周南市周辺）に留まった。八咫鏡《やたのかがみ》を大伴室屋に奉り、「紀大磐宿禰と一緒に朝廷にお仕えすることは耐えられません。角国に滞在することをお許しください」と願った。こうして角臣が角国に住むことがはじまった。

（『日本書紀』雄略天皇九年三月、五月条）

長々と引用したが、紀小弓宿禰が新羅征討に大将軍として派遣され軍事行動をおこし、病死したが、天皇がその活躍を認めたという内容となっている。また、その子の大磐宿禰も、軍事権を掌握し、諸氏と対立して百済王の仲裁もむなしく、独断的な行動をおこなったことが記されている。

実際、次項でのべるように、紀ノ川下流部を支配領域とし、河口部の北岸を国際外交上の外港として生産拠点と流通拠点を確保した「キ」の王は、朝鮮半島に雄飛し、淡輪《たんのわ》古墳群に墳墓を造営したことが実証される。また、第六章で述べたとおり、背後にあるキビ王権の存在も見過ごせない。「キ」の王や「かづらぎ」の王が、朝鮮半島で活動するために、瀬戸内海航路の要衝をおさえたキビ王権とつながっていたことも史実である。

「かづらぎ」の王やキビ王権と対立し、その反乱を抑えて大王に即位したのがワカタケルであったが、同様にワカタケル大王にとっては、どのようにこの「キ」の王の力を抑えるかが課題であった。「キ」の王は倭国王と対立し、反乱をおこすことはなかったが、それは、ヤマト王権の王の懐柔策によるものである。まずは、墳墓の造営によって、そのことを確認してみよう。

## 「キ」の王の墳墓

淡輪古墳群には、西陵《さいりょう》古墳（墳丘長約二一〇メートル）、淡輪ニサンザイ古墳（墳丘長約一八〇メートル）という二基の前方後円墳、西小山《にしこやま》古墳（直径約五〇メートル）という造り出し付き円墳がある。いずれも五世紀半ばの築造であり、朝鮮半島に雄飛した「キ」の王とその近親者の墳墓である（図38）。
西小山古墳は埋葬施設が調査され、竪穴石室から鉄刀、鉄鏃、三角板鋲留短甲《さんかくいたびょうどめたんこう》、金銅装眉庇付冑《こんどうそうまびさしつきかぶと》、頸甲《あかべよろい》、肩甲《かたよろい》、挂甲《けいこう》が出土している。金銅装眉庇付冑は、きらびやかな倭の王者や将軍の武装であり、出土例は少ない。前述したように大山古墳や五條猫塚古墳など、朝鮮半島と関連する被葬者像が提起される。また、陶質土器や須恵器が出土しており、これらは加羅国（大伽耶）など伽耶諸国と関連する。

さらに、円筒埴輪は、藤蔓《ふじつる》などを使って輪を作り、それを台にして、その上に粘土を積み上げて埴輪を作るという「輪台《りんだい》技法」と呼ばれる独特の技術で製作されたものである。この「輪台技法」は、朝鮮半島では鍛冶生産をおこなうときに使用する鞴《ふいご》羽口（送風管）の製作技術に採用されており、その技術が日本列島に移植されたものと考えられる〔辻川二〇〇七〕。埴輪は、タタキやカキメなどの須恵器の生産技術も採用しており、同じく須恵器も朝鮮半島から生産技術が移植されたものであることから、「輪台技法」による埴輪生産も、渡来人が関与していると考えられる。「輪台技法」を用いた鞴羽口は、百済・新羅・伽耶諸国の各地域で認められるため、渡来人の出自は特定できない（図39）。

西陵古墳と淡輪ニサンザイ古墳でも同様の「輪台技法」を用いた埴輪が出土している。さらに、淡輪古墳群から南側の山地を越え和歌山市に入ると、紀ノ川北岸部に木ノ本古墳群があり、ここでも「輪台技法」を用いた埴輪が出土している。淡輪古墳群の被葬者が生前に生産活動をおこなっていたのは、紀ノ川北岸部一帯であることがこのことでも証明される。

西陵古墳は、後円部を南西にむけた前方後円墳で、西側くびれ部の前方部よりに造り出しをもつ。三段築成の墳丘で、かつては後円部墳頂部には、長持形石棺の蓋石が露出していた。「輪台技法」の円筒埴輪のほか、蓋《きぬがさ》形・盾形・短甲形・家形埴輪が採集されている。

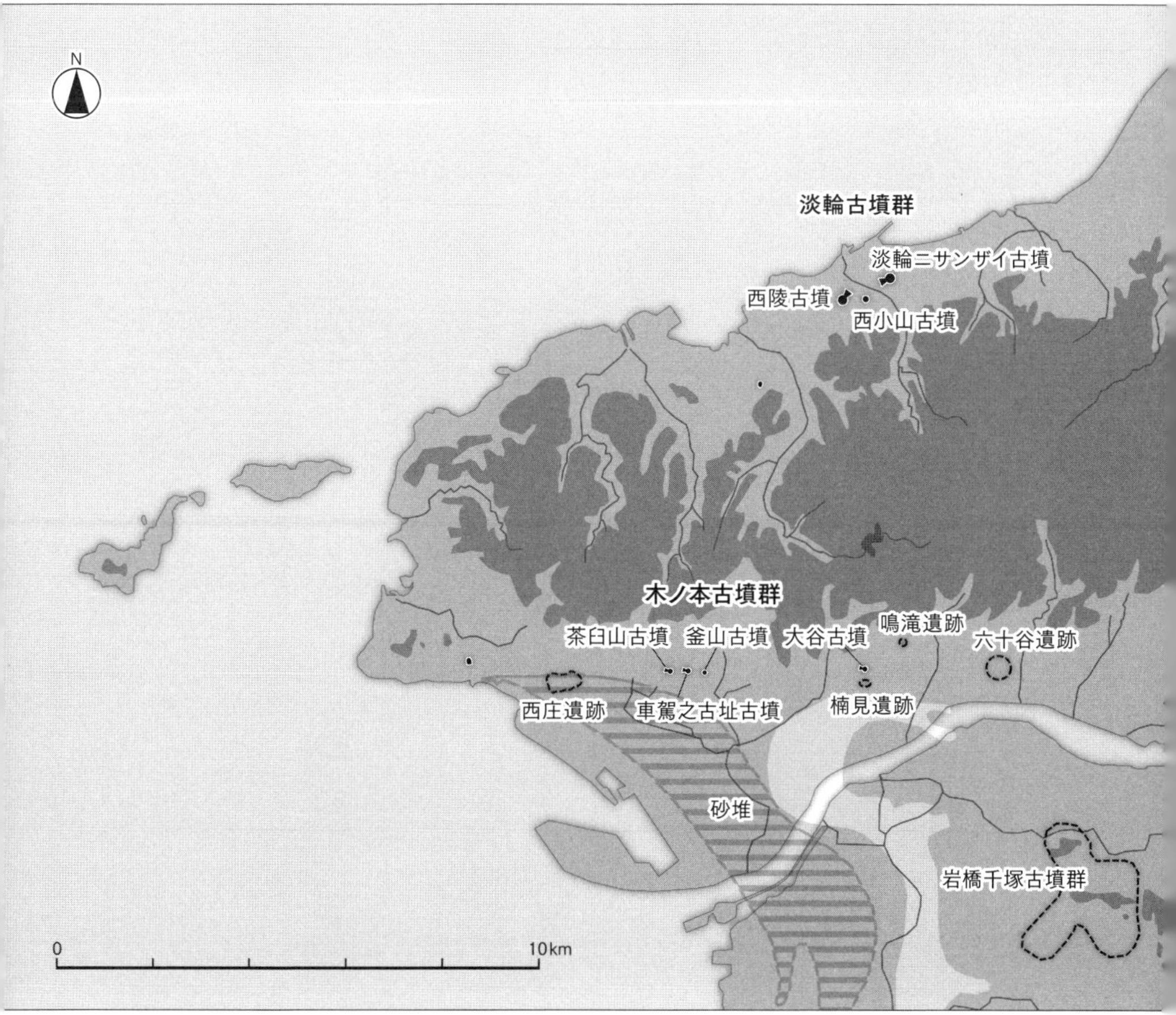
N
淡輪古墳群
淡輪ニサンザイ古墳
西陵古墳
西小山古墳
木ノ本古墳群
茶臼山古墳
釜山古墳
大谷古墳
鳴滝遺跡
六十谷遺跡
西庄遺跡
車駕之古址古墳
楠見遺跡
砂堆
岩橋千塚古墳群
0
10km

図38 「キ」の古墳と遺跡

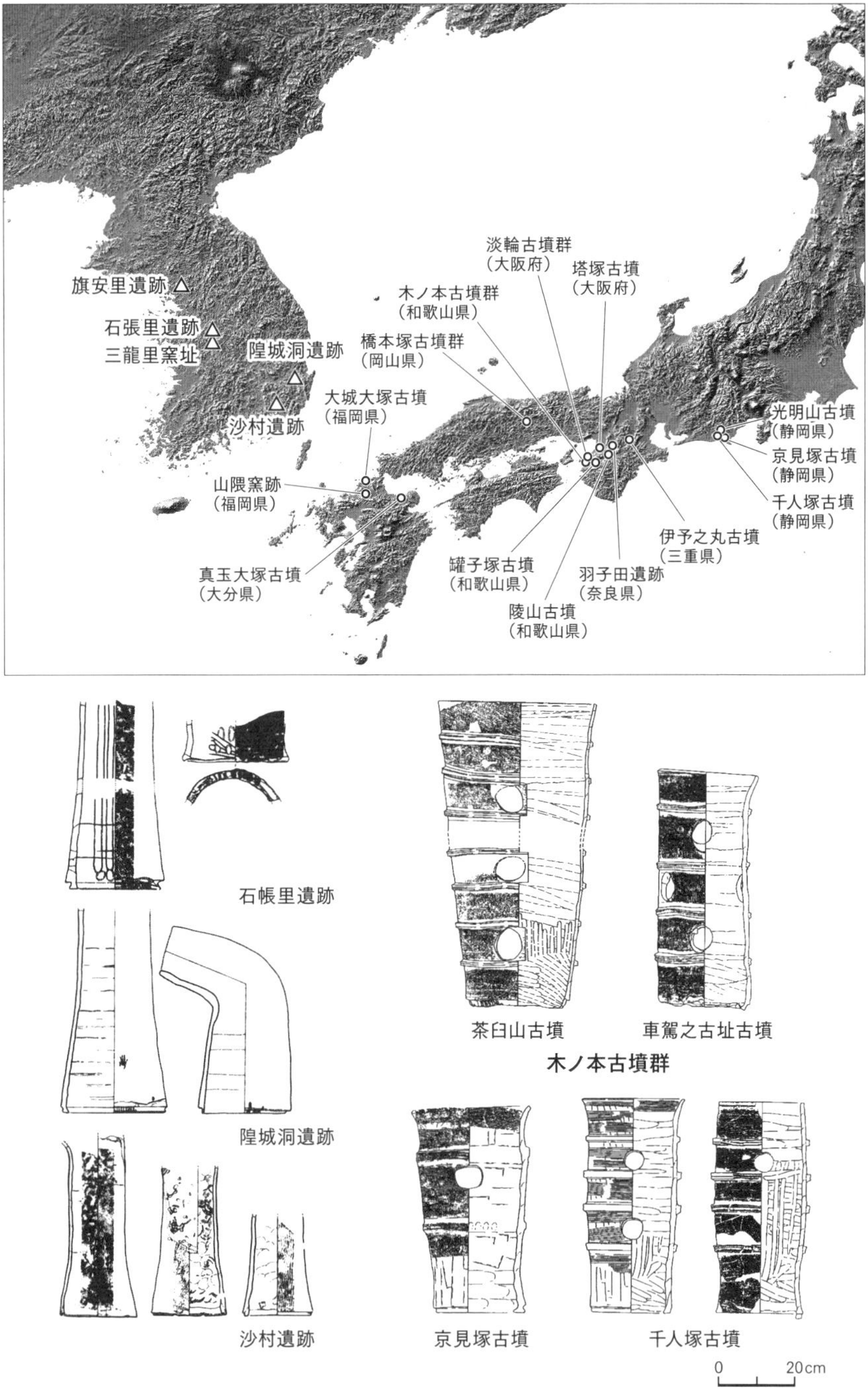


図39　朝鮮半島の「輪台技法」と「輪台技法」を使った日本の埴輪

また、淡輪ニサンザイ古墳は、西陵古墳とは逆の後円部を北東にむけた前方後円墳で、くびれ部前方部よりの両側に造り出しをもつ。宮内庁陵墓調査室の調査で、「輪台技法」の埴輪とともに通常の底部をもつ埴輪も一定量確認されている。また、造り出しが墳丘の壇に取り付く形態ではなく、あたかも方墳の墳丘のように墳丘側にむけて斜面となっていて、そこに葺き石が施されるという特異な形態となっている〔宮内庁書陵部陵墓調査室 二〇一六〕。

木ノ本古墳群は、車駕之古址古墳《しゃがのこし》（墳丘長八六メートル）、茶臼山古墳（墳丘長四五～五〇メートル）の二基の前方後円墳と釜山古墳《かまやま》（直径四〇メートルの円墳）で構成される。車駕之古址古墳では、墳丘から新羅王陵などで認められる金製勾玉が出土した（**図40**）。後円部を東にむけた前方後円墳で、南側のくびれ部の前方部よりに造り出しをもち、墳丘周囲に盾形周濠をめぐらす。「キ」最大の前方後円墳である。

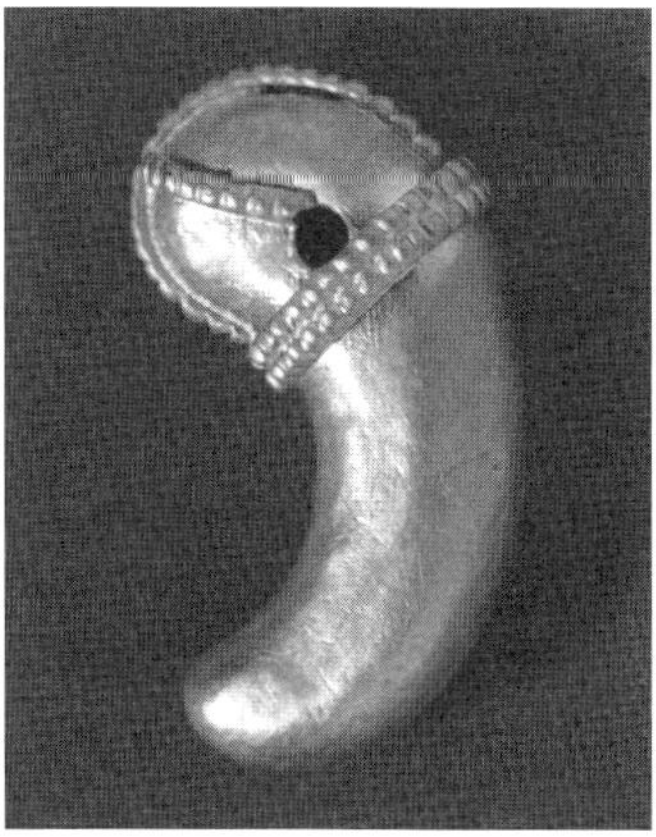

**図40　車駕之古址古墳の金製勾玉**〈長さ 18 mm〉

これらの古墳で出土した埴輪と、古市古墳群や百舌鳥古墳群の埴輪を比較すると、鰭付《ひれつき》埴輪や凸帯の間隔などから、西陵古墳がややさかのぼり、大山古墳と同時期（三―二期）、ほかは、土師《はぜ》ニサンザイ古墳・市野山古墳・佐紀ヒシャゲ古墳と同時期（三―三期）に位置づけられる。つまり、これらは先に讃・珍・済・興の墳墓と想定したものであり、淡輪古墳群の二基の前方後円墳の墳丘の規模は、それに匹敵する。「キ」の王が倭国の王に比肩する実力を有していたことが知れるであろう。淡輪古墳群や木ノ本古墳群の被葬者は、珍が平西将軍に除正をもとめた倭隋ら一三人、あるいは済が軍・郡に除正をもとめた二三人のうちのいずれかに比定される。

また、『日本書紀』の記述では、紀小弓宿禰が、ワカタケル大王の時代の雄略天皇九年（四六五）に葬られたとされており、その年代観からすれば、淡輪ニサンザイ古墳の被葬者としてこの人物を掲げることができる。

いずれにせよ、外港をおさえて朝鮮半島に雄飛した「キ」の王は、淡輪古墳群で大型前方後円墳の造営をおこなったのである。倭国王が埋葬地を与えたというその内容からすれば、大型前方後円墳の造営は、絶大な実力を有した「キ」の王への懐柔策であったと考えられる。

### 大谷古墳とその被葬者

そして、紀ノ川北岸部で、淡輪古墳群や木ノ本古墳群の系譜をひく王が最終的に築造したのが大谷古墳である。ワカタケル大王の時代と同時期もしくは、その直後の築造と推定される。

木ノ本古墳群からは東に三・八キロ、和歌山市大谷に所在する墳丘長七〇メートルの前方後円墳である。昭和二十七年（一九五二）に、後円部の墳頂部において地元中学生と中学教員が石棺や遺物を掘り出した。その後、昭和三十二年（一九五七）に和歌山市教育委員会が京都大学に依頼して発掘調査が実施された。組み合わせ式石棺の内外から衝角付冑、横矧板鋲留短甲、挂甲、刀、剣、鉾、鏃、胡籙《ころく》などの武器・武具類、U字形鍬先、鎌、手斧《ちょうな》、鉇《やりがんな》、刀子《とうす》、鑿《のみ》などの鉄製ミニチュア農工具類、ガラス勾玉、碧玉管玉、滑石臼玉、金製垂飾付《すいしょくつき》耳飾り、四葉形飾金具、金銅製帯金具、素文鏡《そもんきょう》などの装身具類、鞍、壺鐙《つぼあぶみ》、f字形鏡板付轡《かがみいたつきくつわ》、鈴付杏葉《ぎょうよう》、龍文透彫《りゅうもんすかしぼり》雲珠《うず》などの馬具類に加え、馬冑《ばちゅう》・馬甲《ばこう》が出土している〔樋口ほか一九八五〕。馬冑・馬甲は、朝鮮半島では、慶州《キョンジュ》のチョクセム地区新羅《シルラ》古墳C一〇号、皇南洞《ファンナムドン》古墳群、舎羅里《サラリ》六五号墳など、釜山の福泉洞《ポクチョンドン》古墳群、連山洞《ヨンサンドン》古墳群など、金海《キメ》の大成洞《テソンドン》古墳群、杜谷《ツゴク》古墳群など、陜川《ハプチョン》の玉田《オクチョン》古墳群、末伊山《マリサン》古墳群など、新羅や伽耶諸国に類例がみられるが、日本列島での馬冑の例は、本例と埼玉県の将軍山古墳、福岡県の船原《ふなばる》古墳の三例をあげるのみで、大変珍しいものである（図41）。

埴輪には、「輪台技法」を用いたものはないが、馬冑、馬甲のほか垂飾付耳飾、四葉形飾金具、金銅製帯金具、胡籙金具、龍文透彫雲珠は、朝鮮半島との直接的な関係をうかがわせる遺物である。また、鉄製ミニチュア農工具は、前述したように、朝鮮半島からの渡来工人の存在を知らしめる遺物である。

朴天秀氏は、大谷古墳の被葬者と大伽耶（加羅国）との関係を強調している。また、ワカタケル大王の銘文をもつ鉄剣や鉄刀が出土した埼玉県の埼玉稲荷山《さきたまいなりやま》古墳、熊本県の江田船山《えたふなやま》古墳にも大伽耶系の垂飾付耳飾があるとして、伽耶諸国の盟主として大伽耶が、同時期における倭との交渉の主体であるとした。さらに、大伽耶が、新羅や高句麗と対峙するため、北陸地方の豪族などに大伽耶系の冠などを出兵の見返りとして与えたとしている〔朴天秀 二〇〇七〕。

一一二ページで述べたとおり、加羅国の荷知《かち》王が南斉

**図41　大谷古墳の馬冑**〈長さ 48.5 cm〉

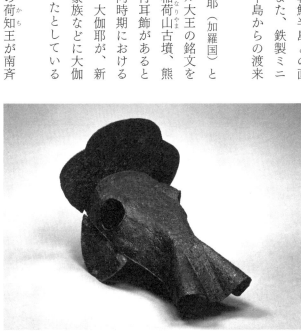

へ朝貢し、南斉の高帝から輔国将軍・加羅国王に除正されたのが建元元年（四七九）である。ワカタケル大王と同時代に活動した大谷古墳の被葬者が、加羅国王の出兵の要請に応じて、直接こうした装身具や武器などを入手するとともに生産技術者集団をも獲得したと考えることも、あながち的はずれではないであろう。

その意味では、『日本書紀』に記されている、朝鮮半島で独断的な軍事行動をしたという紀大磐宿禰が、大谷古墳の被葬者として年代的にも整合するのである。

## 「キ」の王の生産拠点・流通拠点

紀ノ川北岸部一帯は、倭の五王の時代の「輪台技法」を用いた埴輪の生産地であるとともに、農業生産、手工業生産などの生産拠点として機能していた。それは、難波と同じように瀬戸内海交通を通じ、大陸や朝鮮半島からの物資や人を受け入れる外港としての性格をもっていたからである。そして、紀ノ川を通じ、五條、御所を経て奈良盆地にそのルートはつながっていた。

「キ」の王は、ヤマト王権の王、「かづらぎ」の王、キビ王権の王の四者とつながりながら流通拠点と独自の支配領域を確保し、麾下に独自の土器製塩や窯業生産などの生産拠点を確保していたことが、この地域の遺跡の状況から鮮明である。

まずは、流通拠点である。大谷古墳の東北八〇〇メートルほどにある和歌山市善明寺の鳴滝《なるたき》遺跡で、一辺七～一〇メートル、床面積五〇～八〇平方メートルの大規模な総柱の掘立柱建物が七棟、軒を並べて整然と立ち並んで検出された（図42）。出土遺物の大半は、酒や水を貯蔵したと考えられる初期須恵器の大甕であった。加羅国など朝鮮半島や、キビ王権、「かづらぎ」の王、ヤマト王権の王及び「キ」の王にかかわる物資をここで陸揚げし、一時的にここで滞留させた大規模倉庫群である。流通の中間に介在することにより、「キ」の王はその支配領域のなかで、流通の中間で搾取をおこなって、その権力を行使したと推定される。

「キ」の王の生産拠点としては、木ノ本古墳群の西三〇〇メートルほど、かつての沿岸部には、西庄《にしのしょう》遺跡がある。かつての紀ノ川は、河口部で南へ大きく蛇行しラグーンが形成されており、その砂堆上に遺跡は立地していた。砂堆には海水が混じっており、農業生産には不適当であり、製塩、漁業と武器生産に特化した集落が形成された。石敷製塩炉が一五基検出され、多量の製塩土器や漁具と鹿角製刀装具が出土した。

また、紀ノ川北岸部では、鳴滝遺跡で検出された大甕をはじめ、ごく初期の須恵

図42　鳴滝遺跡の大規模倉庫群

器が多量に出土する。また、楠見《くすみ》遺跡・六十谷《むそた》遺跡などで特徴ある土器が出土しており、「楠見式土器」とよばれ、これが朝鮮半島の陶質土器か、日本列島で生産された初期須恵器かの議論を呼んでいる（図43）。

**図43　楠見式土器　器台**〈高さ 42 cm〉

須恵器生産は、高温で焼成するための窖窯《あながま》を必要とする。紀ノ川北岸部では窯跡が発見されていないため、この議論の結論は出ていないが、加羅国との関係のなかで、渡来系工人が須恵器生産をおこなっていたことはほぼ確実であろう。

「キ」の王は、製塩・漁業、こうした特徴ある土器の生産などを管掌することによって、その実力を確保したものと考えられる。

## ワカタケル大王の権勢

### ワカタケル大王の外交

ワカタケル大王は、この「キ」の王の実力をおそれながら、危ない均衡を保っていたのである。「かづらぎ」の王とキビ王権の王をおさえ、「キ」の王と均衡を保ち、宋に遣使したワカタケルは、海を渡って海外の九五カ国を征圧したと中国皇帝に上表したのである。

これまで述べてきたとおり、「かづらぎ」の王、キビ王権、「キ」の王および北陸地域や関東地方、九州地方など各地域の首長が、さまざまな思惑で伽耶諸国を中心におこなっていた活動を共通の敵国である高句麗と対峙するという点において、ワカタケル大王はこれらの諸勢力を一定程度は掌握したものと考えられる。前述のとおり、各地域での交渉や戦闘の結果、伽耶諸国や栄山江流域を中心とした地域から渡ってきた渡来系技術者集団を獲得したのである。一五三ページで述べた、『日本書紀』雄略天皇七年条のワカタケル大王がこうした渡来系集団を掌握して、飛鳥に居住させたという記事もこれにかかわるものである。

それでは、ワカタケル大王が日本列島各地の王や首長に対し、どのような形でその影響力を及ぼしたのであろうか。次にワカタケル大王の名を記した埼玉稲荷山古墳の鉄剣と江田船山古墳の鉄刀の銘文の内容をみておこう。

### 「杖刀人の首」と埼玉稲荷山古墳の被葬者

まず、埼玉稲荷山古墳の金錯銘鉄剣の銘文である（図44）。

（表）辛亥の年七月中、記す。ヲワケの臣。上祖、名はオオホヒコ。其の児、（名は）タカリのスクネ。其の児、名はテヨカリワケ。其の児、名はタカヒ（ハ）シワケ。其の児、名はタサキワケ。其の児、名はハテヒ。

（裏）其の児、名はカサヒ（ハ）ヨ。其の児、名はヲワケの臣。世々、杖刀人の首と為り、奉事し来り今に至る。ワカタケ（キ）ル（ロ）の大王の寺、シキの宮に在る時、吾、天下を左治し、此の百練の利刀を作らしめ、吾が奉事の根原を記す也。

（釈文は、岸・田中・狩野一九七九による）

ヲワケの臣の祖先であるオホヒコから八代の系譜と、それぞれが代々「杖刀人《じょうとうじん》の首《おびと》」として仕えたこと、ワカタケル大王の寺（役所、朝廷の意味）がシキの宮にあるとき、ヲワケの臣が天下を治めるのを助けて、百練の利刀をつくって、大王に仕えた由来を記したのだとする。

オホヒコは、『日本書紀』で、夷賊を平定するため崇神天皇に任命された四道将軍のうちの一人として、北陸地方に派遣されたと記述されている大彦命《おおひこのみこと》にあたるとされる。ヤマト王権における伝説的な英雄の一人であり、ワカタケル大王の時代にあってもこの人物の武勇伝が語り継がれていたのだろう。

実際の事実はどうであれ、ヲワケの臣は自分の祖先をこの大彦命に結びつけ、そののちの系譜を連ねることによって、杖刀人の首としてワカタケル大王を補佐するという、現在のヲワケの臣の立場を明示したのである。ヲワケの臣はこの鉄刀を盾に取り、文字どおり武人集団の長として権勢をふるったと考えられる。

ただし、この鉄刀が出土した埼玉稲荷山古墳の礫槨《れきかく》の被葬者が、すなわちヲワケの臣であったかどうかについては議論がある。近畿地方出身のヲワケの臣が、埼玉稲荷山古墳の被葬者にこれを与え、その権威を背景に埼玉稲荷山古墳の被葬者が、地元でその権力を行使したとする異説がある。

埼玉稲荷山古墳は、埼玉県行田《ぎょうだ》市の埼玉古墳群の北端部にある墳丘長一二〇メートルの前方後円墳で、後円部には礫槨と粘土槨という二基の埋葬施設があり、さらにもう一基埋葬施設があるとされている。主要な埋葬施設の一つである礫槨からは、この鉄剣のほか、画文帯環状乳神獣鏡《がもんたいかんじょうにゅうしんじゅうきょう》、翡翠勾玉《ひすいまがたま》、銀環、金銅製龍文透彫帯金具などの装身具、刀剣、鉾鉾、鉄鏃、挂甲などの武器・武具類、鞍金具、壺鐙、f

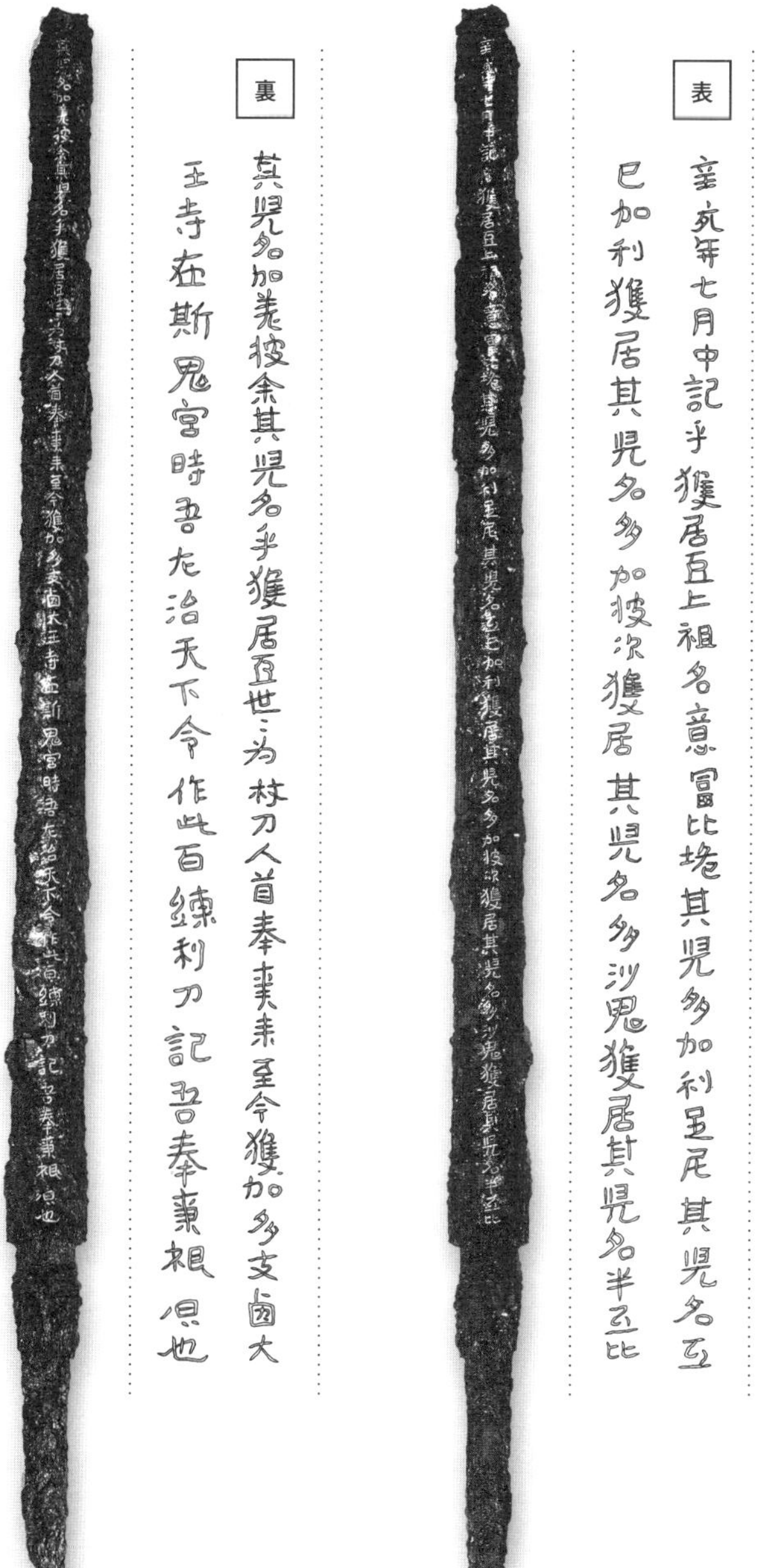
表
辛亥年七月中記乎獲居臣上祖名意富比垝其児多加利足尼其児名弖
已加利獲居其児名多加披次獲居 其児名多沙鬼獲居其児名半弖比
裏
其児名加差披余其児名乎獲居臣世々為杖刀人首奉事来至今獲加多支鹵大
王寺在斯鬼宮時吾左治天下令作此百練利刀記吾奉事根原也

**図44　埼玉稲荷山古墳の金錯銘鉄剣**〈長さ 73.5 cm〉**と銘文**

字形鏡板付轡、辻金具、鈴付杏葉などの馬具類、斧、鉗《かなはし》、鑷子《せっし》（ピンセット）、鉇、刀子などの鉄製工具類、銅環鈴や砥石が出土している。武人的性格のみならず、朝鮮半島との対外交渉を担った人物像もそこから読み取ることができる。すなわち、鉄鉾、金銅製龍文透彫帯金具、銅環鈴などは朝鮮半島の新羅や加羅国などとの交渉によって入手したものである。

同じ、埼玉古墳群の前方後円墳である将軍山古墳（墳丘長九〇メートル）では馬冑、馬の鞍にとりつけた旗指物《はたさしもの》を挿入するための蛇行状《だこうじょう》鉄器、銅椀などが出土していることや、中の山古墳（墳丘長七九メートル）では、栄山江《ヨンサンガン》流域で出土している底部有孔壺系の埴輪が逆輸入され、墳丘に樹立されていることを考えあわせると、歴代の首長が、朝鮮半島各地との交渉をもっていたことがわかる。

むろん、直接的な交渉ばかりではなく、そこに倭国王が介在していた。私は、稲荷山古墳の被葬者は、やはりヲワケの臣その人であり、杖刀人の首として武人の権威をふりかざす一方、ワカタケル大王と協調しながら、国際交渉にも従事していた地元の首長であったと考える。

### 「典曹に奉事せし人」と江田船山古墳の鉄刀

江田船山古墳の鉄刀銘文の内容は次のとおりである（図45）。

天の下治らしめし獲□□□鹵大王の世、典曹に奉事せし人、名は无利弖《むりて》、八月中、大鉄釜を用い、四尺の廷刀を幷わす。八十たび練り、九十たび振つ。三寸上好の刊刀なり。此の刀を服する者は、長寿にして子孫洋々、□恩を得る也。其の統ぶる所を失わず。刀を作る者、名は伊太和、書するのは張安也。

（釈文は東野 一九九三による）

冒頭の「天の下治らしめし」は、中国では、「皇帝」の名称が成立する以前の「王」に対して、「国を治める」という意味で冠されたものである。この銘文は、こうした中国の思想にのっとって、中国人の張安が記したものであり、「中国の皇帝の徳下が天下に及ぶ」「ワ（カタケ）ル大王が統治した世」という意味となる。この「天の下治らしめし」は、大宝律令で「御宇日本天皇」が規定されるまでのあいだ、倭国の大王が冠した称号である。

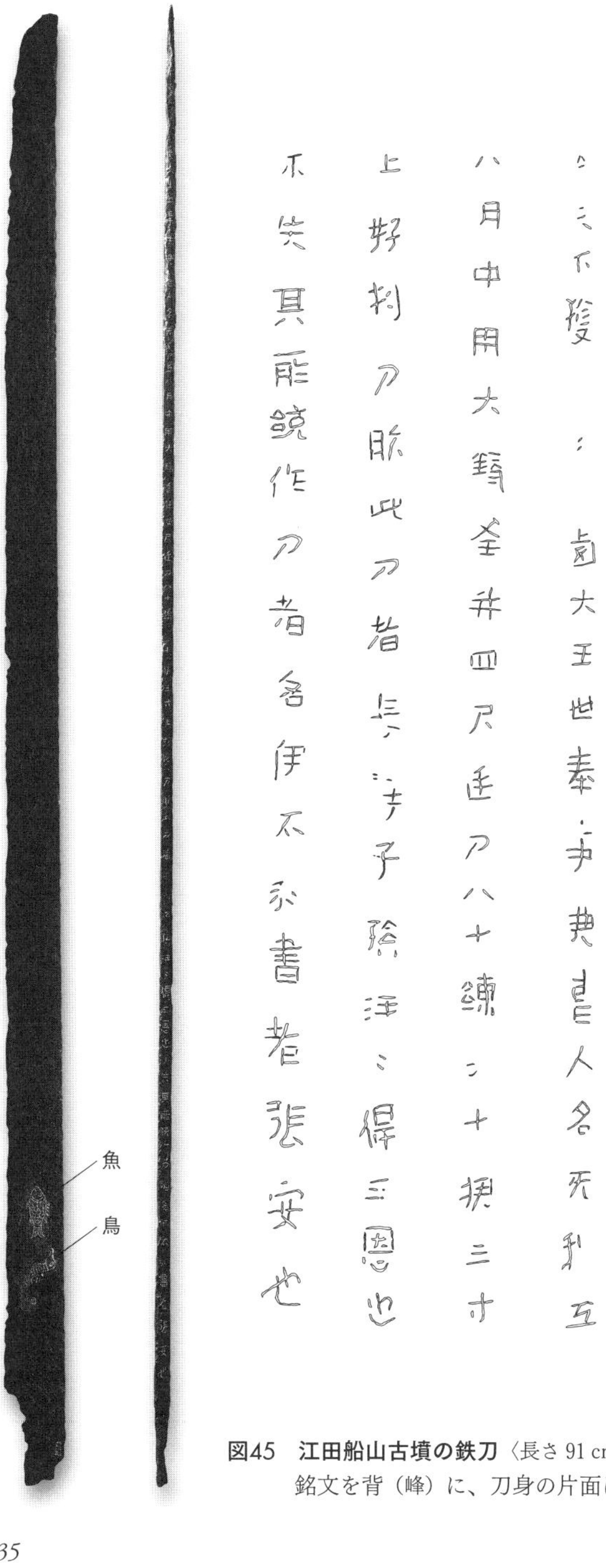


**図45　江田船山古墳の鉄刀**〈長さ 91 cm〉**と銘文**
銘文を背（峰）に、刀身の片面に魚と鳥、片面に馬と花を刻む。

また、「典曹に奉事せし人」は、埼玉稲荷山古墳の「杖刀人」と対にして「奉事せし典曹人」と読む案もあるが、最後の文とあわせ、「以前、典曹として仕えたムリテがこの刀をつくらせた」と解釈される。そのあとは、「八月中に大鉄釜を用いて、長さ四尺（約一メートル）の刀を、鉄を混ぜあわせ作る。八十たび練り、九十たび打ち、『三寸上好（三材をほどよく使った）』刊刀である。佩刀する者は子孫揚々、□恩をうける。その治める地域（地位）を失わない」と刀の効能を述べ、「刀の製作者の名は、イタワ、銘文を書いたのが張安である」と締めくくる〔東野 一九九三〕。

典曹を「文書を扱う役人」と読めば、埼玉稲荷山古墳の被葬者が、ヲワケであるのと同様に、ワカタケル大王のもとで文官的な役割を担ったムリテが、江田船山古墳の被葬者とみることができる。

### 江田船山古墳の被葬者像

江田船山古墳は、熊本県玉名郡和水《なごみ》町に所在する墳丘長六二メートルの前方後円墳で、後円部の横口式家形石棺を埋葬施設とする。明治六年（一八七三）、副葬品が掘り出され、最終的に東京国立博物館の所蔵となった〔東京国立博物館 一九九三〕。

豊富な副葬品のうち、海外交渉にかかわる遺物をあげると、まず銅鏡がある。

神人車馬画象鏡、画文帯同向式《どうこうしき》神獣鏡、画文帯環状乳神獣鏡、画文帯対置式《たいちしき》神獣鏡、獣帯鏡は、上述した埼玉稲荷山古墳の画文帯環状乳神獣鏡とともに「同型鏡群」と呼ばれる鏡である。

「同型鏡」というのは、原鏡をまずつくり、それを真土《まね》におしあてて複製したものである。「同笵鏡」というのは、堅牢な笵型に鏡の文様を彫り込んで複製したものである。日本列島の古墳から出土する銅鏡が、どちらの方法でつくられたかはわかっていないが、こうしてつくられたまったく同じ文様をもつ鏡が、近畿地方を中心に日本列島各地に分布している。古墳時代前期を中心に、三角縁神獣鏡の「同笵（型）鏡」が出土しており、ヤマト王権との関係を示すものと考えられる。

古墳時代中期には、さまざまな種類の鏡の「同笵（型）鏡」が出土しており、倭の五王が宋に遣使したときに、授与されたものだという説がある。しかし、三角縁神獣鏡と同じように、これらの鏡がどこで生産されたかがわかっていない。中国では、漢代には盛んにさまざまな種類の鏡が生産されたことは明らかだが、魏晋・南北朝時代に新しいデザインの鏡はほとんど生産されていない。三角縁神獣鏡とちがうのは、これらの「同型鏡」と同じものが、中国の漢代を中心に生産されていることである。そのため、古い時代の中国鏡を直接的に真土におしあてるという「踏み返し」の技術で、五世紀代では鏡生産が盛んでなかった南朝（宋）において、リバイバル生産したものだと考えられている〔川西二〇〇四〕。さらに、これらは倭に向けて特別にあつらえた「特鋳鏡」として製作したものだという見方もある〔辻田二〇一九〕。

ただし、外区と呼ばれる外側を大きく拡大した鏡がみられることや、製作技術の観点などから、その一部が日本列島産であるという見解もある。「同型鏡群」を倭の五王が宋から授与されたものとみた場合、これらの銅鏡は、ワカタケル大王から江田船山古墳の被葬者へ下賜したものということになる。

一方、江田船山古墳から出土した金製長鎖三連式《ちょうささんれんしき》耳飾、金製心葉形垂飾付耳飾り、金銅龍文透彫冠帽、金銅亀甲文冠帯金具、金銅飾履《しょくり》、金銅帯金具などの装身具類、鉄鉾などの武器・武具類、銅鐶鈴、陶質土器蓋などは、百済および加羅国を中心とした伽耶諸国にかかわる副葬品である。これらが、ワカタケル大王経由で授与されたものか、これらの諸国との直接交渉や対外交渉を経て入手したものかについては、見解が分かれるところだが、私は後者の立場である。

ムリテは、海外に雄飛し、国際外交を積極的に展開しながら、ワカタケル大王のもとでも文人として従事し、地元で権勢をふるった首長であった。

## ワカタケル大王の政治拠点と墳墓

### 脇本遺跡と泊瀬朝倉宮

二一〇ページで述べたとおり、雄略天皇が即位したのは泊瀬朝倉宮であり、それと伝承されてきたのが奈良県の脇本遺跡である。これまでの調査で五世紀後半代の大型建物、竪穴住居、石垣、溝などの遺構が確認され、この遺跡がワカタケル大王の政治拠点であることが確定した。

脇本遺跡は、桜井市脇本に所在する。遺跡のある初瀬谷《はせだに》は、大和川本流である初瀬川《はせがわ》の水源地であり狭隘部に、大和から伊勢方面にむかう街道が走る交通の要衝の地である（図46）。

脇本遺跡の本格的な調査の端緒は、昭和五十六年（一九八一）、桜井市教育委員会による朝倉小学校の体育館の建設にともなう調査である。六世紀代の延長三五メートル以上の石溝が検出された。その後、桜井市長を会長とする「磯城《しき》・磐余《いわれ》の諸宮《しょぐう》調査会」がたちあげられ、脇本遺跡の調査がおこなわれた。

昭和五十九年（一九八四）〜平成元年（一九八九）のあいだに、小学校の西側、春日神社の南側のあたりで五世紀後半代に、大規模な造成がおこなわれていることが確認されたほか、北からやや東に振れる方位をとる大型建物などの遺構を検出した〔磯城・磐余の諸宮調査会 二〇一九〕。さらに、その後国道一六五号線の拡幅にともなう発掘調査がおこなわれ、五世紀後半代の遺構としては、大型建物、石垣、溝、竪穴住居などが検出された〔奈良県立橿原考古学研究所 二〇一一、二〇一四、二〇一五〕。

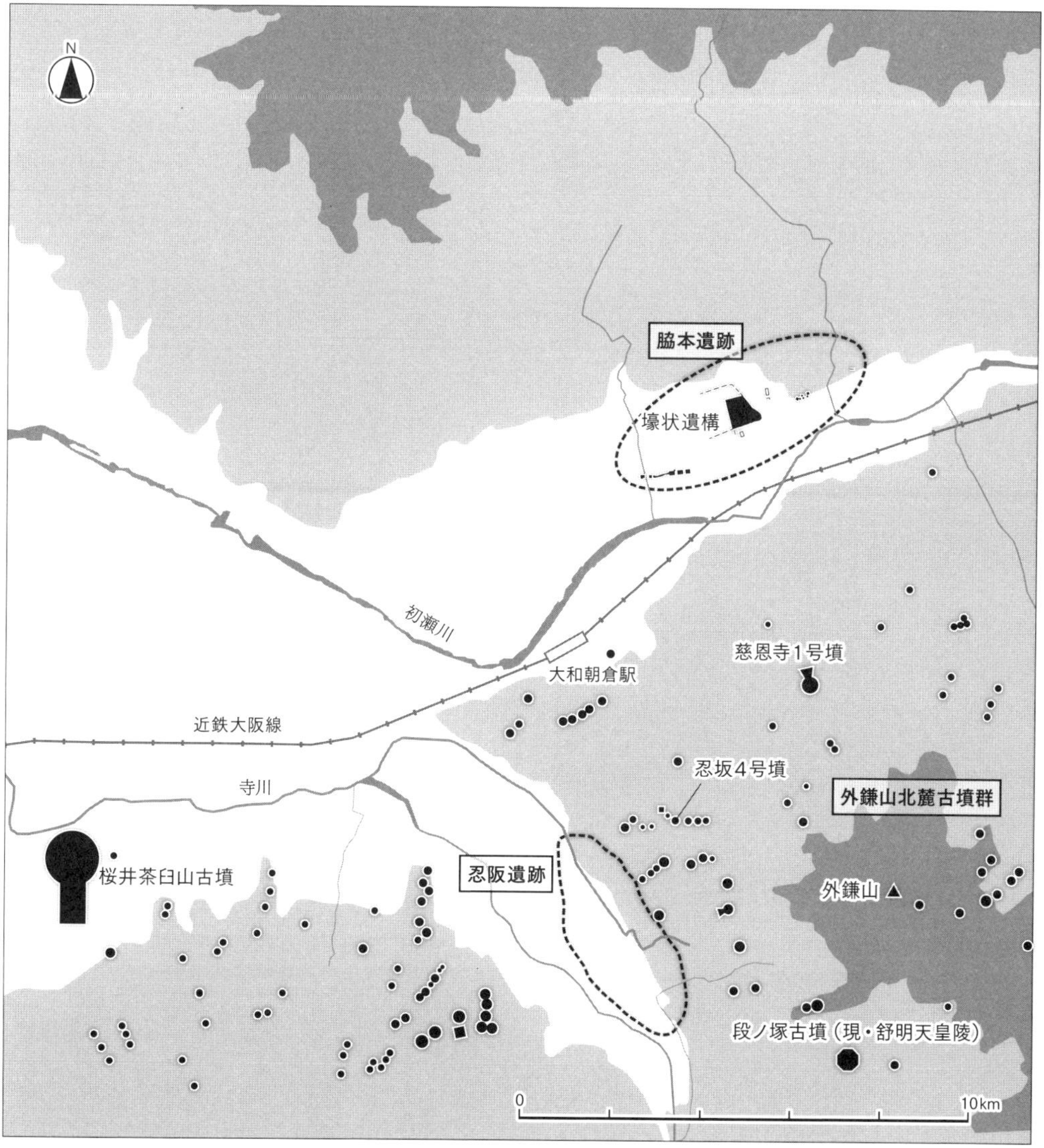


図46　脇本遺跡とその周辺

大型建物や石垣などがどのように配置されていたかが不明瞭で散在的であって、濠や塀などの区画施設が不明確なものの、大型建物、石垣などの遺構を中心に遺跡の範囲は、東西五〇〇メートル、南北一〇〇メートルの広い範囲に及ぶ。ワカタケル大王がここで王位を継承し、はじめての大王として政治をおこなったことは確かな史実である。

## ワカタケル大王の墳墓

『日本書紀』の雄略天皇二十三年の遺言は、一五五ページで記述したとおりである。そして、星川皇子の反乱ののち、清寧天皇元年冬十月条に〃大泊瀬（雄略）天皇を丹比高鷲原陵《たじひのたかわしのはら》に葬った。この時に隼人は昼夜、陵のほとりで大声で悲しみ叫び、食物を与えたけれども食べなかった。七日たって死んで、墓を陵の北につくり儀礼にしたがって葬った。この年が太歳庚申である〃とある。

一方、『古事記』では百二十四歳（己巳年）で崩御し、御陵は河内の多治比の高鸇《たかわし》とする。

ちなみに、雄略天皇の即位年などから、『日本書紀』の庚申は四八〇年、『古事記』の己巳は四八九年にそれぞれあたり、両者の没年には一〇年の開きがある。ワカタケル大王の実在性は疑うべくもないが、生没年や実際に王位にあった正確な期間など、まだまだわからないことが多い。

ワカタケル大王の墳墓については、現在宮内庁が雄略天皇陵に治定する高鷲《たかわし》（島泉《しまいずみ》）丸山古墳説（直径七〇メートルの円墳）〔菱田 二〇〇七、森浩一 二〇一〇〕、古市古墳群内にある岡ミサンザイ古墳説（墳丘長二四二メートルの前方後円墳）〔岸本 二〇二〇〕、古市古墳群と百舌鳥古墳群の中間にある河内大塚山《かわちおおつかやま》古墳説（墳丘長三三五メートルの前方後円墳）〔一瀬 二〇一六〕、百舌鳥古墳群内の土師ニサンザイ古墳説（墳丘長二九〇メートル）〔石部 一九八一、東 二〇〇二〕などがある。

現存地名を重視するなら高鷲丸山古墳である。しかし、ワカタケル大王墓として古墳の規模や墳形がそれにふさわしいかどうか、議論があるところである。規模、墳形、位置からみれば河内大塚山古墳がそれにふさわしいが、ワカタケル大王の時代より築造年代が降るとされている。墳形、規模、築造年代においてもっとも整合するのが、岡ミサンザイ古墳である。父の倭国王済の埋葬地も、古市古墳群であると推定したところであるので、私は岡ミサンザイ古墳がワカタケル大王墓であると考える。古市古墳群では、岡ミサンザイ古墳ののちは、墳丘長二〇〇メートルを超える大型前方後円墳の築造はない。しかし、墳丘長一〇〇メートル以上の前方後円墳である野中《のなか》ボケ山古墳（墳丘長一七五メートル）、白髪山《しらがやま》古墳（墳丘長一〇五メートル）、高屋城山《たかやしろやま》（築山《つきやま》）古墳（墳丘長一二二メートル）が築造されている。

これらの古墳と大王とのかかわりについては、次章で述べることとしよう。

# 第九章

# オオド王（継体大王）と武寧王

# 清寧・顕宗・仁賢・武烈天皇は実在したか

## 『日本書紀』の記述

前章で述べたワカタケル大王と本章の主題となるオオド王は、実在を疑う余地はない。しかし、そのあいだにどのような人物が倭国王であったか、史実はさだかではない。まずは、『日本書紀』の清寧天皇から武烈天皇まで四代の記載内容をみていこう。

雄略天皇の遺詔や、それにつづく星川皇子の反乱については、第六章で述べたとおりである。

雄略天皇と葛城韓媛のあいだにうまれた白髪皇子《しらかのみこ》（清寧）が即位したのは、磐余《いわれ》の甕栗宮《みかくりのみや》である。そして、『日本書紀』清寧天皇五年条には〝春正月に、天皇は宮でお崩《かく》れになった。時に御年は若干であった〟〝冬十一月に河内坂門原陵《かわちのさかとのはらのみささぎ》に葬られた〟とある。清寧天皇に後嗣はいなかった。この天皇については生没年、事績などについての詳細な記述はない。

このとき、雄略天皇により誅殺された市辺押磐皇子《いちのべのおしいわのみこ》（父は履中天皇、母は黒媛）の子である億計《おけ》・弘《を》計《け》王が清寧天皇の後継者として浮上する。億計・弘計の二王は、播磨に逃れ、牛馬の世話をする身分となって身を隠していたが、伊予来目部小楯《いよのくめべのおだて》によって、赤石郡縮見《あかしぐんしじみ》（兵庫県三木市志染町周辺）の屯倉首《みやけのおびと》である忍海部造《おしぬみべのみやつこ》細目《ほそめ》の新築祝いの宴において、みつけだされた（『日本書紀』清寧天皇二年冬十一月条、顕宗天皇即位前紀）。

そして、この億計・弘計王が皇位を譲りあっているあいだに、飯豊皇女《いいどよのひめみこ》が忍海角刺宮《おしぬみのつのさしのみや》でまつりごとをおこなった。この飯豊皇女が亡くなって、葛城埴口丘陵《かづらぎのはにくちのおかのみささぎ》に葬られる（『日本書紀』顕宗天皇即位前紀）。この劇的なストーリーからみて、億計・弘計の二兄弟の実在性については、古くから疑問が呈されている。また、飯豊皇女についても、同じくその実在性が疑われているが、「かづらぎ」の忍海地域の遺跡・古墳のうえで、その実態をともなっている点については、第五章で述べたとおりである。ただし、その系譜は混乱している（図20参照）。「かづらぎ」の忍海の遺跡・古墳に対し、人物を後付けしたゆえの混乱であるといっていい。

この兄弟のうち、先に弟の弘計王（顕宗）が近飛鳥八釣宮《ちかつあすかやつりのみや》（或本では二つの宮で一つは小郊《おの》、今一は池野《いけの》、或本では甕栗）で即位する。そして、〝先王の雄略の陵墓を壊す企てをおこすが中止した〟〝紀生磐宿禰《きのおいわのすくね》が三韓の王になろうとし、みずからを神聖《かみ》と称し任那《みまな》に進撃した〟などという記載がある。そして、この顕宗天皇の崩御記事は、次代の仁賢天皇の条にあり、傍丘磐杯丘陵《かたおかのいわつきのおかのみささぎ》に葬ったとする。

兄の億計王（仁賢）は、石上広高宮《いそのかみのひろたかのみや》で即位する。仁賢は、日鷹吉士《ひたかのきし》を高麗（高句麗）に派遣する。そして〝日鷹吉士が高麗から帰り、工匠《てひと》の須流枳《するき》・奴流枳《ぬるき》を献上した。今の大倭《やまと》国山辺郡《やまべのこおり》額田邑《ぬかたむら》にいる熟皮高麗《かわおしのこま》がその子孫である〟（『日本書紀』仁賢天皇六年是歳条）とある。

これにかかわると考えられるのが、奈良県天理市の中町西《なかまちにし》遺跡である。額田は、額田寺（額安寺《かくあん》）のある大和郡山市額田部《ぬかたべ》町あたりを指す地名であるが、佐保川《さほがわ》を挟んだ一帯も額田に含まれ、周辺一帯が渡来人の居住地となっていた。とりわけ、中町西遺跡の調査地点では、小字名に「コマ」という所があり、そこでまさに五世紀後半代の渡来系遺物が多量に出土したのである。ただし、高句麗の遺物が出土したわけではなく、当時は百済の領域外であった栄山江《ヨンサンガン》流域を中心とした地域の強い影響をうけたものと、伽耶諸国からの影響を受けたものの双方が含まれていた〔坂 二〇〇九〕。仁賢天皇の記事のなかに、同時代に遺跡としての実態があり、その記載には一定の真実性が含まれるものがあることは注目される。

この仁賢は、「正寝《おおとの》」で崩御し、埴生坂本陵《はにゅうのさかもとのみささぎ》に葬られたという。

つづく、武烈天皇即位前紀では、顕宗崩御後の平群真鳥《へぐりのまとり》の専横が語られる。平群真鳥とその子鮪《しび》を討ち果たした大伴金村《おおとものかなむら》の推挙によって、仁賢と春日大娘の子である小泊瀬稚鷦鷯（ヲハツセノワカサザキ）が、壇場《たかみくら》を泊瀬列城《はつせのなみき》に設け即位したとある。

そして〝妊婦の腹を割いて胎児をみた〟（『日本書紀』武烈天皇二年秋九月条）、〝生爪を剝いで、暑預《いも》を掘らせた〟（同三年冬十月条）、〝頭髪を抜いて、樹の先端に昇らせ、木の根元を切り倒し、昇った者をそこに落として殺すのをみるのを楽しみにした〟（同四年夏四月条）、池の樋に人を入れそこから流れ出てくるところを三つ刃の鉾で殺す〟（同五年夏六月条）というような限りない武烈の暴虐非道の記事がつづき、列城宮で崩御したとする。その埋葬地は継体天皇二年条に記されており、顕宗天皇と同じ傍丘磐杯丘陵である。このように武烈は王統を断絶させた悪人として描かれ、次代の継体の登場を導くための架空の一代であるという考えは、古くから提示されているところである〔山尾 一九八三〕。

清寧の在位期間は五年間、顕宗の在位期間は三年間、仁賢の在位期間は一一年間、武烈の在位期間は八年間と記述されており、この四代を単純に合算すると二七年である。

### 四代の宮と陵墓

清寧・顕宗・仁賢・武烈の四代の宮の所在地は、奈良盆地の磐余、飛鳥、石上、泊瀬である。清寧の前の允恭、安康、雄略の三代がそれぞれ飛鳥、石上、泊瀬と同じ順序でその所在地を巡回している。後述する継体（オオド）が奈良盆地では磐余玉穂宮に入ったという記述まであわせると、允恭から継体までの八代が、この四カ所を順序正しく巡回していることになり、宮自体の実在性も怪しい。

一方で、仁賢の石上広高宮は天理市の布留遺跡、武烈の泊瀬列城宮は桜井市の脇本遺跡とそれぞれ関連する可能性があり、各遺跡で当該期の遺物も出土している。これは、五世紀の倭国の権力の中枢にあった人物が磐余、飛鳥、石上、泊瀬の四カ所に政治拠点をおいていたことが史実であり、それが『日本書紀』の記述に反映しているものといえる。また、飯豊皇女が忍海の角刺宮で朝政をとったことや、仁賢天皇と額田邑のかかわりについても、遺跡の実態からみれば、一定の史実を反映しているものとみて差し支えない。つまり、「かづらぎ」の王が一時的に実権を掌握したことや、大王が「ヤマト」に渡来人を配置し、生産拠点をおいたという史実に関連するものと考えられる。このように、人物や宮の実在性はさだかではなくとも、同時期の実態から史実に近づくことができるのである。

四代の陵墓のうち、『延喜式』では、清寧の河内坂門原陵を〝河内国古市郡にあり〟とし、仁賢の埴生坂本陵を〝河内国丹比郡にあり〟とする。平安時代には、いずれも河内にあると認識されている。現在の宮内庁の治定は、いずれも古市古墳群の前方後円墳をこれにあてており、白髪山古墳を清寧陵、野中ボケ山古墳を仁賢陵に治定している。しかし、白石太一郎氏は、出土した埴輪からみて、両者の治定と被葬者が逆転しており、白髪山古墳が仁賢陵、野中ボケ山古墳が清寧陵にあたるとしている〔白石二〇一六〕。前述したとおり、古市古墳群では五世紀末から六世紀前半代にかけては、この時期としては規模の大きい墳丘長一〇〇メートル以上の前方後円墳の造営がつづいており、倭国の中枢にあった人物の墓域であったことが確認できる。

また、顕宗、武烈の傍丘磐杯丘陵は、『延喜式』では、顕宗陵を「傍丘磐杯南陵」、武烈陵を「傍丘磐杯北陵」とする。「かたおか」は「ヤマト」の一地域であり、馬見丘陵の西側一帯、現在の北葛城郡王寺町片岡を中心として、王寺町から香芝市北部一帯にあたる。

それぞれの宮内庁の治定地のうち、顕宗陵については古墳であるかどうかさだかではなく、武烈陵については古墳ではなく、自然丘陵であると考えられている。そのため、香芝市最大の前方後円墳である狐井《きつい》城山《しろやま》古墳（墳丘長約一四〇メートル）を顕宗陵〔白石二〇一一、二〇一八〕や武烈陵〔米田二〇一四、塚口二〇二〇〕にあてる説がある。このほか、狐井城山古墳の北側に狐井稲荷《いなり》古墳（墳丘長七〇メートルの前方後円墳）があり、子持勾玉が採集されているが、これを顕宗陵にあてる説もある〔塚口二〇二〇〕が、その墳丘規模はやや小さい。また、葛城市の新庄屋敷山《しんじょうやしきやま》古墳を顕宗陵にあてる説〔米田二〇一四〕もある。

このように、『日本書紀』の記述と遺跡と古墳の状況からみるなら、ワカタケル大王没後、継体（オオド）が大王として即位するまでのあいだに、国内政治が相当混乱していたことは確かである。王位を継承し、大王として実権を握っていた人物が存在していたかどうかも不明確であり、人物の系譜や実在性も不確かであるといわざるをえない。そして、そういう混乱のなかで「ヤマト」に、政治拠点と墳墓を造営した人物が存在したことが、遺跡や古墳のありかたから実証されるのである。しかし、その人物は倭国の大王と名乗ってはいたものの、政治の実権は掌握していなかったと考えられる。

逆の視点で述べるなら、ワカタケル大王のような国際政治に長け、国内においても一定の強権を及ぼした人物が登場しなかったからこそ、こうした政治の混乱がおこったともいえる。

そのようななかで、大王位につくまえから、「ヤマト」の「おしさか」宮において、百済武寧王とつながって、倭国の実権を握った人物がいる。それがのちに大王となったオオド王である。

# 隅田八幡神社所蔵人物画象鏡とヲシ大王・フト（オオド）王

### 隅田八幡神社所蔵人物画象鏡とその銘文

和歌山県橋本市の隅田八幡《すだはちまん》神社は、「国宝　人物画象鏡」を所蔵している。

大阪府藤井寺市の長持山《ながもちやま》古墳（墳形・規模不詳）、八尾市郡川西塚《こおりがわにしづか》古墳（墳丘長約六〇メートルの前方後円墳）、京都府京田辺市のトヅカ古墳（直径二五メートルの円墳）、東京都狛江市の亀塚古墳（墳丘長約四〇メートルの帆立貝式古墳）、福井県若狭町の西塚古墳（墳丘長七四メートルの前方後円墳）、岡山県赤磐市の朱《しゅ》千駄《せんだ》古墳（墳丘長八〇メートルの前方後円墳）などで神人歌舞画像鏡の「同型鏡」が出土している。「同型鏡」は、二三七ページで述べたとおり、朝貢に対する宋からの下賜品であると考えられる。これらの鏡をモデルにして、鏡の外区にあたる部分に鏡の製作年、製作目的などについて記した銘文を追加して、新たに製作されたのがこの「国宝　人物画象鏡」である（図47）。

モデルとなった神人歌舞画像鏡そのものを傍らにおき、内区の文様を均等に配分することなく見たままの方向で笵型に彫り込んだところ、人物のうちの二人を脱落させてしまっている。当然、できあがった鏡の文様は粗雑となり、人物の向きは反転してしまうことになる（図48）。

このように宋からもちこまれたとされる「同型鏡」を傍らにおきながら、文様を反転させその一部を脱落させてしまうといった全く同じミスを犯し製作された鏡が、奈良県葛城市の平林古墳（墳丘長六二メートルの前方後円墳）で出土している。平林古墳の鏡のモデルになったのは、愛知県名古屋市の大須二子山古墳（墳丘長一三八メートルの前方後円墳）や、長野県飯田市の御猿堂《おさるどう》古墳（墳丘長約六五メートルの前

図47　隅田八幡神社所蔵「国宝 人物画象鏡」〈直径 19.6 cm〉

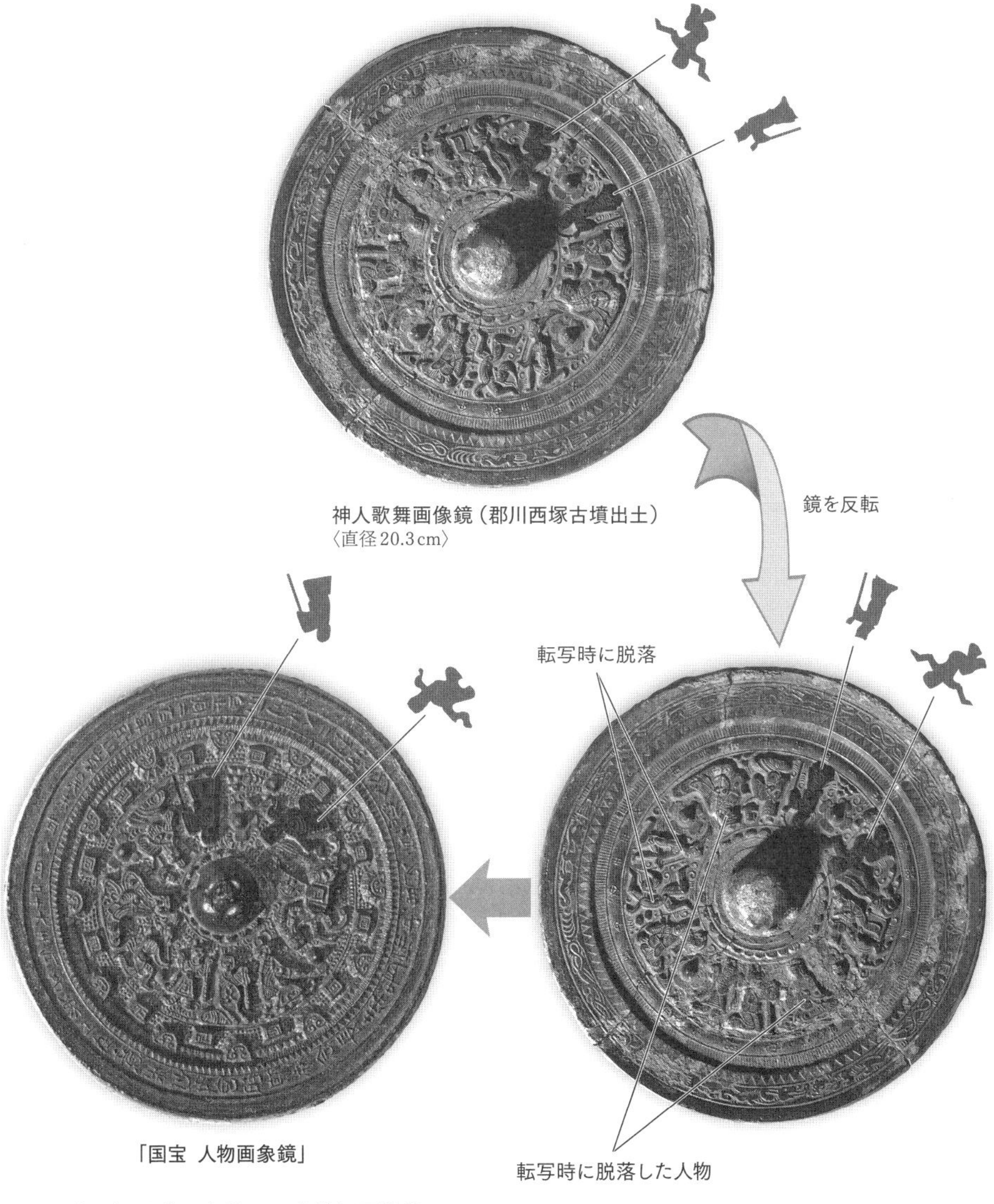


**図48　「国宝　人物画象鏡」の文様転写過程**

方後円墳）から出土した画文帯《がもんたい》四仏《しぶつ》四獣《しじゅう》鏡で、画文帯の文様を写しとって、それを脱落させるまでの工程が「国宝 人物画象鏡」のそれと共通している。このように、まったく同じ技術でつくられていることから、平林古墳の鏡と隅田八幡神社の鏡は、同じ工房でつくられたものであると考えられる。

「国宝 人物画象鏡」の銘文には、四八文字が刻まれ、その釈文には諸説があるが、まずは、山尾幸久氏のものを示す（図49）。

　癸未の年（五〇三）八月、曰十《をし》大王の年（＝代）、孚第《ふと》王（「彦太尊」。継体）意柴沙加《おしさか》宮に在すの時、斯麻（武寧王）、長く奉へんと念い、□中《ちゅう》の費直《こおりちか》・穢人の今州利《こんつり》二人の尊《たかきひと》を遣わし白《もう》す所なり。同（銅）二百旱（＝鋑？）を上《すす》め、此の竟（鏡）を「「作る」欠？」所なり。　（釈文は山尾二〇〇二による）

　五〇三年八月、ヲシ大王（顕宗・仁賢）の代に、彦太尊（継体）が、意柴沙加（オシサカ）宮におられる時、斯麻（武寧王）が、長く仕えようと思い、□（判読不能）中（韓国全羅道の地名）の費直（コォリチカ＝官職名）と韓人の今州利（コンツリ）の二人の尊を遣わし申す。銅二百鋑（重量の単位）を納めて、この鏡を作るものである。

かつては、癸未年を四四三年とする説も有力であったが、モデルとなった「同型鏡」が出土した古墳の築造時期が五世紀後半代から六世紀前半代にあたり、さらには六世紀後半代に築造されたと推定される平林古墳で、同じ工房で製作された鏡が出土していることからみれば、癸未年は五〇三年とするのが妥当である。

癸未年八月日十大王年孚第王在意柴沙加宮時

斯麻念長奉遣□中費直穢人今州利

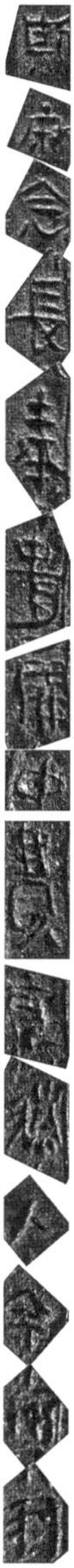

二人尊所白上同二百旱所此竟

図49　「国宝 人物画象鏡」の銘文

### ヲシ（日十）大王と「かづらぎ」の忍海

山尾氏は、ヲシ大王という実名の大王が存在し、それがのちに、億計・弘計兄弟の説話として分化したものであるとする。このヲシ大王は、仁徳・履中の血統上にはなく、「キビ」および「ハリマ」の豪族出身であるとする（山尾 一九八三）。

曰十は、日十とするか、日ではなく、横に長い「曰」とし、曰十とするかでその読みが変わる。日十とした場合、ニソ、またはヒソである。曰十とした場合、ヲソと読む。

『日本書紀』は億計天皇（仁賢天皇）だけの特例として、旧本《あるほん》によるものとして、大脚《おおし》、または大為《おおす》という諱《いみな》を記す（『日本書紀』仁賢天皇条）。また、『日本書紀』顕宗天皇即位前紀には、億計王のまたの名が、嶋稚子《しまのわくご》、あるいは大石《おおし》尊であるという譜第《ふだい》の記載が引用されている。山尾氏は、兄の名が大石とすれば、弟の名が小石《をし》であり、大王位についたのは弟であるとする。オオシの名は、実在の人物（ヲシ大王の兄）をもとにして創作されたものであるとした。

なお、銘文の文字を日十大王としてヒソ大王とよみ、これを大石（オオシ）＝仁賢天皇に結びつける説〔福山 一九五四〕や日下大王としてクサカ大王とよみ、これを大草香皇子にあてる説〔今井 一九六二〕もある。

山尾氏は劇的な物語の内容から、王家の血縁系譜を疑い、「ハリマ」と「キビ」にその出自を求めた。しかし、私は「キビ」および「ハリマ」の遺跡や古墳とこのヲシ大王を結びつけることはむずかしいと考える。ヲシ大王はあくまで「ヤマト」に権力基盤をおいた人物であったと考えられる。それは、「かづらぎ」の忍海から輩出された人物であり、「かづらぎ」の北方にあたる「かたおか」に墳墓を営んだ人物であると考える。

億計・弘計兄弟が仕えたのは、前述のように『日本書紀』では縮見屯倉首の忍海部造細目と記述されるが、『古事記』では「針間《はりま》の国の名前を志自牟《しじむ》」、『播磨国風土記』では「志深村《しじみむら》首《のおびと》伊等尾《いとお》」としている。縮見（志自牟、志深）は、現在の兵庫県三木市志染町を中心とした、志染川《しじみがわ》流域一帯である。

「しじみ」の地と忍海部のかかわりは、両者に共通する鍛冶工人の存在から証明することができる。現在の三木市は、金物を地場産業としており、金物まつりを開催するなど「三木金物」の存在は名高い。この産業の淵源は、三木城を兵糧攻めしたあとの、豊臣秀吉の復興にあるとされている。古墳時代においては、志染町に六世紀後半代に築造された窟屋《いわや》一号墳（長径一八、短径一六メートル）があり、横穴式石室の内外から鉄鏃、須恵器などのほか、馬具や金銅製単鳳環頭大刀柄頭《つかがしら》や、南海産のイモガイと考えられる貝製飾金具が出土していて、在地の小首長クラスの墳墓であると想定される。木棺に使用された鉄釘は、「かづらぎ」の忍海地域の六世紀代の群集墳の鉄釘と共通していて、同系統の工人が製作した可能性がある。こうしたところから、大平茂氏は、窟屋一号墳の被葬者を縮見屯倉首の忍海部造のような人物であると想定する〔兵庫県立考古博物館 二〇〇九〕。屯倉《みやけ》の設置と部造《べのみやつこ》の任官は、次章で後述するように六世紀以降のことであり、志深と「かづらぎ」の忍海とのかかわりが生まれたのも窟屋一号墳が築造された頃であろう。むしろ、窟屋一号墳の築造がその契機であったとみるべきである。億計・弘計兄弟の説話も、こうした首長層の台頭を契機に後付けされたものであると考えられる。

その意味ではヲシ大王は、「ハリマ」の「しじみ」の出身ではなく、「ヤマト」の「かづらぎ」の忍海の出身者とみるほうが整合的である。つまり、遺跡や古墳の実態からすれば、忍海が出発点でありその後に志染に影響を与えたのである。

『古事記』『日本書紀』によれば、億計・弘計兄弟の父は、市辺押磐皇子である。市辺押磐皇子の居住地として市辺宮の名があり、石上にあったとされる（『日本書紀』顕宗天皇即位前紀）。しかし、億計・弘計兄弟の姉とされたり（『日本書紀』顕宗天皇条）、あるいは市辺押磐皇子の姉もしくは妹（『日本書紀』履中天皇元年条）とされたりする飯豊皇女が、忍海に深くかかわり、遺跡や古墳のうえで実態をともなっていることは、くり返し述べているところである。また、億計・弘計兄弟の母は、葛城蟻臣《ありのおみ》の子荑媛《はえひめ》とする『日本書紀』顕宗天皇即位前紀の記述もあり（一三六ページ図20参照）、父母いずれも「かづらぎ」とのかかわりは深い。こうしたことからすれば、「かづらぎ」の忍海の地こそがヲシ大王の出身地であると考えられるのである。

ワカタケル大王は、安康天皇が市辺押磐皇子に王位を譲るとしていたことを恨んでおり、近江の来田《くた》綿《わた》の蚊屋野《かやの》に市辺押磐皇子を誘い出して射殺したことは、二一一ページで述べたとおりである（『日本書紀』雄略天皇即位前紀冬十月条）。そのあとの市辺押磐皇子の埋葬地についての逸話の概略は次のとおりである。

顕宗天皇の即位のとき、「先王が荒野に命を終えた。朕は幼年で逃げ隠れたが、是非ともと求められて皇位についた。先王の遺骨を求めたが知るものがいなかった」と詔をだして、兄の皇太子とともにその悲しみをこらえきれなかった。その後、置目《おきめ》という老婆が遺骨の埋めてある場所を知っていて、そこから遺骨を取り出した。同時になくなっていた張内《とねり》の佐伯部売輪《さえきべのうるわ》（仲子《なかこ》）の骨とまじりあっていた。市辺押磐皇子の乳母の助言で、頭蓋骨だけは分けられたが、他の骨は見分けがつかなかったので、蚊屋野に同じ形の二つの陵を作って、葬儀も同じようにした。

（『日本書紀』顕宗天皇元年二月条、是月条）

来田綿の蚊帳野は、滋賀県蒲生郡日野町や蒲生町あたりとする説や、愛知郡愛荘町《えちぐんあいしょうちょう》蚊野あたりとする説がある。そうしたなか、東近江市市辺町の古保志塚《こぼしづか》東墳（直径一五メートルの円墳）、西墳（直径六・五メートルの円墳）を宮内庁が市辺押磐皇子墓としている。いずれも横穴式石室を内蔵している六世紀代に築造された古墳である。

しかし、これはあくまで、億計皇子と弘計皇子の流浪の発端となった父の殺害に関連づけた説話と、説話と異なる時代の古墳のあいだを強引に結びつけたものである。ヲシ大王の父と「オウミ」とのかかわりは希薄であるといわざるをえない。

ヲシ大王が「かづらぎ」の忍海の出身者であるとするなら、ヲシ大王の父、または母の墳墓についても、忍海の地に求めてもよいだろう。忍海には、一三三ページで述べたとおり五世紀中葉に築造された新庄屋敷山古墳があり、これをヲシ大王の父または母の墳墓にあてることが可能である。そして、ヲシ大王自身は、顕宗天皇および武烈天皇の埋葬地と記されている「かたおか」に葬られたと考えられる。「かたおか」は、忍海のすぐ北側の地であり、ヲシ大王の埋葬地としてふさわしい。その場合、前述の狐井城山古墳がその墳墓に比定される。

正しく時系列からいえば、ヲシ大王が狐井城山古墳に葬られたことを契機に、「かたおか」がいずれも実在性の乏しい顕宗天皇や武烈天皇の埋葬地として書き加えられたのである。

## フト（オオド）王と「おしさか」宮

山尾氏は、曰十大王の次の文字を「孚」、その次を「第」と読み、「孚第（フト）王」とする。かつて、福山敏男氏はこれを「男」、「弟」として「男弟（オオド）王」としていたが、刻まれた文字からは「男」、「弟」と読むことはできないと判断した〔福山一九五四〕。オオド王は『日本書紀』の男大迹王、『古事記』の袁本杼の命であり、フト王は『日本書紀』のオオド王の別名である彦太（ヒコフト）尊で、いずれも継体大王を指す。父の名が彦主人《ひこうし》王である。その出身地は、後述する。

つづく、意柴沙加（オシサカ）宮については、山尾氏は忍坂宮《おしさかみや》とし、その位置を現在の桜井市忍阪《おっさか》にあてる。また、意柴沙加を「オッサカ」とよみ大坂宮として、古代の大和国《やまとのくに》葛上郡《かつらぎのかみのこおり》大坂郷《おおさかごう》にあたる現在の香芝《かしば》市逢坂《おうさか》にあてる説もある〔高口一九九六〕。しかし、香芝市逢坂の周辺には、注目されるような遺跡はみつかっていない。

なお、癸未年を四四三年とするとき、『古事記』と『釈日本紀』に引用された『上宮記』にオオド王の曾祖父、応神の孫に大郎子《おおいらつこ》（一名、意富富杼王《おほほどのおおきみ》）の名があり、これにあてる説もある。この場合、意富富杼王の妹である忍坂大中姫と「おしさか」宮が結びつけられる。二〇〇ページで述べたように、『日本書紀』の允恭天皇の即位前紀に、忍坂大中姫《おしさかのおおなかつひめ》は、鋺《かなまり》の水をこぼして凍えて死にそうになったという逸話のなかに登場する。人物の名前と宮の名前は一致しているが、忍坂大中姫が必ずしも「おしさか」宮にいたということではない。王の名前に王宮名が示され、そこに名代《なしろ》と呼ばれる職掌集団が従事していたことを重視する見解〔古市 二〇一九〕もあるが、「おしさか」の場合、必ずしもそうとは限らないだろう。

やはり、癸未年を五〇三年とみて、即位前のオオド王が「おしさか」宮にいたとみた方が、周辺の遺跡や古墳の状況からみても妥当である（図46参照）。

桜井市忍阪《おっさか》には忍阪《おしさか》遺跡がある。五世紀後半代から六世紀後半にかけての掘立柱建物、塀、溝などの遺構や、鉄鉾などの遺物が検出されている。一般集落とは異なる性格の遺跡であるとされており、注目される〔奈良県立橿原考古学研究所 一九八七〕。

また、脇本遺跡の南側の丘陵一帯が、外鎌山北麓《とがまやまほくろく》古墳群であり、朝倉台と呼ばれる宅地造成にともない、竜谷《たつたに》支群で一三基の古墳、慈恩寺《じおんじ》支群で一〇基の古墳、忍坂《おしさか》支群で八基の古墳でそれぞれ発掘調査が実施されている〔奈良県立橿原考古学研究所 一九七八〕。

このうち、慈恩寺一号墳は、墳丘長四五メートルほどの前方後円墳の可能性もある古墳で、金製指輪が一対、ガラス製小玉を取り付けた銀製中空《ちゅうくう》勾玉七点、銀製空玉《うつろだま》、トンボ玉などの装身具が出土している。きらびやかな装身具から、新羅や伽耶諸国とのかかわりが想定できる。古墳の築造年代は六世紀前半代と考えられる。また、忍坂三号墳で新羅とかかわると考えられる鉄鐸、忍坂四号墳で百済系の平底壺が出土している（図50）。

これらが、「おしさか」宮が存在していたという証明にはならないが、「おしさか」において大王を支えた外交集団が積極的な活動を展開していた可能性を示すものである。鏡の銘文の内容からすれば、ヲシ大王の宮がすなわち「おしさか」宮ということにはならない。しかし、『日本書紀』に武烈天皇が泊瀬列城宮で即位したと記され、二三八ページでワカタケル大王の泊瀬朝倉宮にあたるとした脇本遺跡で、関連する遺構が継続していることが確認されていることからすれば、忍阪周辺に宮を構えていた可能性はかなりあるだろう。このように考えるなら、「かづらぎ」の忍海の地を出身地とし、忍阪遺跡周辺に進出して政治拠点を構え、墳墓を「かたおか」の地に営んだヲシ大王の王位を引き継いだのがフト（オオド）王ということになる。

ただし、フト（オオド）王とヲシ大王のあいだには血縁関係はなく、王位につく前に「ヤマト」に入って王家の外交集団の助けを得て、百済の武寧王との交渉をおこなったのである。後述するように、オオド王は、その父母の代から、各地に支援のネットワークを有していて、「ヤマト」の王家や「かづらぎ」の王とも強くつながっていたと理解されるのである。

**図50　忍坂4号墳の平底壺**〈高さ13.3 cm〉

## 武寧王とオオド王

### 武寧王の出自

それでは、鏡の銘文中にある、斯麻、すなわち武寧王についてみておこう。武寧王の出生までの経緯が、『日本書紀』の雄略天皇二年条から五年条までのあいだに記述されている。以下がその概略である。

二年の秋七月、百済の池津媛《いけつひめ》が天皇に背き、石川楯《いしかわのたて》と密通する。雄略天皇は大変怒り、大伴室屋《おおとものむろや》に詔して、来目部をして夫婦の手足を木に縛り、桟敷の上に寝かせ焼き殺した。

(『日本書紀』雄略天皇二年秋七月条)

夏四月、百済の加須利君《かすりのきし》(蓋鹵王《がいろ》《ケロ》)が、ことづてに池津媛が焼き殺されたことを聞いて、「我が国の名を汚した。今後女を奉ってはならない」と言い、そして、弟の軍君《こにきし》(昆支《こんき》《コンチ》)に「おまえが日本に行って天皇にお仕えしろ」と告げた。軍君が「上君《きみ》の命令にしたがいます。できれば、上君の婦《みめ》を賜り、お遣わしください」と答えたところ、加須利君が自分の子を妊娠している婦を、軍君に娶らせた。加須利君は、「婦は臨月である。途中でお産をすれば、その子と夫人を同じ船に乗せ、どこからでも国に送るようにしろ」と言った。

六月、加須利君の言ったとおり、筑紫の各羅嶋《かからしま》(佐賀県の加唐島か)で子を産んだ。この子を名付けて嶋君《せまきし》と言った。軍君は、ただちに婦と同じ船で嶋君を国に送った。これが武寧王である。百済人が嶋を主嶋《にりむせま》と呼んだ。
秋七月、軍君が京に入った。すでに五人の子どもがいた。『百済新撰』には、辛丑年に蓋鹵王が弟の昆支を大倭《やまと》に参向させ、天王に仕えさせたとある。
（『日本書紀』雄略天皇五年条）

そして、『日本書紀』武烈天皇四年条では、武寧王が擁立された事情を次のように記している。

百済の末多王《まつた》は無道であって、百姓に暴虐をはたらいていた。国人はこれを排除して嶋王《せまきし》を王に立てた。これが武寧王である。『百済新撰』によると末多王は無道であって百姓に暴虐をはたらいた。国人はともに王を除き、武寧王を立てた。諱は斯麻王《しまきし》という。これは、昆支王子《こんきせしむ》の子である。則ち末多王（東城王）の異母兄である。昆支は倭《やまと》にむかった。時に筑紫嶋《つくししま》に至って斯麻王が生まれた。京に至らないで嶋で産まれたので斯麻と名付けたのである。各羅《かから》の海中に主嶋《にりむせま》がある。王の産まれた嶋であり、それで主嶋と名付けたという。今考えるに、嶋王は蓋鹵王の子である。末多王は昆支王の子である。これを異母兄というのはまだ詳しく判らない。
（『日本書紀』武烈天皇四年是歳条）

武寧王の出生の場所は「ツクシ」であるが、その父母について、また母が「ヤマト」にわたってきた事情などに記載の違いがある。これに対し、武寧王の即位についての『三国史記』の記載は簡略である。

武寧王《ムニョンワン》は諱を斯摩《サマ》（分注。隆《リュン》ともいう）といい、牟大王《モテワン》（東城王《トンソンワン》）の第二子である。身長が八尺もあり、眉や目は描いたように（美しく）、仁愛慈悲（の心が）寛く深かったので、民心は（王に）したがいついた。牟大（王）が在位二三年（五〇一）で薨去したので（王位）についた。

（『三国史記』「百済本紀」第二五代武寧王）

『三国史記』「百済本紀」は、武寧王を東城王の子とする。「ツクシ」で産まれたという出生譚はなく、「ヤマト」との関係についても記述はない。

中国史書では、武寧王は余隆である。『南斉書』「百済国伝」では明帝建武二年（四九五）の牟大（東城王）の朝貢と上表の記事が最後の百済の朝貢であり、その後、中国では王朝が変わる。『梁書』「百済伝」には天監元年（五〇二）に、牟太（大）を征討将軍に昇進させるという記事がある。余隆（武寧王）の最初の朝貢は、普通二年（五二一）である。高句麗と友好関係を結んだことを上表し、使持節・都督百済諸軍事・寧東大将軍・百済王に除正された。

武寧王の即位年については、『三国史記』「百済本紀」が五〇一年、『日本書紀』では五〇二年であるのに対し、『梁書』「百済伝」では五〇二年に前代の東城王に対して、将軍号が除正されており、その年代には矛盾がある。いずれにせよ、癸未年＝五〇三年は、斯麻が百済王となった頃とみるのが妥当であろう。

東城王から武寧王へ王位がどのように委譲されたのか、また武寧王の父母が誰なのか、謎は多い。しかし、東城王の終わり頃、百済国内は混乱しつつも高句麗の攻勢をうけて、全羅道《チョルラド》地方へ攻勢をかけざるをえなかったことは事実である。それにともない、百済王権が倭とのつながりを求め、武寧王が「ツクシ」で出生したり、幼年期に「ヤマト」に来ていたりしたということも事実であったと考えられる。

**武寧王陵**

昭和四十六年（一九七一）、公州《コンジュ》の宋山里《ソンサンニ》古墳群にある武寧王陵の発掘調査で出土した誌石《しせき》には、「寧東大将軍百済斯麻王、年六十二歳、癸卯年五月丙戌朔七日壬辰崩。（後略）」と記されていた（図51）。

ここに、諸所の歴史書に記された武寧王（斯麻）が実在することが証明されたのであり、その信憑性が一気に高まった。そしてその没年が癸卯年（五二三）であり、『日本書紀』継体天皇十七年条や、『三国史記』「百済本紀」の記述内容が一致したのである。

出生年については、誌石から干支をさかのぼれば壬寅（四六二）で、

**図51　武寧王陵の誌石**〈幅 41.5 cm〉

『日本書紀』から割り出した雄略天皇五年条にみえる辛丑（四六一）とは、一年のずれがある。
埋葬施設は、中国南朝の直接的影響をうけた鎮墓獣《ちんぼじゅう》が配置された横穴式の磚室墓《せんしつぼ》である。玄室のなかに金銅冠や金製指環、環頭大刀などを着装した王と王妃が、鐶座《かんざ》金具を取り付けた木棺に埋葬されていた。

倭国との関係は、木棺が日本列島特産のコウヤマキ製であることのほか、「同型鏡」が出土していることで示される。武寧王陵で出土した獣帯鏡の「同型鏡」は、群馬県綿貫観音山《わたぬきかんのんやま》古墳、滋賀県三上山下《みかみやました》の古墳（滋賀県野洲市甲山《かぶとやま》古墳か）で出土している。また、走獣文方格規矩鏡《そうじゅうもんほうかくきくきょう》は、「同型鏡」群にある方格規矩鏡に肉彫りの走獣文を追加したものである。ここに「国宝 人物画象鏡」と直接関係のある神人車馬画像鏡の「同型鏡」はないが、同時期に中国南朝との関係のなかでもたらされたものである。このような「同型鏡」を多く所有していたからこそ、それをもとにした「国宝 人物画象鏡」の製作も可能であったに違いない。

武寧王陵の構造や出土遺物は中国・百済・倭のつながり示しており、百済王となった武寧王がこの三者をつなぎながら、積極的な外交政策をとったことが端的に示されている。

### 斯麻の遣わした二人の人物

二五二ページで前述したとおり、「国宝 人物画象鏡」の銘文では、百済王位についた頃の〝斯麻が、（王位につく前の）オオド王に長く奉仕しようと念じて、□中の費直・穢人の今州利二人の尊を遣わして申しあげて、銅二百桿を上納し、この鏡をつくった〟とされている。

斯麻が、□中の費直・穢人の今州利という二人の韓人の高官（重臣）を遣わし、オオド王に対し長く奉仕するために鏡を上納したのであり、上下関係はオオド王、斯麻、□中の費直・穢人の今州利の順となる。そして、□中の費直は、□中は全羅道地方のいずれかの地名を指し、費直は「己富利《こほり》（評）知加《ちか》（直）＝コオリチカ」と呼ばれた百済の地方に派遣された人物の官職名、穢人は韓人と同意で、今州利《こんつり》は人名と解される〔山尾 一九八九〕。さらに、『日本書紀』の継体天皇七年条に州利即爾《つりそに》将軍、継体十年秋九月条に州利即次《つりそし》将軍の名があり、いずれも百済から派遣された将軍とされているが、今州利と同一人物にあたるのではないかという説がある〔乙益 一九六五〕。また、今州利の子が州利即爾であるとする説もある。

一方、□中費直を開中費直（カフチノアタイ）と読んで、これを河内直にあてる説は古くからある。この場合は、これを倭人とみるか韓人とみるかで見解が分かれる。

なお、銅二百桿の桿は、古代中国における重量の単位である「鍰《かん》」にあたるとされている〔高口 一九九六〕。

先にも述べたように東城王の時代の百済は、北方の高句麗と対峙する一方、南方の全羅道地方への進出をすすめていた。東城王の末期から武寧王の時代の百済は国内政治が不安定であったが、そのようななかで武寧王の出生地であり、東城王の時代からよしみを通じていた倭に対して、武寧王がこの鏡をつくろうと意図したのは自然の流れであった。武寧王の意をうけた百済の高官二人が来倭し銅をおさめて、「ヤマト」においてこの鏡をつくったのであろう。

そのとき、「ヤマト」の「おしさか」宮にいたオオド王もまた、ヲシ大王の時代の倭国内の混乱のなか、王位継承者として版図の拡大と対外政策に活路をもとめていたと考えられるのである。ここに、武寧王との利害が一致したのであり、その証しが「国宝　人物画象鏡」であったと考えられる。

# オオド王の出自と支持のネットワーク

## オオド王の即位

『日本書紀』の継体天皇即位前紀によれば、継体天皇（男大迹王、彦太尊）の父は彦主人王《ひこうしのおおきみ》、母は振媛《ふるひめ》である。彦主人王は〝近江国高嶋郡三尾《みお》（滋賀県高島市三尾）の別邸から使いを遣わして、三国（福井県坂井市三国町）の坂中井《さかなかい》で振媛を迎えた。振媛はオオド王を産んだが、オオド王が幼少のときに彦主人王は亡くなった。振媛は「私は故郷を遠く離れ、父母に孝養を尽くせない。越前国の高向《たかむこ》（福井県坂井市丸岡町付近）で親の面倒をみながら、天皇を養育しよう」と言った〟とある。

一方、『古事記』では、武烈天皇の条に〝天皇がお隠れになって、天下を治むべき王子がありませんので、品太《ほむだ》天皇の五世の孫、袁本杼《おほど》命を近江国から上らせて、手白髪《たしらか》命と結婚させて天下をお授けしました〟とある。手白髪命（手白香皇女《たしらかのひめみこ》）は、意富祁《おほけ》（仁賢）天皇の女《むすめ》である。

なお、手白香皇女の墳墓は、『延喜式』には衾田《ふすまだ》陵、大和国山辺郡にあり、と記されている。序章で述べたとおり、現在、宮内庁は奈良県天理市萱生《かよう》の西殿塚古墳を衾田陵に治定しているが、年代は合致しない。同じ大和（萱生）古墳群内にある西山塚古墳（墳丘長一二〇メートル）がこれにあてられる〔白石二〇一八〕。

これらの記述に基づくと、オオド王の父母の出身地は「コシ」「オウミ」であり、これらの地域がオオド王と深くかかわっていたことになる。

オオド王は『日本書紀』によれば手白香皇女と八人の妃、『古事記』によれば六人の妃を迎え入れた

（図52）。オオド王は、手白香皇女を皇后とし、天国排開広庭尊《あめくにおしはらきひろにわのみこと》（欽明）をもうけたが、尾張連草香《おわりのむらじくさか》の女《むすめ》である目子媛《めこひめ》（またの名は色部《しこぶ》）が元妃《はじめのきさき》であり、オオド王とのあいだに勾大兄皇子《まがりのおおえのみこ》（安閑）と檜隈高田皇子《ひのくまたかだのみこ》（宣化）という二人の皇子を儲け、欽明の兄にあたるこの二人の皇子が先に皇位についたという。皇后や元妃、あるいは妃の出身地や墳墓の造営地は、「ヤマト」「オワリ」「オウミ」であり、これらの地域もオオド王と深くかかわっていることになる。

さらに、『日本書紀』によれば、オオド王は河内馬飼首《かわちのうまかいのおびと》荒籠《あらこ》と旧知で、即位したのは河内樟葉宮《かわちのくすはのみや》（大阪府牧方市）である。そののち継体天皇五年に山背筒城宮《やましろのつつきのみや》（京都府京田辺市）、十二年に山背弟国宮《やましろのおとくにのみや》（京都府乙訓郡大山崎町）、二十年（一説では七年）にヤマトの磐余玉穂宮《いわれのたまほのみや》（奈良県橿原市・桜井市）とそれぞれ宮を遷したという。

そして、継体天皇が埋葬されたのが、藍野陵《あいののみささぎ》（『日本書紀』）、三島の藍陵（『古事記』）、大阪府高槻市周辺）である。

これらの記述からは、淀川流域を中心とした「カワチ」「ヤマシロ」および「ヤマト」がそれぞれオオド王と深くかかわっていることになる（図53）。

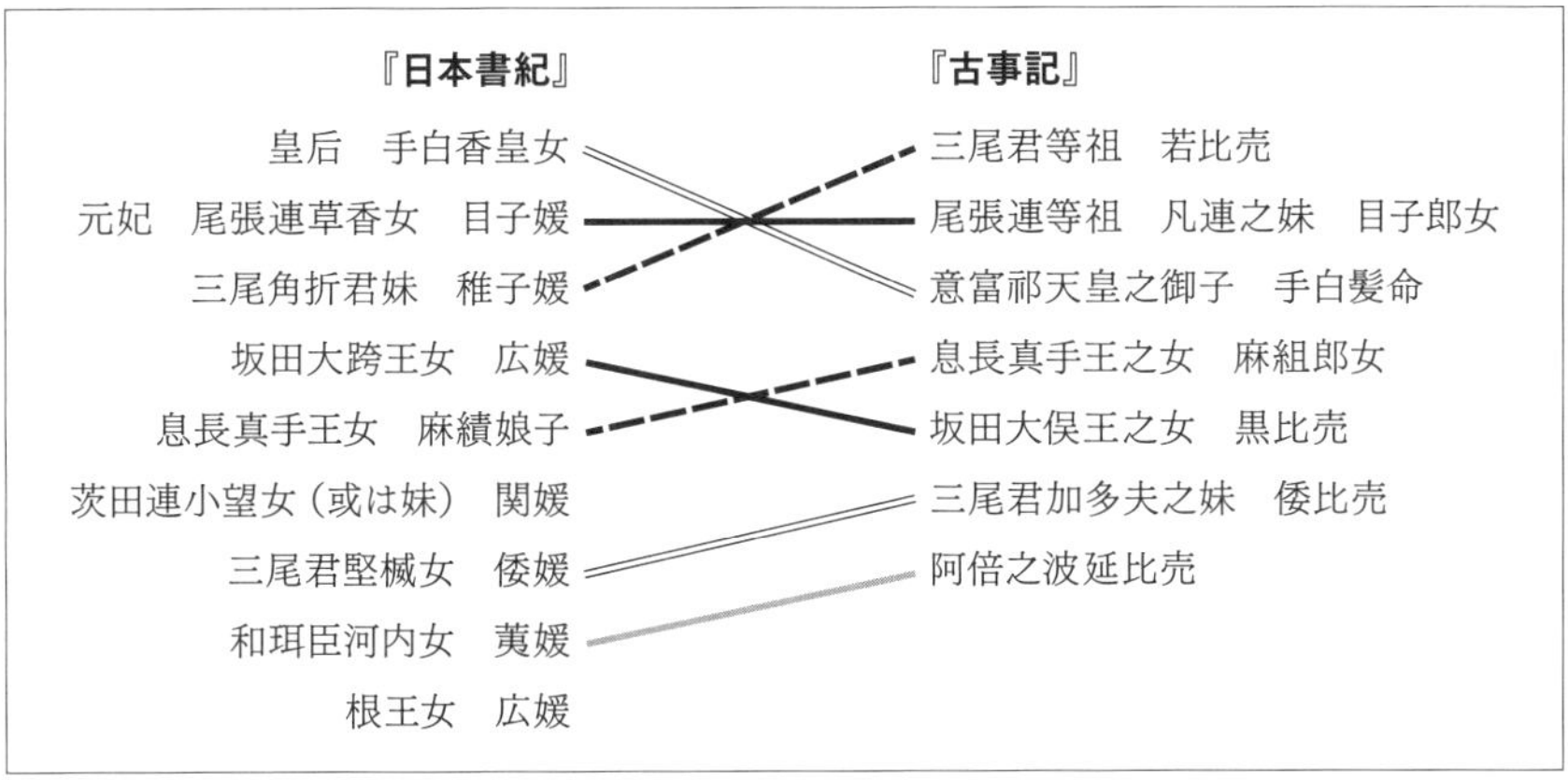


図52　継体大王の妃

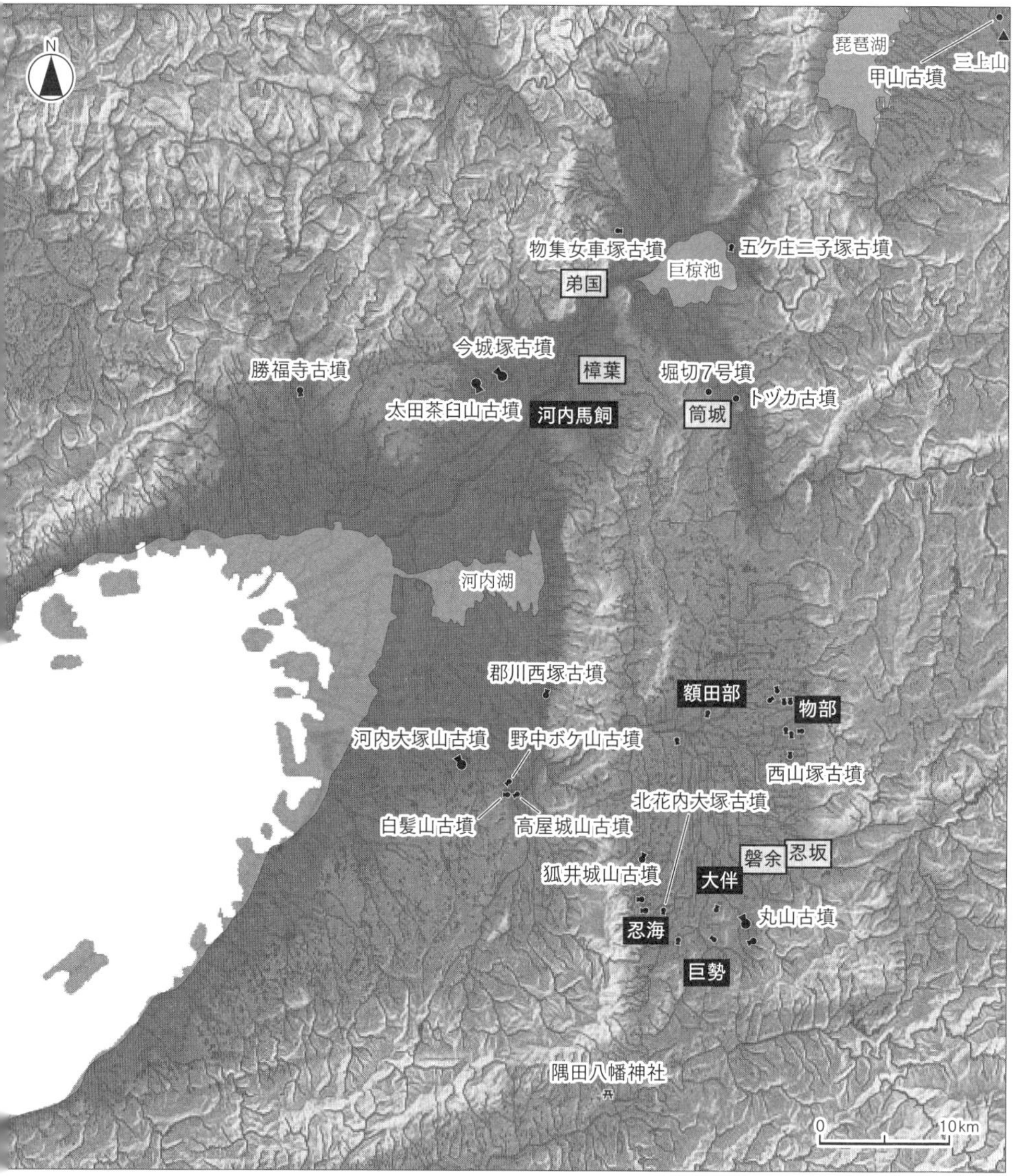


図53　オオド王と近畿地方中央部の関連地名・古墳

以上のオオドにかかわるとされている地域からは、オオド王と関連する遺跡や遺物の出土がある。これらの地域にあった諸勢力がオオド王を擁立し、オオド王が権勢をふるうにあたって、それを支持し、支援したことを考古学的に証明することができる。

オオド王の時代に近畿地方中央部、東海地方、北陸地方を確実におさえて、倭国王の政権基盤は、ここにようやく確固たるものとなったのである。

## 尾張型円筒埴輪

オオド王とその支持・支援勢力との関係を示す考古資料として、広帯二山式冠《ひろおびふたやましきかん》、捩《ねじ》り環頭大刀《かんとうたち》、三葉文杏葉《ぎょうよう》(馬具)、尾張型円筒埴輪があげられている。冠・大刀・馬具については、支持・支援勢力に対してオオド王が「威信財」として与えたものであり、政治的連帯を示すものであるとの指摘がある〔高松二〇〇七〕。

これらの器物が政権に一元的に管理され、そこから配布されたものであるかどうかはともかく、オオド王を支持・支援する勢力が、その政治的実力を示すために好んだデザインであったことは確かであろう(図54)。

さらに、須恵器の製作技術を採用した尾張型円筒埴輪の分布は、オオド王の支持・支援勢力が共通の生産基盤をもっていたことを示すものとして重要である。

尾張型円筒埴輪の特徴は、C種ヨコハケ(カキメ)と呼ばれる回転を利用して板状の工具で体部の仕上げをおこなった痕跡や、底部には回転ヘラケズリと呼ばれる痕跡などがみられることである。こうした痕跡から、須恵器と同様の轆轤《ろくろ》を用いて円筒埴輪を製作したことがわかる。

**広帯二山式冠（展開図）**

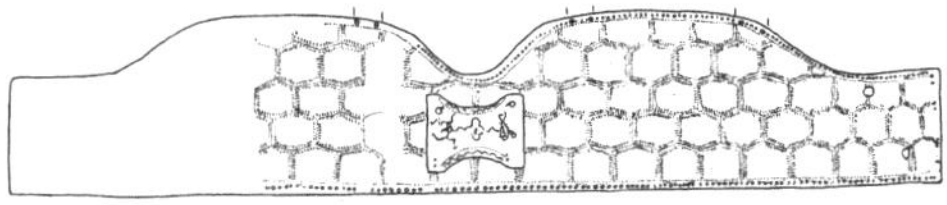

江田船山古墳

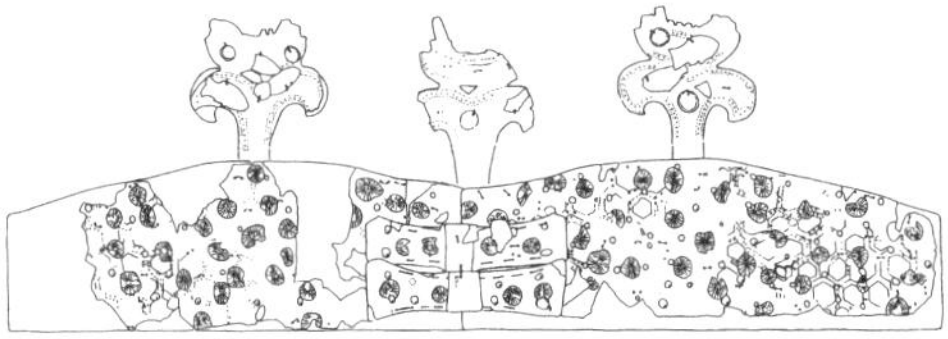

鴨稲荷山古墳

**三葉文楕円形杏葉**

鴨稲荷山古墳

物集女車塚古墳

0　10cm

**振り環頭大刀**

物集女車塚古墳

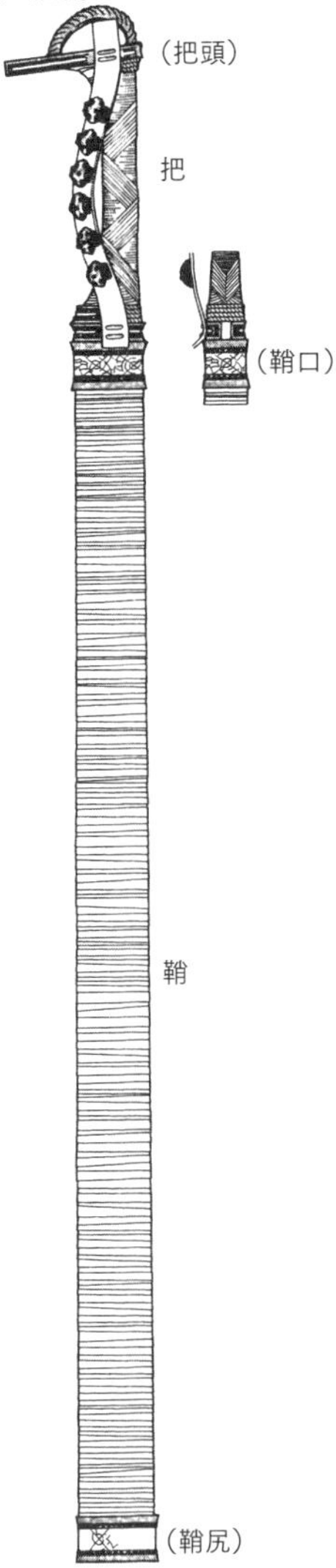


峯ヶ塚古墳

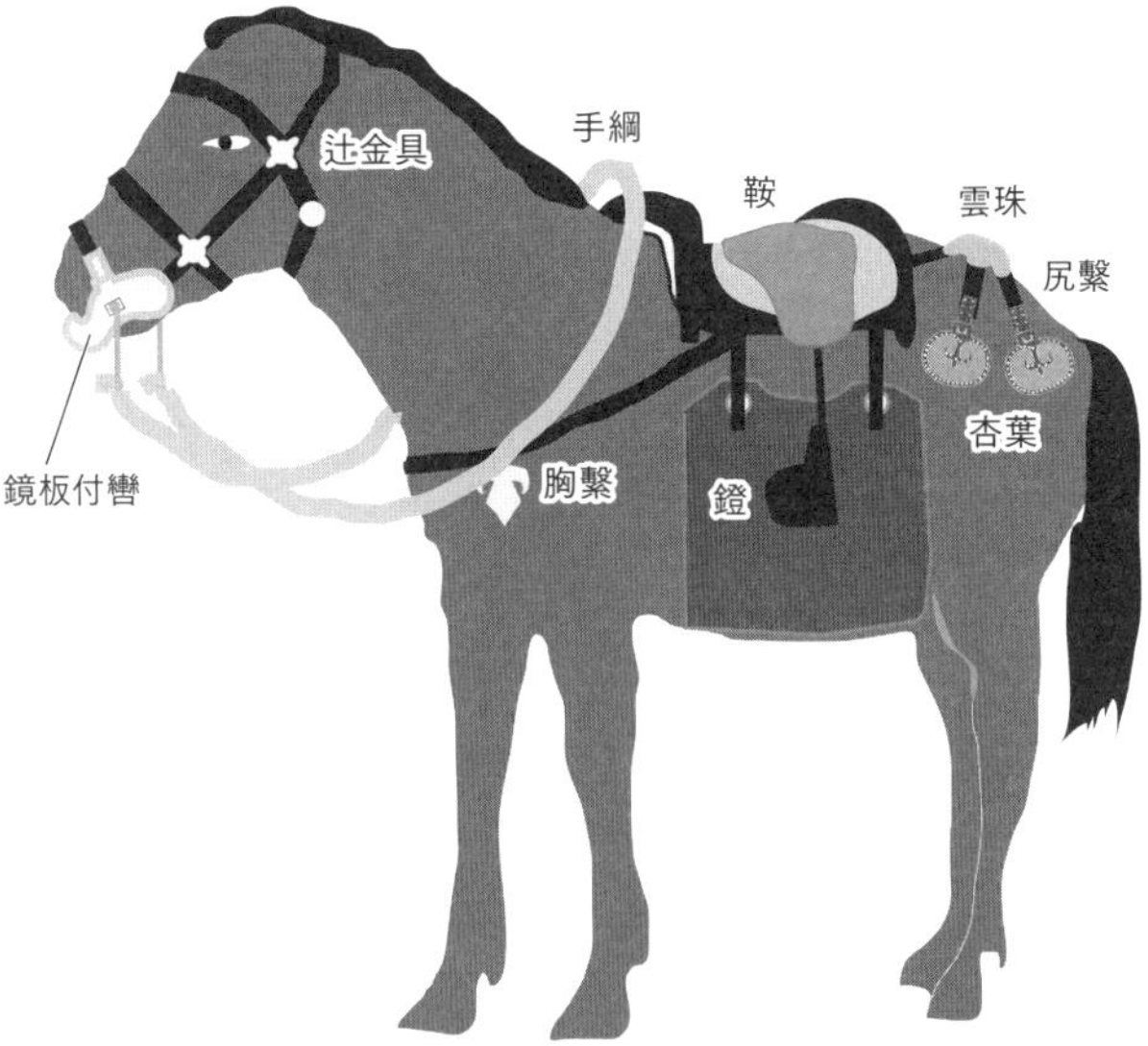


図54　オオド王の支持勢力が好んだデザインと馬具各部の名称

また、平行タタキと呼ばれる痕跡が残っているものもあり、これも須恵器製作技術では普通に用いられるものである。さらに、倒立技法は轆轤で製作した同じ直径の筒状の体部を分割して製作し、それの片方をひっくり返して二つを合体させるというものである（図55）。

そして最後は、須恵器と同様の窖窯《あながま》を用いて埴輪の焼成をおこなう。このように、須恵器づくりと密接不可分な関係にあるのがこの尾張型埴輪であり、文字どおり「オワリ」を中心に、オオド王支持・支援勢力の築造した古墳に、この埴輪が採用されている。

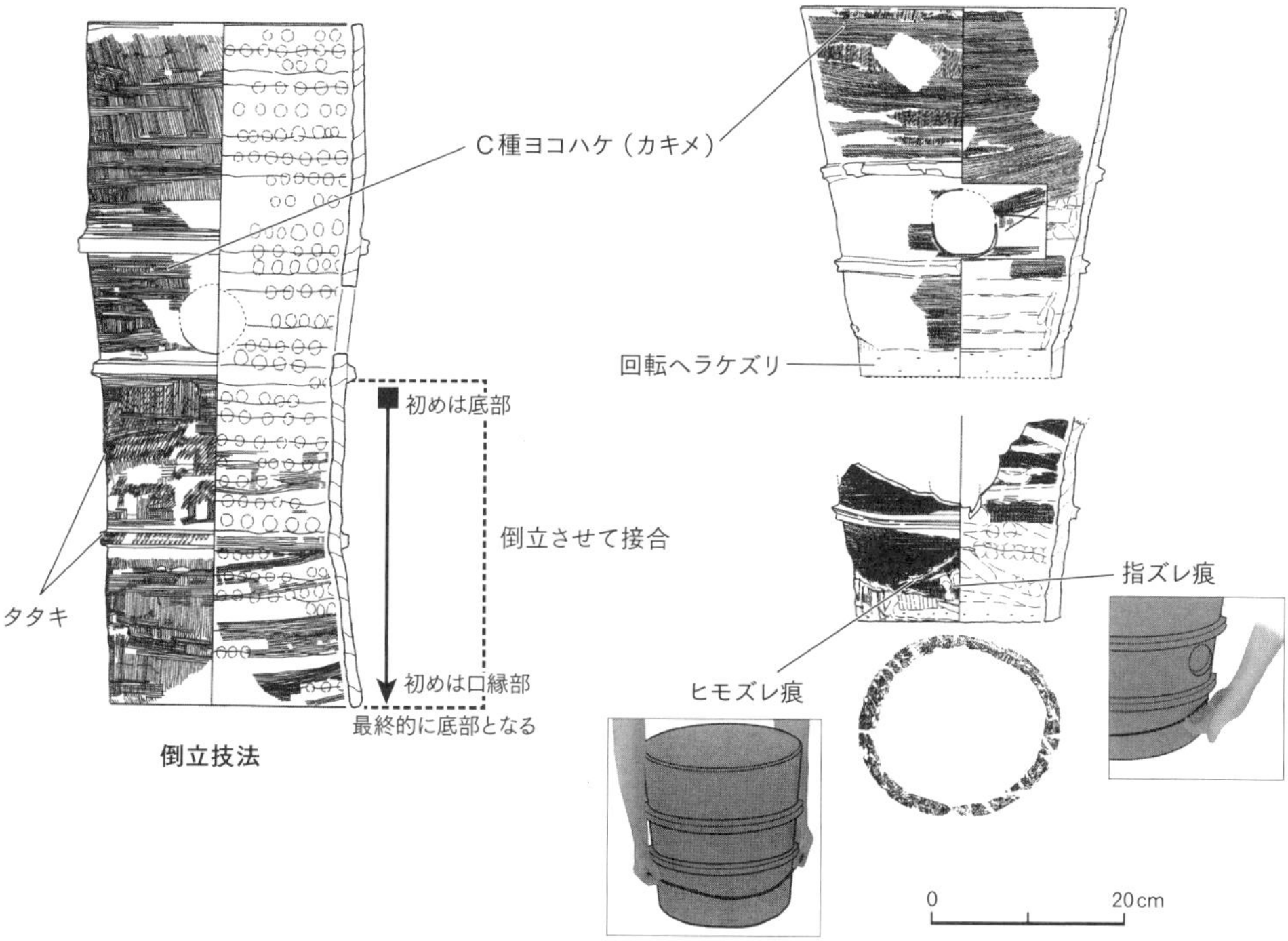


図55　味美二子山古墳の尾張型円筒埴輪製作技術

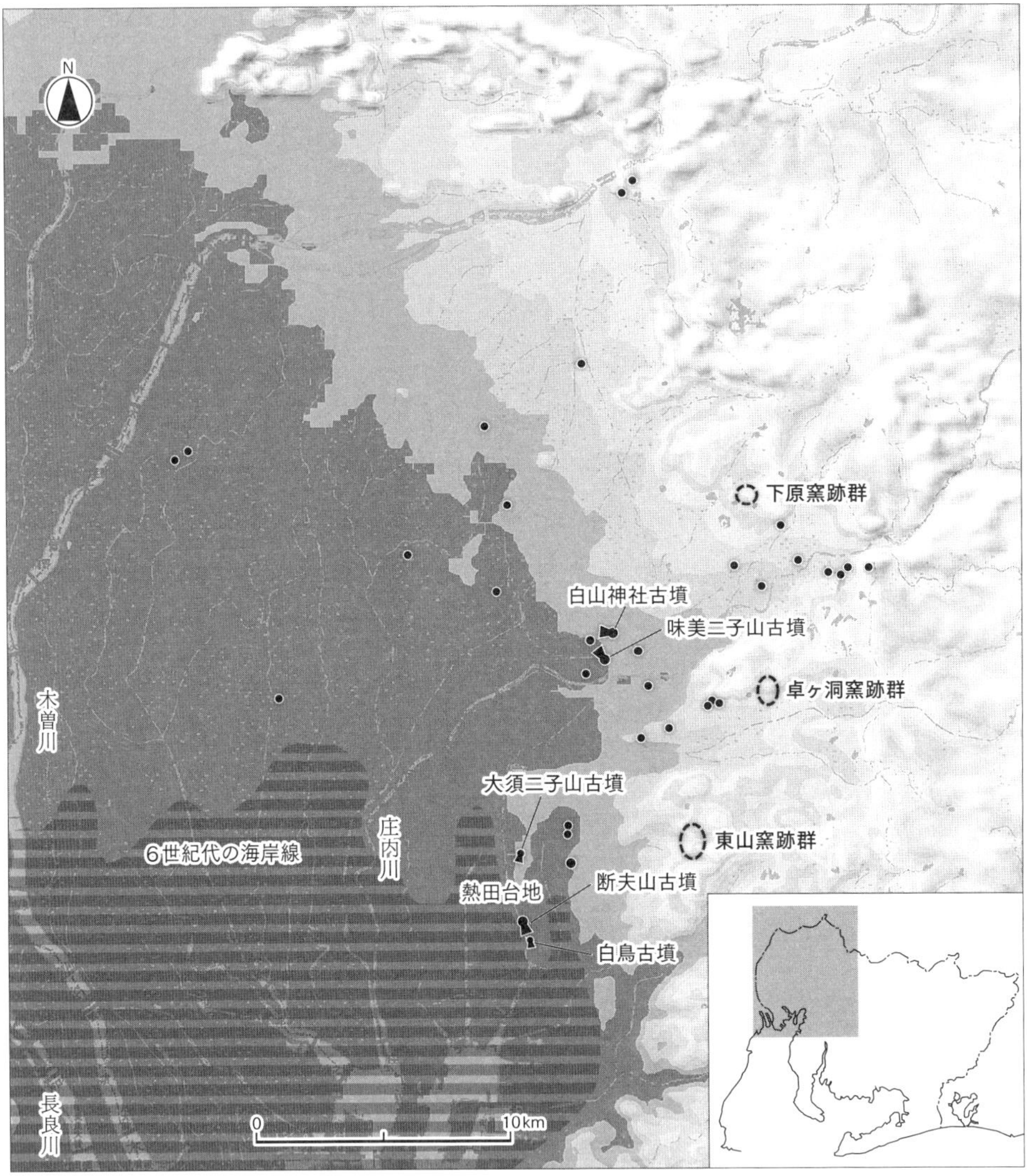


図56 「オワリ」の古墳と窯跡（ドットは古墳〈前方後円墳・円墳〉を示す）

## オオド王と「オワリ」

「オワリ」で最大の前方後円墳は、名古屋市の断夫山《だんぷさん》古墳（墳丘長一五一メートル）である。濃尾平野の東側、名古屋市には、熱田台地《あつただいち》と呼ばれる高まりがある。現在は完全に市街化されているが、かつては海が深く入りこんでおり、その熱田台地の南端部、海にのぞむ場所にこの断夫山古墳が築かれている（図56）。

古墳周辺は公園となっていて、墳丘がよく残されている。西側くびれ部前方部寄りに造り出しがあり、その北側、墳丘二段目で尾張型の大型円筒埴輪が採集されている（図57）。また、二〇二〇年から発掘調査がはじまり、周濠が確認された。被葬者として、尾張連氏の名があげられ、年代的に目子媛の父である草香の墳墓としても齟《そ》齬《ご》はない。

断夫山古墳の南にあるのが、白鳥《しらとり》古墳（墳丘長七四メートル）で、熱田神宮が日本武尊《やまとたける》の墓として管理している。尾張型埴輪が確認されており、

**図57　断夫山古墳の尾張型大型円筒埴輪**
〈高さ約80 cm〉

その位置関係などから目子媛の墳墓であるという説もある。

断夫山古墳の北二・五キロ、かつて大須球場と呼ばれた野球場のあった場所に、墳丘長一三八メートルと推定されている前方後円墳があった。大須二子山《おおすふたごやま》古墳である。現在は墳丘が完全に失われてしまっており、南山大学や名古屋市博物館に、二五二ページで述べた画文帯四仏四獣鏡や画文帯神獣鏡のほか、心葉形杏葉やf字形鏡板付轡《かがみいたつきくつわ》などの馬具類、衝角付冑、挂甲、鉄刀などの武器・武具、須恵器、尾張型円筒埴輪、土師器などの遺物が所蔵されており、名古屋市指定文化財に指定されている。

さらに、その北側の庄内川の北岸、名古屋市北区味鋺《あじま》から春日井市味美《あじよし》にかけての範囲に味美古墳群があり、春日井市の二子山公園に、味美二子山《あじよしふたごやま》古墳（墳丘長九四メートル）や白山神社《はくさんじんじゃ》古墳（墳丘長八四メートル）が残されている。公園整備にともなう発掘調査で、かつて存在した御旅所《おたびしょ》古墳（直径三一メートルの円墳）の周濠や味美二子山古墳の周濠や古墳祭祀に関連すると考えられる土坑や溝などの遺構が検出された〔春日井市教育委員会二〇〇四〕。味美二子山古墳からは、尾張型円筒埴輪をはじめ、カキメや須恵器甕の口縁部のつくりに似た蓋《きぬがさ》形埴輪、馬具を装着していない裸馬《はだかうま》と馬具を装着した飾馬《かざりうま》の埴輪、大刀を佩《は》いた人物、力士、盾持ち人、盾形埴輪、家形埴輪などのほか、須恵器・土師器などが出土している。裸馬は、馬飼集団と関連する埴輪である。

尾張型円筒埴輪は、名古屋市から春日井市内の同時期の中・小規模の古墳で、集中的に採用されていて、分布の中心となっている。その生産地については、味美二子山古墳から東北八キロほどの位置にある春日井市下原《しもばら》窯跡群で尾張型円筒埴輪が焼成され、味美古墳群に供給されていたことがわかっている。それに対し、断夫山古墳など熱田台地の古墳については、東山《ひがしやま》窯など別の窯から埴輪が供給された可能性が指摘されている。

味美古墳群については、その築造の開始が古く、下原窯で埴輪が焼成される以前の、五世紀前半代から前方後円墳の築造がはじまっている。当初、周辺部の開発を主導したのは、この古墳群を造営した勢力であったのだろう。また、味美古墳群では、熱田台地の古墳と異なった窯から埴輪が供給されている状況もあり、異なった系譜をもつ勢力が、それぞれの古墳群を造営したものと考えられる。もちろん、両者が対立していたわけではなく、いずれの勢力も、オオド王を強く支持・支援していたのである。

### オオド王と「カワチ」

前述のとおり、オオド王の埋葬地は、三島藍野陵である。『日本書紀』では没年について二説を記しており、継体二十五年歳次辛亥（五三一）と、継体二十八年歳次甲寅（五三四）である。

三島郡は、現在の大阪府茨木市・摂津市・高槻市、豊能郡豊能町《とよのぐんとよのちょう》など広い範囲にあたるが、オオド王の時期に造営された墳丘長一五〇メートルを超えるような前方後円墳は、高槻市郡家に所在する今城塚古墳（墳丘長一八一メートル）をおいてほかにない。この古墳がオオド王の墳墓、すなわち継体大王墓であることが、近年の調査によって確定した（図58）。

埋葬施設は、横穴式石室であると推定されている。石室は、盗掘や地震などで失われていたが、基盤工が確認されたほか、阿蘇溶結凝灰岩《あそようけつぎょうかいがん》（馬門石《まかどいし》）、兵庫県の竜山石、二上山の白石凝灰岩という三種の凝灰岩製石棺の破片が出土しており、石室内に三基の家形石棺が安置されていたと考えられる。

墳丘は、南北両側のくびれ部前方部寄りに造り出しをもつ。造り出しの方向や有無は異なるが、断夫山古墳や味美二子山古墳と墳丘の平面プランが近似する。

二重の周濠があり、中堤北側に長さ六五メートルの張出し部が設けられ、そこを四つに区画し、数々

図58　今城塚古墳（上空真上から、上が東）

の家形埴輪、武器・武具形の埴輪、器財埴輪、人物埴輪、動物埴輪などを樹立していた。この埴輪が樹立されている様子は、現地に再現されている。また、今城塚古墳に近接して今城塚古代歴史館があり、大王墓の埴輪と埴輪配列を目の当たりにすることができる（図59）。この埴輪配列が何を表現しているかについては諸説があるが、私は、大王が支配領域の各所で催した大王の権威を示す儀式の様子がここに再現されているものと考えている〔坂二〇〇九〕。

　これらの埴輪は、西へ一・二キロほどの位置にある新池《しんいけ》遺跡内の工房で製作され、遺跡内の埴輪窯で焼成されたものである。この新池遺跡の埴輪窯は、五世紀半ば頃、新池遺跡から南へ一キロの位置の、茨木市太田に所在する太田《おおだ》茶《ちゃ》臼山《うすやま》古墳（墳丘長二二六メートル）の造営にともなって埴輪を焼成したことに端を発する。太田茶臼山古墳は、現在宮内庁が継体天皇陵に治定するが、その年代が合致しない。淀川流域で最大の前方後円墳であり、この地域の開発を主導し、地域に支配拠点を構えた王の墓であると考えられる。弥生時代の安満《あま》遺跡などに端を発し

**図59　今城塚古墳の中堤張出し部に復元された埴輪配列**

た地域集団は、庄内式期から累代的に前方後円墳を造営する勢力に成長し、ついに「みしま」一帯の広域支配を実現した王として君臨するに至ったのである。

太田茶臼山古墳と今城塚古墳は、近接した位置の累代的に構築された二代にわたる大型前方後円墳である。この両者に新池遺跡で製作され、焼成された埴輪が供給されている事実から、「みしま」一帯の広域支配を実現した太田茶臼山古墳の被葬者の後裔が、まさに今城塚古墳の被葬者、つまりオオド王であると考えられるのである。

## オオド王の出自

以上のような、遺跡や古墳からみたオオド王の出自は、『日本書紀』の記載とは必ずしも一致しない。前述のようにオオド王の父にあたる彦主人王は、近江に別宅をもうける一方、越前三国の坂中井で振媛を迎えたことになっている。

オオド王が「コシ」、「オウミ」に深いかかわりをもっていたことは史実である。

考古学的にそれを証明するものとして、彦主人王の別宅があったという三尾にあたる滋賀県高島市にある鴨稲荷山《かもいなりやま》古墳があげられる。琵琶湖の湖北西部、鴨川南岸に築かれた墳丘長四五メートル以上の前方後円墳であり、二上山白石凝灰岩製の家形石棺の内外から金製垂飾付耳飾、水晶製や琥珀製の玉類、金銅製の広帯二山式冠・飾履《しょくり》・魚佩《ぎょはい》・半筒形製品、内行花文鏡、双鳳環頭大刀、銀製捩り環頭大刀、鹿角製柄付短刀、三葉文楕円形杏葉・楕円形鏡板付轡・雲珠《うず》などの鉄地金銅製馬具類、須恵器など多量の副葬品が出土した。オオド王に倭媛《やまとひめ》、稚子《わか》媛などの妃を出し（図52参照）、オオド王を支えた三尾君氏の墳墓である〔大橋 二〇〇七〕。鴨川と安曇川に挟まれた丘陵末端部には、彦主人王を被葬者候補として宮内庁が管理している田中王塚《たなかおうづか》古墳（墳丘長七二メートルの帆立貝式古墳か）があり、鴨稲荷山古墳をさかのぼる時期の築造時期が想定されている。また、田中王塚古墳の周辺では約七〇基の小規模円墳を主体とした田中古墳群が六世紀代にかけて形成されている。さらに、鴨稲荷山古墳と田中古墳群の周辺では、五世紀から六世紀にかけての、渡来系集団と関連する大規模な集落遺跡が検出され、この地域の有力地域集団が成長し、オオド大王と強いつながりをもち、さらにその実力を確固たるものにしていく過程が明瞭である。倭の大王が、朝鮮半島や中国とつながるうえでこの地域の有力集団もまた重要な役割を果たしたことはいうまでもない。

　オオド王に妃を輩出した坂田氏と息長氏も「オウミ」が本拠地である。近江国坂田郡は、湖北東部の現在の長浜市・米原市・彦根市北部にあたり、長浜古墳群や息長古墳群がある。
長浜市の横山丘陵北部にある長浜古墳群（横山北部古墳群）は、湖北地方において五世紀代を中心とした時期に築造された代表的な古墳群であり、尾張型埴輪が確認された垣籠《かいごめ》古墳（墳丘長六〇メートル程度の前方後円墳）がある。長浜古墳群の首長墓のなかでは、もっとも後裔にあたる六世紀前葉代に築造されたものとみられる〔辻川 二〇〇三〕。

　また、横山丘陵の南側、米原市の息長古墳群には、山津照神社《やまつてるじんじゃ》古墳（墳丘長約四五メートル）と塚《つか》の越《こし》古墳（墳丘長四六メートル）といういずれも横穴式石室を埋葬施設とする六世紀前半代に築造された前方後円墳がある。山津照神社古墳では広帯二山式冠が出土している。湖北地方一帯を支配した王が、長浜古墳群からそれにつづく息長古墳群に葬られ、さらに六世紀にいたってオオド王とつながったという過程が、古墳の形成過程のなかに明瞭にあらわれている。湖北地域を支配した王がオオド王とつながり、支えるようになってはじめて、坂田氏、息長氏という氏族へと発展したものと考えられる。

オオド王の母である振媛と関連する越前国三国（坂井郡）にある丸岡古墳群や松岡古墳群には、「コシ」の歴代の王が葬られている。松岡古墳群の二本松山古墳において加羅国の王陵である池山洞《チサンドン》古墳群と同型の冠が出土していることは、一一五ページで前述したとおりで、振媛その人の墳墓である可能性もある。また、あわら市の中川六五号墳（墳丘長四三メートルの前方後円墳）では尾張型埴輪が出土している。オオド王の母が、「コシ」の王族であったことは、認めてよいだろう。

一方、オオド王の父の権力基盤は、淀川流域にあったと考えられる。オオド王と旧知であったという河内馬飼氏の先駆となる集団は、淀川南岸の地域から河内湖に至る枚方《ひらかた》市、寝屋川市、四条畷《しじょうなわて》市などに居住していた。彼らは、朝鮮半島の栄山江流域を中心とした地域を出自とする馬飼集団であり、五世紀代に渡来し、盛んな生産活動を展開していた。鐙や轡などの馬具、馬を葬った墓、海を渡ってやってきたときの船に使用した板材、馬飼いに必要な塩をつくる製塩土器、韓式系軟質土器、造付《つくりつ》け竈の前面にとりつけた土製焚口枠などがこの地域の五世紀代の遺跡で集中的に出土しており、その活動を物語る。なお、四条畷市墓《はか》ノ堂《どう》古墳（墳丘長約七〇メートルの前方後円墳）の築造年代や墳丘規模が近年の調査で明らかになり、その被葬者を河内馬飼首荒籠とする説が提示されている〔四条畷市教育委員会 二〇二二〕。

応神天皇の五世孫という系譜は、皇位の断絶があった武烈と同世代に位置づけるための後付けであろう。前述のとおり、応神（ホムダワケ）が、『日本書紀』の記述のなかで始祖として神秘的・神話的性格を担っていたことが直木氏によって指摘されているが〔直木 二〇〇五〕、オオド王の系譜をこのホムダワケにつなげ、武烈天皇と同世代に位置づけることが重要であったのである〔大平 二〇二〇〕。

太田茶臼山古墳の被葬者は、「カワチ」北部の「みしま」の王である。先にも述べたように弥生時代の安満遺跡以来の有力地域集団が成長したものである。ヤマト王権と親密な関係を築き、成長をつづけてきた。倭国王珍や興の時代に広域支配をなしとげ、太田茶臼山古墳を築いたのである。「みしま」の王の支配領域は、淀川南岸部に及び、朝鮮半島の全羅道地方を出自とする渡来系馬飼集団を麾下《きか》において、その生産力と機動力によって、さらにその実力を増大させていったものとみられる。さらに、「みしま」の王は、「ヤマシロ」や「オウミ」、さらには「コシ」の王とも深いつながりをもっていた。そのようなかで、「コシ」の王の女《むすめ》である振媛と、「みしま」の王とのあいだに産まれたのがオオド王であったと考えられるのである。

### オオド王の支持勢力

こうした地理的条件を活かして、オオド王が産まれたときには、すでに大王となるためのネットワークが形成されていたといえよう。

尾張型円筒埴輪の分布は、北陸と東海地方の中部を中心とするものの、東北地方や中国・四国地方にまで及ぶ。その意味ではすべてがオオド王にかかわるものであるとは言い切れないが、北陸・東海地方と淀川流域から「ヤマト」につながる分布状況は、オオド王の支持勢力のネットワークをしめす。

尾張周縁部では、遠江、美濃、伊勢地方、北陸方面では越前、能登地方、そして近江地方および摂津、山城地方と大和地方に尾張型埴輪が分布する。

近畿地方においては、淀川上流部の交通の結節点に築造された京都府宇治市の五ケ庄《ごかしょう》二子塚《ふたごづか》古墳（墳丘長一一二メートルの前方後円墳）、「みしま」の王の直接支配範囲に隣接する猪名川流域の兵庫県川西市の勝福寺古墳（墳丘長四〇メートルの前方後円墳）、「筒城宮」が近い京田辺市の堀切《ほりきり》七号墳（直径一五メートルの円墳）、奈良県では唯一の事例である奈良県大和郡山市の額田部《ぬかたべ》狐塚《きつねづか》古墳（墳丘長五〇メートルの前方後円墳）の被葬者が、オオド王を支持・支援していたことはまちがいないところであろう。
また、「弟国宮」が近い向日市の物集女車塚《もずめくるまづか》古墳（墳丘長四五メートルの前方後円墳）でも、尾張型埴輪が出土しており、古墳の副葬品に三葉文楕円形杏葉、広帯二山式冠が出土していること（図54参照）をあわせて考えると、物集女車塚古墳の被葬者もオオド王の支援勢力であったと考えられる。

## オオド王と「ヤマト」

### 「ぬかたべ」の外交集団

大王位につく前のオオド王は、ヲシ大王の時代にヤマトの「おしさか」宮にいた。オオド王を支えた桜井市忍阪遺跡周辺の外交集団については前述したとおりである（二五九ページ参照）。忍阪は、初瀬川上流部にあたるが、それを下ると、奈良盆地北部から南流する佐保川と合流する。その合流点付近が「ぬかたべ」である。

推古天皇十六年（六〇八）、遣隋使として派遣した小野妹子《おののいもこ》が裴世清《はいせいせい》とともに帰国する。難波津から飛鳥に入るとき、海石榴市《つばいち》の路上で、飾馬七五匹を遣わし裴世清を出迎える。このとき挨拶の言葉を述べたのが額田部連《ぬかたべのむらじ》比羅夫《ひらふ》である。水陸交通の結節点に盤踞したのが額田部氏であり、はじめての隋からの外交使節を飾馬で出迎えるという重責を担ったのである。

額田部氏の氏寺が、額安寺《かくあんじ》（額田寺）で、国立歴史民俗博物館が「国宝　額田寺伽藍並条里図《ぬかたでらがらんならびにじょうりず》」を保管している。そこには、伽藍と条里のほか、古墳の外形と位置も絵に描かれている。そのうち寺の北側に、「船墓　額田マ（部）宿祢先祖」として記された箇所があり、船墓《ふなはか》古墳（墳丘長五〇メートルの前方後円墳）を指すものと考えられる（図60）。八世紀に描かれた絵図において、前方後円墳を先祖の墓であると認めているわけである。ただし、この古墳が事実として、額田部氏の先祖によって造営されたのかどうかは別の問題である。奈良時代において、古墳をもって祖先の墓と考えるという祖先意識が存在していたことが確認できるという事実こそ重要なのである。実際は、この「国宝　額田寺伽藍並条里図」に描かれている古墳の被葬者たちは、オオド王の時代に交通の要衝の地で国際外交に活躍した外交集団であったと推定できる。

「国宝　額田寺伽藍並条里図」には、尾張型埴輪が出土した額田部狐塚古墳も描かれている。この古墳は現在、大和中央道の道路敷の中央に墳丘の一部が残り竹林になっている。道路敷になる前は水田や畑であり、墳丘はよく残っていた。発掘調査は一九六六年で、後円部南寄りの位置で二基の組み合わせ木棺が検出され、棺内から半円方形帯二神三獣鏡、銀製耳飾、玉類、挂甲、馬具類、鉄鏃などが出土している。額田部狐塚古墳の被葬者は、オオド王を支えた外交集団のなかでも、重要な役割を担った人物の一人であったと考えられる。

先に『日本書紀』の仁賢天皇六年条に、大倭国山辺郡額田邑には高句麗から渡来した工人が居住し、熟皮高麗《かわおしのこま》はその子孫であるという記事があり、それと奈良県天理市の中町西遺跡の関連性を述べた（二四五ページ参照）。実際に五世紀後半代に加羅および全羅道地方を出自とする渡来人が遺跡内に集住していたのであり、「国宝　額田寺伽藍並条里図」からみれば、その東側の佐保川の対岸の広範囲が、山辺郡額田邑の範囲のなかにあったのである（図61）。

この中町西遺跡の周辺には、水晶塚《すいしょうづか》古墳（墳丘長約五〇メートル）、東には星塚一号墳（墳丘長四〇メートル）、二号墳（墳丘長四一メートル）、荒蒔《あらまき》古墳（墳丘長約三〇メートル）といういずれも六世紀初頭に築

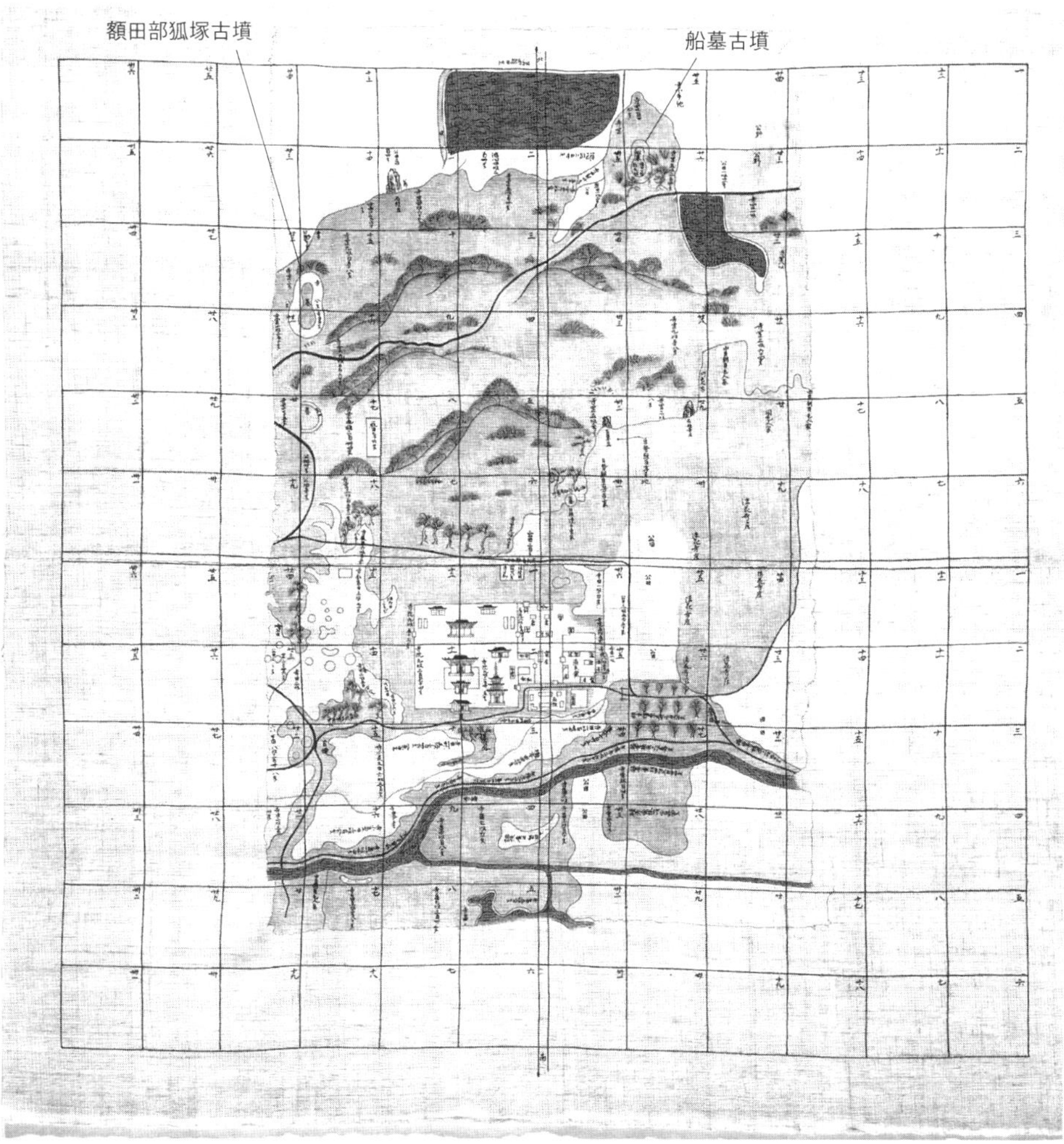


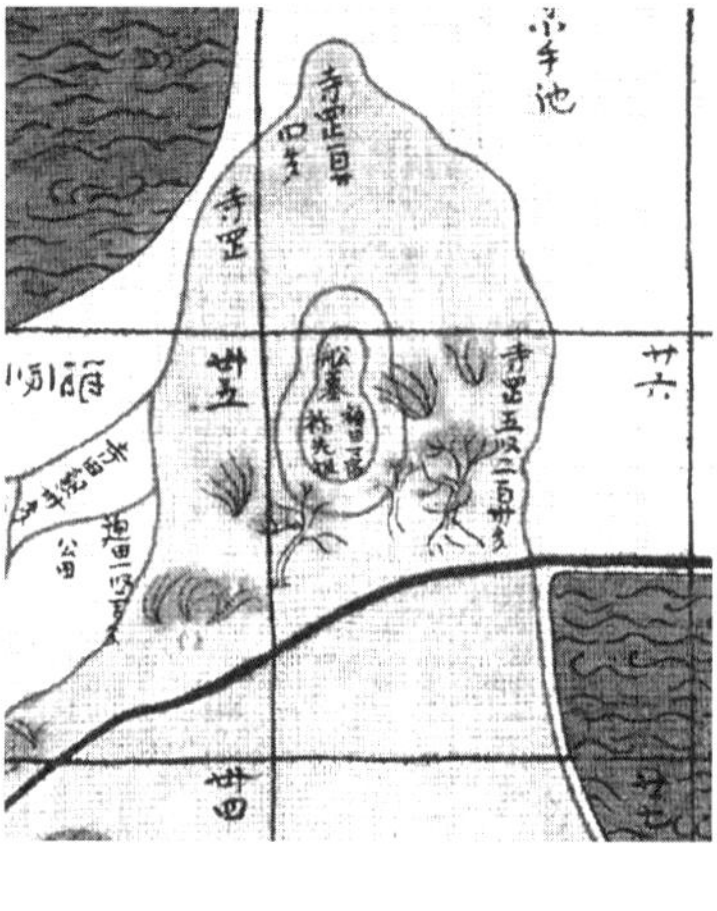

図60　「国宝 額田寺伽藍並条里図」（復元）
〈143.8×143.9 cm〉
右：寺院北の船墓古墳部分

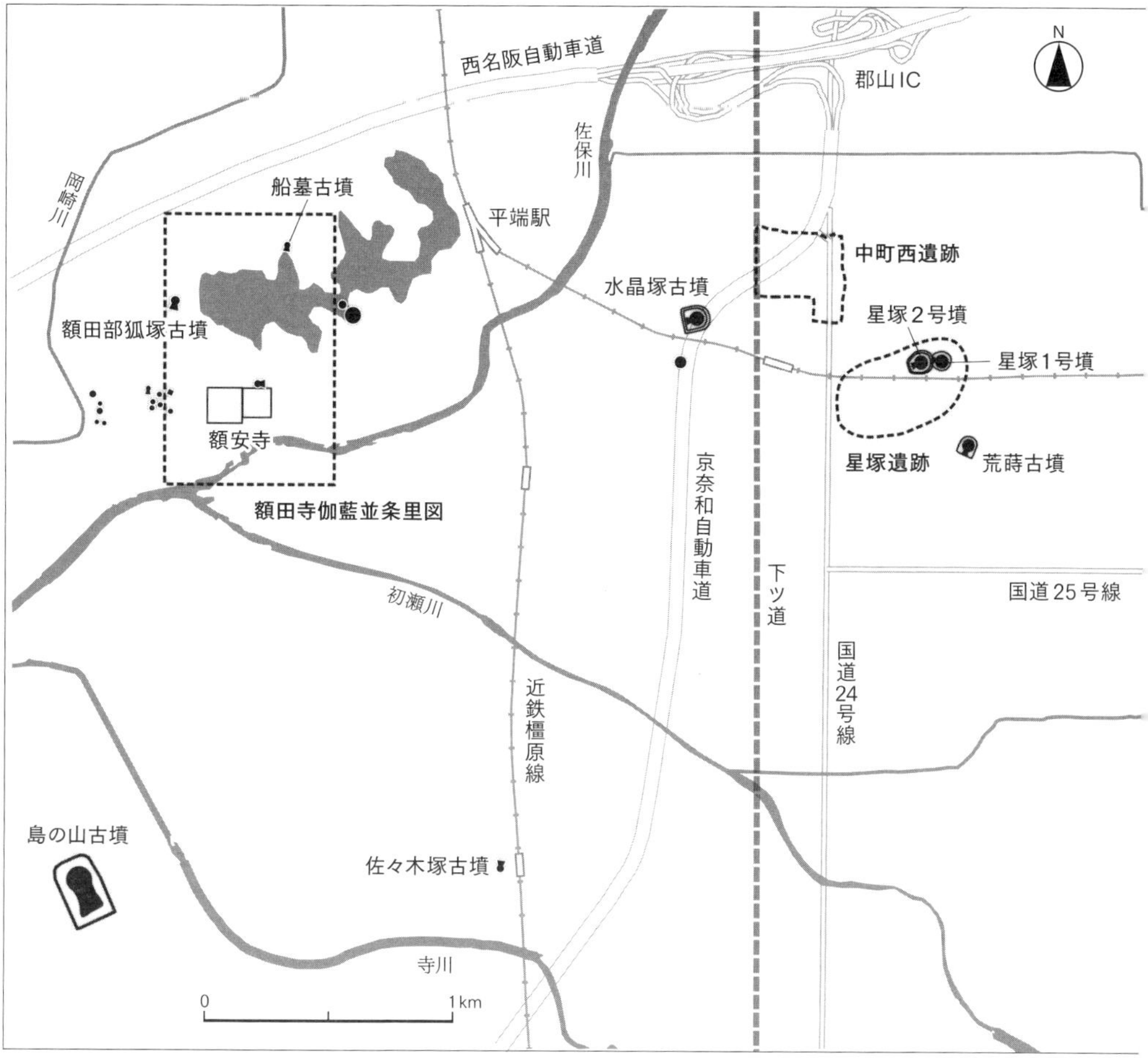


図61 「ぬかたべ」の古墳と遺跡

造された帆立貝式古墳がある。水晶塚古墳では、阿蘇溶結凝灰岩（氷川石《ひかわいし》）が出土しているほか、星塚二号墳と周辺で栄山江流域の陶質土器や、加羅国製と考えられる金製垂飾付耳飾、金箔貼ガラス小玉、荒蒔古墳では、馬飼集団と関連する馬具で飾らない裸馬の埴輪などがそれぞれ出土していることが注目される。額田邑において、ヲシ大王とオオド王の時代に、全羅道地方や加羅国を出自とする渡来系集団や馬飼集団が積極的に活動し、九州地方ともつながっていたのである〔坂二〇〇九〕。

このように、ヲシ大王とオオド王はともに、額田部氏が先祖と仰いだ外交集団である加羅国や栄山江流域を出自とする渡来人技術者集団や馬飼集団を厚遇していたのである。

### オオド王と「ヤマト」の氏族

『日本書紀』の記述では、武烈天皇の時代に平群真鳥を滅ぼした大伴金村が、武烈の死後に跡継ぎがいないので、大臣《おおおみ》の許勢臣男人《こせのおみおひと》、大連《おおむらじ》の物部連麁鹿火《もののべのむらじあらかひ》に図って、仲哀天皇の五世孫の倭彦王《やまとひこのおおきみ》を丹波国桑田郡（京都府亀岡市・北桑田郡）から迎えようとするが、失敗する。そのあと同じく大伴金村がこの両人に図って、オオド王を大王として迎えることになったとする。河内馬飼首荒籠の仲介でオオド王は樟葉宮に到着し、大伴金村が天子の爾符《みしるし》として鏡・剣をたてまつり拝礼し即位をすすめた。オオド王は固持するが、大臣、大連、将相《まえつきみ》、諸臣《もろもろのおみ》がみな自分を推薦するのであれば、それに反することはできないとして、ついに爾符をうけとったという。

大王となる条件として、「ヤマト」を基盤にした諸勢力の承認とそれを背景とした地位の証しである神器の付与がここに記載されているのである。つまり、のちに有力氏族として大王を支えた「ヤマト」の諸勢力の推挙と承認をえて、大王位を得ることになったことが記されている。この時点でいわゆる三種の神器のうち、玉を欠く神器が王位を示すアイテムとして、はじめて記載されているわけだが、それを委ねるためのイニシアティブは、あくまで「ヤマト」の諸勢力の側にあったことに留意する必要がある。

以下にオオド王の擁立を図った大伴氏、巨勢氏、物部氏について述べておこう。

## 大伴氏と「ヤマト」

オオド王を擁立した大伴金村の祖父は大伴室屋で、二二〇ページでは雄略天皇九年条で、天皇の指示により紀小弓宿禰《きのおゆみのすくね》の墓地を淡輪《たんのわ》につくらせたのが、この人物であると記されていることを述べた。オオド王の即位にあたっては、白髪（清寧）天皇に皇嗣がないので、室屋が天皇に遣わされて州《くに》ごとに三種の白髪部《しらかべ》をおいて、天皇の名を残そうとしたことを引き合いにだし、手白香皇女を皇后にするように、大伴金村が説得し、オオド王がそれを了解したという（『日本書紀』継体天皇元年条）。

このように、『日本書紀』においては、大伴室屋・金村がキングメーカーとして大きな権力をもっていたように描かれている。

大伴金村については、こののちに任那四県割譲の責を負って失脚し、住吉宅に籠もったという記載がある。この場合、大伴金村の居宅は住吉であり、大阪市住吉区にある帝塚山《てづかやま》古墳（墳丘長八八メートルの前方後円墳）が金村の墓であるという伝承がある。しかし、帝塚山古墳の築造時期は、五世紀初頭にあたり大伴金村とは無関係である。大伴氏とかかわる遺跡や古墳などが付近にみあたらないことから、この住吉宅の実態はつかみがたい。

一方、「ヤマト」と大伴氏のかかわりは、『日本書紀』神武天皇の元年と二年条の記述がある。元年には、〝天皇が橿原宮に即位し、はじめて国の政をはじめたとき、大伴氏の遠祖である道臣命《みちのおみのみこと》が、大来目《おおくめ》部《ら》をひきいて、密計を承って、諷歌《そへうた》（ある事実について表だてず歌う歌）、倒語《さかしまごと》（味方だけに通じる言葉）で妖気をはらい平らげた〟とあり、二年条には〝天皇が論功行賞をおこない、道臣命に宅地を賜い、築《つく》坂邑《さかのむら》（奈良県橿原市鳥屋町）に居所を与え恩顧を加え、大来目には畝傍山の西の川のほとりに家を賜った〟とある。

もちろん、神武天皇は実在した天皇ではないが、畝傍山の麓に橿原宮を構え、畝傍山の東北に陵をつくったという記述と、天武天皇の時代に藤原京の造成にともない、神武天皇陵が創造され、壬申の乱における「ヤマト」の戦いのときに天武天皇の命によって高市郡の県主許梅《こめ》が神武陵に馬と武器を奉ったという記述をかさねあわせるなら、『日本書紀』編纂時点において、畝傍山周辺の遺跡が、壬申の乱で戦功のあった大伴吹負《おおとものふけい》の先祖にかかわるものと認識されていたことがわかる（坂二〇二〇a）。

畝傍山の北には四条古墳群、四条シナノ古墳群があり、畝傍山の西の川にあたる曽我川の中流部に新《にい》沢千塚《ざわせんづか》古墳群がある。また、集落遺跡としては四条遺跡がある。二〇三ページで述べたとおり、藤原宮下層遺跡やその南に日高山《ひだかやま》古墳群があり、いずれの古墳や遺跡でも遺物が顕著に検出されている。藤原宮下層遺跡では、前述の独立棟持ち柱建物のほか、オオド王の時代にあたる六世紀前半代の掘立柱建物が四〇〇〇平方メートルの区画なかに検出されている（図62）。これらは七世紀の大伴氏の淵源をなす有力地域集団が造営したものであろう。あるいは、大伴室屋や金村の居宅や墳墓もこのなかに含まれていると考えられるのである。

◀図62　大伴氏・巨勢氏の勢力範囲と関連遺跡

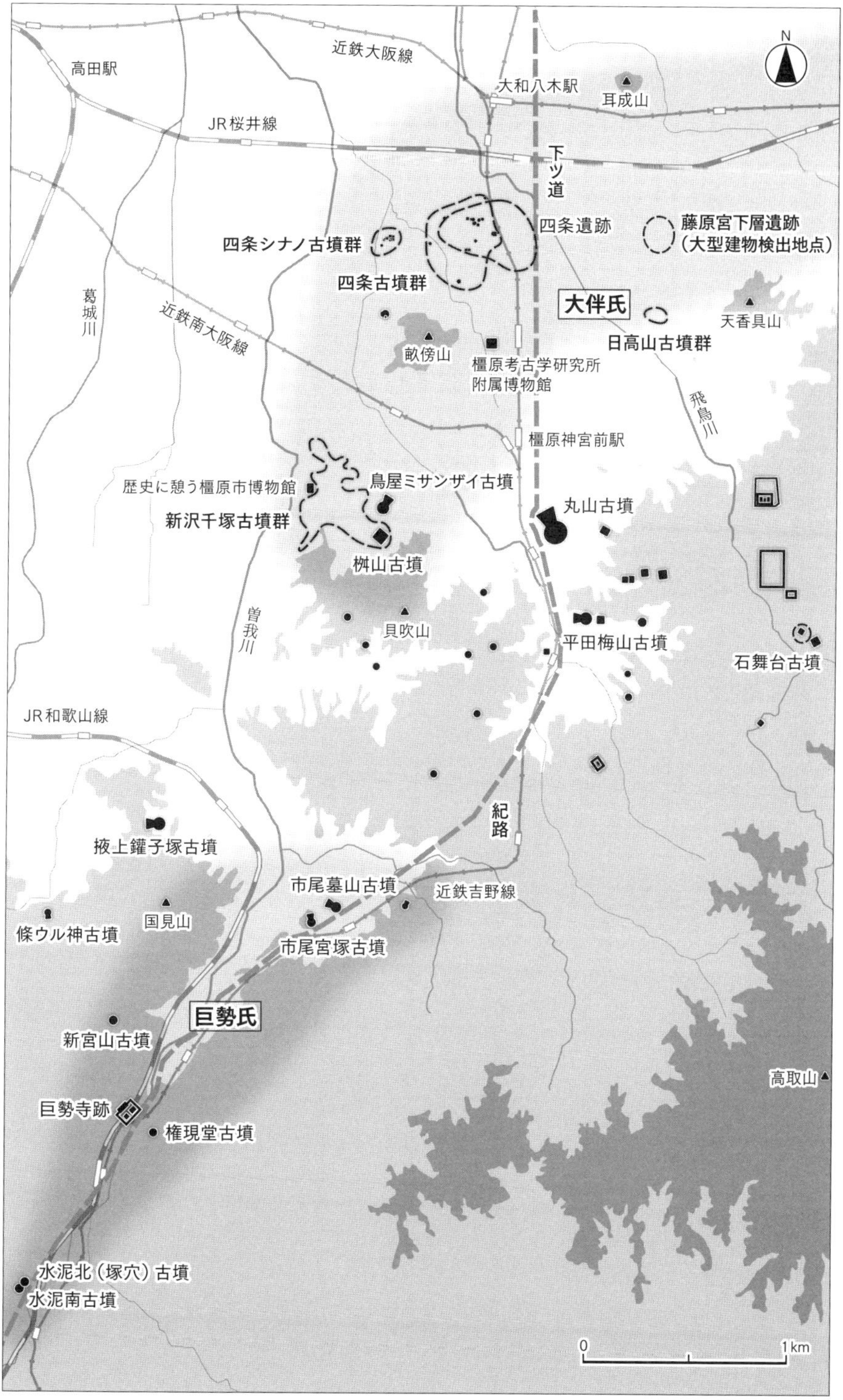

N
近鉄大阪線
高田駅
大和八木駅
耳成山
JR桜井線
下ツ道
四条遺跡
藤原宮下層遺跡
(大型建物検出地点)
四条シナノ古墳群
四条古墳群
葛城川
大伴氏
天香具山
近鉄南大阪線
日高山古墳群
畝傍山
橿原考古学研究所
附属博物館
飛鳥川
橿原神宮前駅
歴史に憩う橿原市博物館
鳥屋ミサンザイ古墳
新沢千塚古墳群
丸山古墳
桝山古墳
曽我川
貝吹山
平田梅山古墳
石舞台古墳
JR和歌山線
紀路
掖上鑵子塚古墳
市尾墓山古墳
近鉄吉野線
條ウル神古墳
国見山
市尾宮塚古墳
巨勢氏
新宮山古墳
高取山
巨勢寺跡
権現堂古墳
水泥北(塚穴)古墳
水泥南古墳
0
1km

## 巨勢氏（許勢氏）と「こせ」

巨勢氏（許勢、居勢、己西とも書く）は、飛鳥時代には左大臣となった徳太《とこた》、壬申の乱で近江軍の将軍となった人《ひと》（比等）、奈良時代には中納言となった麻呂《まろ》、大納言となった奈弖麻呂《なてまろ》など高位高官に昇った貴族を輩出した氏族である。

奈良県高取町から御所市にかけて、巨勢谷と呼ばれる奈良盆地から和歌山方面へむかう紀路《きじ》が通る狭《きょう》隘《あい》な谷がある。その中央の御所市古瀬《こせ》に、巨勢寺《こせでら》という大規模伽藍を氏寺として構え、巨勢氏は交通の要衝であるこの「こせ」に盤踞していた。

「こせ」には、その谷の入り口付近の高取町市尾に市尾墓山《いちおはかやま》古墳（墳丘長約六六メートル）、市尾宮塚《いちおみやづか》古墳（墳丘長四四メートル）という二基の前方後円墳、その南の御所市樋野《ひの》には権現堂《ごんげんどう》古墳（直径三〇メートル程度の円墳?）、御所市稲宿《いないど》に新宮山《しんぐうやま》古墳（墳丘長四〇メートルの前方後円墳?）、御所市古瀬の巨勢寺より南西九〇〇メートルの位置の水泥北《みどろきた》（塚穴《つかあな》）古墳（直径二〇メートル）、水泥南《みどろみなみ》古墳（直径三〇メートル）という二基の円墳がある。これらは、いずれも大型の横穴式石室を埋葬施設とし、水泥塚穴古墳を除いて、刳抜式《くりぬきしき》家形石棺を内蔵し、六世紀前半から末頃までのあいだに累代的に築造された首長墓である。飛鳥時代から奈良時代の巨勢氏がみずからの祖先にかかわるものと考えていたであろうことは容易に想像ができるところである。

この墳墓のなかで最初に築かれたのが市尾墓山古墳である。オオド王を擁立したという巨勢男人《おひと》を被葬者とする説（河上一九九五）があり、その年代も整合的である。

しかし、この巨勢男人についてはその実在性を疑う説がある（直木二〇〇五）。『続日本紀』天平勝宝三年（七五一）二月条に、〝正六位下内膳司典膳の雀部朝臣真人《さざきべのあそんまひと》が、「継体・安閑天皇の御世に大臣となって仕えた雀部朝臣男人は、同祖である巨勢の名をとり、治部省管理の系譜には誤って巨勢男人大臣と記されているから、それを雀部大臣と改め、名を長代に伝えたい」と奏言した。当時の巨勢氏の氏上である大納言の奈弖麻呂もこれを認め、雀部朝臣真人の願いが許された〟という記事がある。これが史実であれば、巨勢臣を名乗る前の本姓は雀部臣だったことになる。

奈良時代の氏族意識のなかで、巨勢奈弖麻呂が、雀部氏を取り込むために、巨勢男人に目をつけてそれを雀部氏の祖先としてつないだのだろう。あくまで、雀部氏は後出の氏族であり、男人とつながるような血縁系譜があったわけではないと考える。

ただし、飛鳥〜奈良時代の巨勢氏とこの巨勢男人が、そのままつながっていたかどうかについての検討は必要だろう。巨勢谷の古墳とその入り口にある市尾墓山古墳や市尾宮塚古墳を区別して、これを飛鳥に拠点を移す前の蘇我氏のものとみる説もある〔白石二〇一八〕。

しかし、巨勢谷の入り口部はまさに、紀路の要地である。そして紀路は、紀ノ川河口部で港湾となり朝鮮半島につながる大動脈である。紀路のヤマトでの要地をおさえた六世紀初頭の首長である市尾墓山古墳の被葬者像と巨勢男人の人物像が重なる。巨勢谷の中央に巨勢寺を築いた氏族の前身が、次々に古墳を築造したとみるとき、この人物が実在し、その血縁系譜も飛鳥・奈良時代の巨勢氏につながっていたとみるべきだろう。

横穴式石室は、朝鮮半島から導入された新しい構造の埋葬施設である。四世紀から五世紀代にまず北部九州に入り、北部九州から近畿地方に導入された。それが北部九州型横穴式石室である。横穴式石室は、棺が安置されるメインの部屋（玄室《げんしつ》）と、そこに至るための通路（羨道《せんどう》）からなるが、その玄室と羨道のあいだ（玄門《げんもん》）に仕切りを設け、大きな扉石をそこに立てかけて玄室を閉じるタイプと、旧来の

図63　市尾墓山古墳の横穴式石室と家形石棺

竪穴式石室に、横から入るための入り口を設ける竪穴系横口式石室に分類される。また、一四五ページで述べた屍床《ししょう》をもつ肥後型横穴式石室もある。

市尾墓山古墳の横穴式石室（図63）は、それまでにない新しいタイプの畿内型横穴式石室と呼ばれるもので、玄門には扉のような仕切りがなく、塊石や土を積んで玄室を閉じるものである〔土生田一九九八〕。武寧王陵のある公州の宋山里古墳群にこのタイプの横穴式石室があり、近畿地方と百済中央部との直接的な関係のなかで導入されたものであると考えられる。そのなかで、市尾墓山古墳の横穴式石室は、「ヤマト」ではもっとも古いものとして位置づけられる。

畿内型横穴式石室は、その後のトレンドとなり、後続する巨勢谷の古墳はもちろん、後述する橿原市丸山古墳など大王墓にも採用されることとなる。畿内型横穴式石室は、百済中央部とのかかわりのなかで、オオド王を支えた巨勢男人の墳墓に先駆的に採用されたのである。

市尾墓山古墳の南西二〇〇メートルの紀路沿いに、市尾宮塚古墳がある。この古墳に採用された横穴式石室は天井の高さが低く、奥壁と前壁をゆるやかに持ち送るもので、畿内型横穴式石室のなかの地域的特色をしめす巨勢谷型である〔坂二〇〇九〕。これ以降、巨勢氏は好んで巨勢谷型を採用することとなる。

**物部氏と「ふる」**

天理市布留遺跡が、物部氏の淵源をなす有力地域集団の支配拠点であり、安康天皇の石上穴穂宮、仁賢天皇の石上広高宮の記述も、この有力地域集団にかかわるものと考えられることは前述したとおりである。

布留遺跡の北側には石上《いそのかみ》古墳群、南側には杣之内《そまのうち》古墳群がある。石上古墳群には、別所大塚古墳（墳丘長約一二五メートル）、石上大塚《いそのかみおおつか》古墳（墳丘長一〇七メートル）、ウワナリ塚古墳（墳丘長一一二メートル）、岩屋大塚古墳（墳丘長約七四メートル）、杣之内古墳群には、西乗鞍《にしのりくら》古墳（墳丘長一一八メートル）、小墓《おばか》古墳（墳丘長約九〇メートル）、東乗鞍《ひがしのりくら》古墳（墳丘長約八三メートル）という、五世紀後半から六世紀後半代まで累代的に構築された前方後円墳がある（図2参照）。

このうち西乗鞍古墳、小墓古墳については埋葬施設の調査がおこなわれていないが、周濠が確認されていて、墳丘や外堤に埴輪が樹立されていたことが確認されている。また、小墓古墳では笠形の木製品が多数出土していて、これは木製立物《もくせいたてもの》と呼ばれる埴輪と同じ目的をもって立てられた木製品である。そのほかの埋葬施設は、畿内型横穴式石室であり、東乗鞍古墳では阿蘇溶結凝灰岩製家形石棺の存在が確認されている。

次項で述べるように、筑紫の君磐井《いわい》を斬殺したのが物部麁鹿火であり、東乗鞍古墳が市尾墓山古墳と同様の畿内型横穴式石室の初期の事例として位置づけられることからも、これを物部麁鹿火の墳墓とすることに矛盾はない。

これらの前方後円墳が築造されたのち、石上古墳群ではハミ塚古墳（長辺四七、短辺四四メートル）、塚《つか》平《ひら》古墳（一辺約二〇メートル）という二基の方墳、杣之内古墳群では塚穴山《つかあなやま》古墳（直径六三メートル）、峯塚古墳（直径三六メートル）という二基の円墳が、六世紀後半から七世紀前半までのあいだに築造されている〔小栗 二〇一九〕。

蘇我氏と対立した物部尾輿《おこし》・守屋《もりや》父子の墳墓の所在地はさだかではない。「カワチ」にそれを求めようとする見解もあるが、このように累代的に飛鳥時代まで墳墓が造営されており、物部氏の後裔の石上氏がこの地域で活動することからみても、これらの墳墓のなかに彼らを被葬者とするものがあるとみるべきであろう。

## オオド王と筑紫の君磐井

### 筑紫の君磐井

北部九州に大きな勢力をもち、オオド王と激しく対立したのが、筑紫の君磐井である。

『日本書紀』の継体天皇十七年（五二三）に武寧王が薨じたとある。前述のとおり武寧王陵の誌石では没年は癸卯年（五二三）であり、暦年が一致する。

そして、継体天皇二十一年（五二七）、同二十二年（五二八）に磐井の乱の記事がある。


夏六月、近江毛野臣《おうみのけののおみ》が六万の兵を率いて任那に進軍する際に、新羅から賄賂を贈られた筑紫国《つくしのくにの》造《みやつこ》磐井が、火国《ひのくに》、豊国《とよのくに》に進撃し、海路を遮断して、高句麗・百済・新羅からの毎年の朝貢の船を略取する。そして、毛野臣の軍勢と交戦する。毛野臣の軍は前進をはばまれ滞留することになった。

天皇は、大伴金村、物部麁鹿火、許勢男人らを集めて、誰を将軍にすべきか問うたところ、大伴金村らは物部麁鹿火が正直で仁慈も勇気もあり、軍事に精通していると推薦し、将軍として派遣されることになった。

秋八月、物部麁鹿火は天皇に再拝し「道臣命の昔から大伴室屋の時代に至るまで、武将が天子を助けることにかわりはない。必ずや、磐井を征伐いたしましょう」と申し上げたところ、天皇は磐井に天罰を与えよと激励し、斧鉞《まさかり》を麁鹿火に与えて、「筑紫から西はお前が統治し、思いのまま賞罰をおこなえ。奏上する必要はない」とした。

（継体天皇二十一年夏六月、秋八月条）

冬十一月、大将軍物部麁鹿火は、賊《あた》の帥《ひとごのかみ》（首領）磐井と筑紫の御井郡《みいのこおり》（福岡県三井郡）で交戦した。両軍の旗や鼓が相対し、軍勢のかきたてる埃塵《ちり》も入りみだれた。両軍は必死に戦ったが、麁鹿火はついに磐井を斬り、反乱を完全に鎮定した。

十二月に筑紫君葛子《くずこ》は父に連坐して誅《ちゅう》せられるのを畏れ、糟屋屯倉《かすやのみやけ》を献上して死罪を贖《あがな》うことを願った。

（継体天皇二十二年冬十一月、十二月条）

記述の大半が物部麁鹿火の武勇伝であり、戦闘の場面には中国の『芸文類聚』による潤色が加えられており、史実でない部分もある。しかし、この反乱の本質は新羅と独自外交をおこない、北部九州一円を支配し威勢を誇った一大勢力が、倭国王のもとに軍事的に屈服し、これ以降、ヤマト王権が中央、「ツクシ」は地方という関係ができあがったことを記しているのである。

なお、先に将軍として朝鮮半島に派遣された近江毛野臣については、その出自は不明だが、滋賀県野洲市に林《はやし》ノ腰《こし》古墳（墳丘長九〇メートル）があり、今城塚古墳のちょうど二分の一の周濠や墳丘の形態をもっていることから、その被葬者にあげられている〔辻川 二〇一〇〕。

**岩戸山古墳**

磐井の墳墓は、北部九州地方最大の前方後円墳である、福岡県八女市の岩戸山《いわとやま》古墳（墳丘長一三八メートル）である〔柳沢 二〇一四〕。
その逸文が残る『筑後国風土記』に〝磐井の墓が上妻《かみつま》の県《あがた》にあり、石人、石盾が立てられていること、東北隅に衙頭《がとう》（政所《まんどころ》）と呼ぶ別区間があって石人が伏せられた状態にあり、裁判の状況を示していること、磐井の乱がおこったあと、官軍の兵士が石人や石馬の首をうちおとしたこと〟などが記されている。岩戸山古墳には周濠外堤の東北には、阿蘇溶結凝灰岩製の石製表飾《せきせいひょうしょく》（石人《せきじん》・石馬《せきば》）が樹立された別区があって、『筑後国風土記』が編纂された奈良時代に岩戸山古墳が、磐井の墳墓と伝えられていたことは間違いないところである。はたして、古墳の規模、六世紀前半代と想定される築造時期などを客観的に評価したとき、磐井の墳墓にあたるものはほかになく、本古墳が磐井の墳墓であることは確定している。

岩戸山古墳の石製表飾には、人物（武人、文人、力士、裸体）、武器形（刀〔剣〕、靫《ゆぎ》、盾）、動物形（馬、鶏、猪?）、壺形、笠形、石見型などがある。これらは形象埴輪や木製立物と同じ目的で樹立されたものであり、別区に樹立された石製表飾は、被葬者が生前にとりおこなった儀式の様子を墳丘上で再現したものであると考えられる。こうした阿蘇溶結凝灰岩製の石製表飾は、有明海を中心とした北部九州一円で発展したものである。北部九州以外では、石製表飾の石馬が鳥取県の石馬谷《いしうまだに》古墳に一例認められるが、これは同県の大山《だいせん》の角閃石安山岩であり石材が異なる。

また、石人のなかに朝鮮半島製の竪矧細板冑《たてはぎほそいたかぶと》を着装するものがあることは注意されてよい（図64）。日本列島では出土例がないものであり、実際に朝鮮半島と交渉をおこなっていたからこそ、こうした表現が可能になったのである〔門田 二〇〇六〕。さらに、石馬の馬具の表現のうち、胸繋《むながい》に日本列島には見られない形態のものがあるなど、新羅の馬装そのものではないが、それを強く意識したものであるという

図64　岩戸山古墳の大型武人像頭部〈高さ 70 cm〉

図65　岩戸山古墳の石馬〈高さ 75 cm〉

指摘がある〔諫早 二〇一二〕。なお、尻繋《しりがい》には、三葉文楕円形杏葉が刻まれている（図65）。三葉文楕円形杏葉はオオド王を支援する勢力が好んだものであるが、オオド王と対峙した磐井もこのデザインを採用しているのである。

北部九州の石製表飾の独自の発展のなかで、岩戸山古墳のそれはその頂点に達したものであり、実際に朝鮮半島と独自交渉をおこなった磐井の権勢と実力がここにしめされているのである。

## 有明海の首長の独自外交

磐井が勢力を伸長する以前、有明海を取り巻く地域には、在地首長が割拠していた。二三七ページで前述したとおり、江田船山古墳の被葬者のようにワカタケル大王とつながる一方、加羅国と独自に連携していた勢力もあった。

朝鮮半島に近いこの地域の首長が、倭国王の意をうけて、朝鮮半島への出兵に協力するために連合していたという見解がある〔柳沢 二〇一四〕。私は、個別的に朝鮮半島と関係をもちながら、それぞれが自立していた在地の首長であると考える。それぞれの首長は、広域支配を実現することなく、倭国王との関係を含む対外交渉も、また独自におこなっていたものと考える。そして、勢力を伸長させようとしてすでに連携関係にあった倭国王と百済王、それに対峙し勢力の拡大をすすめていた新羅王のあいだで翻弄されていたのである。

## オオド王と朝鮮半島

### 小国家の分立

一方、朝鮮半島南部の洛東江《ナクトンガン》下流域や蟾津江《ソンジンガン》流域、西南部の栄山江流域に割拠していた在地首長も立場は同じであった。

洛東江下流域には、これまで加羅《から》国・多羅《たら》国・安羅《あら》国・喙《とく》国あるいは金官《きんかん》《クムグアン》国、小伽耶《ソガヤ》、星山伽耶《ソンサンカヤ》などと呼ばれた伽耶諸国があり、中国に朝貢した加羅（大伽耶）国王は存在したものの、いずれもその領域はごく限られた範囲であって広域支配を実現した国家はなかった。そして、六世紀後半代にはすべて新羅によって征服されてしまうことになる。

蟾津江流域や栄山江流域も伽耶諸国と状況は類似しており、在地首長が割拠しており、小国が分立していた。蟾津江流域や栄山江流域の諸国は、武寧王没後の聖王《せいおう》《ソンワン》（『日本書紀』では聖明王）の時代に熊津《ゆうしん》《ウムジン》（公州《コンジュ》）から泗沘《しひ》《サビ》（扶餘《プヨ》）に支配拠点をうつした百済がこの一帯をようやく百済王の支配下とするのである。

### 任那四県の割譲と己汶・帯沙の戦闘

この状況を『日本書紀』は、任那四県（上哆唎《おこしたり》・下哆唎《あろしたり》・娑陀《さだ》・牟婁《むろ》）の割譲と己汶《こもん》・帯沙《たさ》の割譲として記述する。

任那四県が栄山江流域、己汶・帯沙が蟾津江流域にあたる。いずれも倭国が主導権を握り、前者は倭国の領域であった地域を百済に割譲したものとして記し、後者は百済の領域であった地域を伴跛国《はへのくに》から奪還したものとして記載する。伴跛国は、八六ページで述べた『三国遺事』のいう星山伽耶・碧珍《ピョクチン》伽耶の所在地である慶尚北道《キョンサンポクド》星州《ソンジュ》の古名の本彼《ほんぴ》から、星州にあてられてきた。しかし、高霊《コリョン》郡に星山面があり、本来、本彼は高霊であり、伽耶諸国の盟主である大伽耶すなわち加羅国を伴跛国にあてる説もある〔田中俊明 一九九二〕。

継体天皇六年の任那四県の割譲記事の概略は次のとおりである。

> 百済の要請に基づき、穂積臣押山《ほづみのおみおしやま》と大伴金村が任那四県の割譲を奏上する。物部麁鹿火が使者となって難波の館で百済の客に勅を伝えようとするが、妻に反対される。物部麁鹿火は妻のいましめに従った。使者を改めて勅命を述べさせ、賜物と書を百済の使いにさずけて、任那四県の割譲をおこなった。そのことを後で知った勾大兄皇子（のちの安閑）が、悔しがってそれを改めようとするものの失敗してしまう。世間では大伴金村と穂積臣押山が百済から賄賂をうけとったのだと流言があった。
>
> （『日本書紀』継体天皇六年条）

栄山江流域が倭国の支配領域になったことはない。実際は百済王権が南下し、小国が分立していたこの地域に支配権を及ぼしたのであって、百済武寧王と倭国オオド王のあいだに密接な関係があったことが、その背景にある。

一方、己汶・帯沙での戦闘と割譲の記事は、この任那四県の割譲につづく、継体天皇七年から十年までのあいだの記述である。

七年夏六月、百済から、百済の領地である己汶を伴跛国から掠奪されたので取り返してほしいと要請される。

冬十一月、朝廷に百済、新羅、安羅、伴跛の将軍らを招集し、己汶・帯沙を百済に与えた。

この月に伴跛国は珍宝を献上し己汶の地を乞うたが与えなかった。

八年三月、伴跛は城《さし》を子呑《しとん》（不詳）と帯沙に築き満奚《まんけい》（不詳）と結んで、烽候《とぶひ》（のろしをあげる施設）と邸閣をおいて日本《やまと》に備えた。また城を爾列比《にれひ》（慶尚北道慈仁面《キョンサンボクドジャインミョン》）と麻須比《ますひ》（不詳）に築き、麻且奚《ましょけい》（不詳）・推封《すいふ》（慶尚南道密陽《ナムドミリャン》）とつなぎ、軍兵や兵器を集め新羅を圧迫した。

九年春二月、百済の使者が帰国したいというので、物部連を使者に副えて遣わしたところ沙都嶋《せとのせま》（巨済島《コジェソム》）に着いたところ伴跛の人が暴虐を尽くしていると聞いたので、水軍五百を率いて帯沙江に着いた。

夏四月、物部連が帯沙江に停泊して六日後に伴跛が攻めてきた。物部連は命からがら汶慕羅《もんもら》嶋に逃げた。

十年夏五月、百済は前部の木刕不麻甲背《もくらふまこうはい》を遣わし、物部連を己汶に迎えねぎらった。

秋九月、百済は州利即次《つりそし》将軍を遣わし、物部連に従わせて来朝し己汶の地を賜ったことを感謝した。

（『日本書紀』継体天皇七年から十年条）


百済がかつて領有していた己汶・帯沙を、倭国が援軍して伴跛国から奪還したという内容である。蟾津江流域の地域に百済が攻勢をしかけたのは、やはり武寧王の時期になってからであり、そこで在地勢力や、西へ進軍し蟾津江と河口部の交通路と港湾をおさえようとした加羅国と激しくぶつかったという史実を、このような形で記述したのである。なお、蟾津江流域が、加羅国（大伽耶）を盟主とする連盟がおさえた地域のなかにあったとする見解もある〔田中俊明 二〇〇九〕。

倭国の援軍については、史実であったかどうかはさだかではない。しかし、任那四県の割譲の記事と同様、オオド王と武寧王の関係がこの記事の背景にあることは間違いがないところであろう。

### 馬韓残余勢力と前方後円墳

任那四県にあたる栄山江流域を中心とした全羅道地方には、オオド王の時代に築かれたと考えられる一二基ほどの前方後円墳が知られ、これが倭人によるものか、在地首長によるものか、議論を呼んでいる。私は、広域支配を実現し、その勢力を伸長することに躍起になっていた倭国王と百済王をつなぐ役割を担った在地首長の墳墓であると考えている（図66）。

朝鮮半島南部の全羅道地方と南海岸部は、倭と百済、そして中国を結ぶ海上交通上の要地である。全羅北道《チョルラポクド》扶安《プアン》郡にある竹幕洞《チュクマクドン》遺跡は、四～五世紀代を中心とした時期の祭祀遺跡であり、壺、高杯など祭祀に使用された多量の百済土器や在地産土器をはじめ、五世紀代の倭産の刀子、短甲、鎌、斧などの滑石製模造品や有孔円板など祭祀遺物と中国南朝製の青磁、加羅国とかかわると考えられる馬具などが出土している。世界文化遺産となった宗像《むなかた》の沖ノ島と同様の、海上交通の拠点における国家的祭祀がおこなわれた遺跡である。倭国王の使者たちも、ここで航海の安全を祈願したに相違ない。

この竹幕洞遺跡から南側の全羅北道高敞《コチャン》郡から全羅南道《ナムド》海南《ヘナム》郡までのあいだの地域に前方後円墳は分布している。

この地域の四～五世紀代には、交通の要衝をおさえた在地勢力が割拠していた。百済は、馬韓諸国のうちの一国が勢力を拡大したものであるが、この地域は、百済の支配が及ばず伽耶諸国と同様に、小地域を支配した国が分裂した状況がつづいていた。馬韓諸国の残余勢力であり、この地で権勢をふるった王やその周辺の権力者が、墳墓を築いたのである。

馬韓残余勢力の王やその周辺の権力者が、百済と加羅国をはじめとする伽耶諸国、倭国、そして中国南朝とも交渉をおこなっていた。倭とも積極的に交渉をおこなっていて、この地を出自とする人びとが倭国王や「かづらぎ」の王、キビ王権の王のもとにやってきて、地域開発と先進技術の導入や生活様式の変化に大きな役割をはたしたことは、すでに述べたとおりである。また私は、この地から飛鳥にやってきて、その開発を主導した人物が蘇我氏につながっていくと考えた〔坂 二〇一八〕。

また、この地域の王のもとで、倭人が活動していたことはいうまでもない。また、倭人と韓人の婚姻で産まれた子を韓子と呼んだことが『日本書紀』の記述にある（継体天皇二十四年九月条）。

この地域では、倭産の須恵器が濃厚に分布し、この須恵器と在地の土器の形態がよく似ていて、なおかつ、両者が同様に変化していくことから、倭人がこの地の土器生産に深く関与していたことが知られている〔酒井 二〇一三〕。

### 前方後円墳の被葬者はオオド王側の在地勢力

馬韓残余勢力の王が築いた墳墓は方台形古墳である。前方後円墳が築造された六世紀前半代まで、同様の墳形の古墳が築造されつづける。北部九州の在地首長と同じく、自立していた王がこの方台形古墳を築いていた。

高敞《コチャン》には鳳徳里《ポムトクニ》古墳（一辺六三メートル）、咸平《ハンピョン》には金山里《クムサンニ》方台形《パンデヒョン》古墳（一辺五一メートル）、羅州《ナジュ》には新《シン》

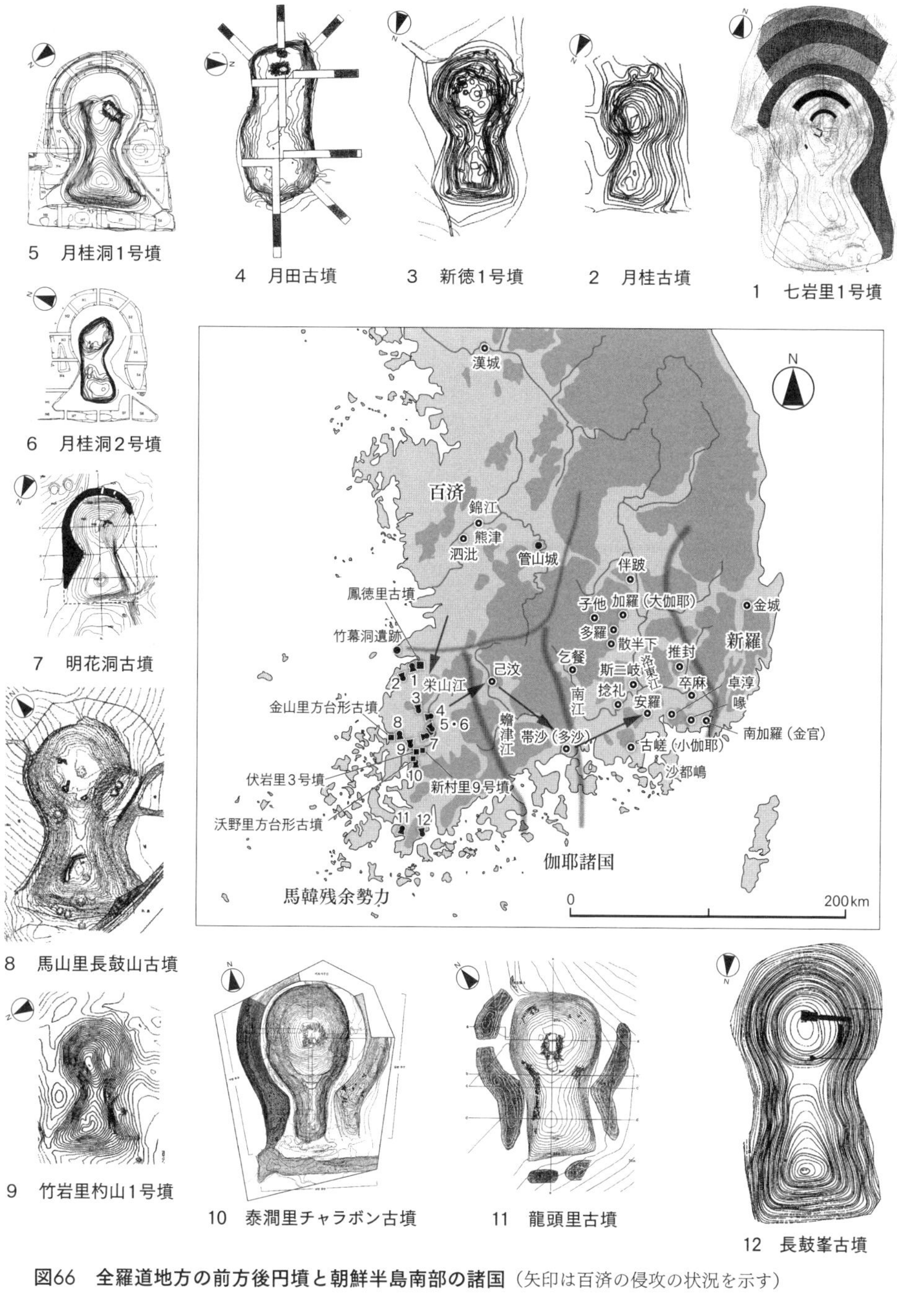


**図66　全羅道地方の前方後円墳と朝鮮半島南部の諸国**（矢印は百済の侵攻の状況を示す）

村里九号墳《チョンリ》（長辺三〇、短辺二七・五メートル）、伏岩里《ポガンリ》三号墳（長辺四二、短辺三八メートル）、霊岩《ヨンアム》には沃野里《オギャリ》方台形《パンデヒョン》古墳（一辺三〇メートル）などの方台形古墳がある。

これらの古墳のなかに、倭とのつながりを示す環頭大刀や埴輪が出土するもの、百済とのつながりを示す金銅冠や履《くつ》が出土するもの、中国南朝とのつながりを示す青磁、加羅国をはじめとする伽耶諸国とのつながりを示す土器などが出土するものがあって、この地域に割拠していた王は百済、倭、中国南朝、伽耶諸国と相互に交渉しながら、均衡を保っていた。

そのもとにあったのが前方後円墳の被葬者である。海南など南岸部には、方台形古墳はなく、地域支配をおこなった王は前方後円墳に葬られていたのだろう。いずれにせよ、前方後円墳の被葬者は、倭と強くつながった在地の馬韓残余勢力である。

そして、磐井の乱の結末をみるとき、彼らは倭においては磐井の側、あるいは朝鮮半島では加羅国をはじめとする伽耶諸国の側にあったわけではなく、倭国王すなわちオオド王側に立って、百済武寧王とのあいだをつないで、この地が百済王権に支配される条件をつくった人びとであった。

このように、馬韓残余勢力が百済王権に侵攻され、その支配下に入ったことを『日本書紀』は、任那四県の割譲という形で記述しているにすぎない。ともかく、百済は、全羅道地方を支配下におき、聖王が公式に仏教を伝えるなど倭国の政権中枢との関係をより強めていく。

結章では、百済との関係が強固なものとなり、中央と地方の関係が明確化することになるオオド王没後の情勢について述べよう。

# 結章

# 倭国の統一

## 倭国は古代国家か

## 武蔵〝国造〟の乱

オオド王没前後に勃発したのが武蔵〝国造〟乱である。磐井の乱の鎮圧（五二八年）から、六年後の安閑天皇元年甲寅（五三四）にこの乱は鎮圧されたとある。この乱については、乱自体が虚構であるという説、乱のおこった年代、乱がおこった場所、対立した勢力と立場などに諸説がある。

ここでは、磐井の乱と同時期におこった「ムサシ」での勢力争いに、倭国大王と上毛野氏が介入し、大王がその利権をえたものとみる。以下はその概略である。

武蔵国造《むさしのくにのみやつこ》の笠原直《かさはらのあたい》使主《おみ》と同族の小杵《おき》とは国造の地位を争って、いく年も決着がつかなかった。小杵は人にさからう性格で高慢であって、ひそかに上毛野君《かみつけののきみ》小熊《おぐま》のもとにおもむき、救援をもとめ使主を殺そうとした。使主はそれに気づき、国を逃れ、京にのぼって事情を報告した。朝廷は裁断を加え、使主を国造とし小杵を誅殺した。使主はかしこみ、かつ喜んで、その気持ちをあらわそうと謹んで天皇のために、横渟《よこぬ》（横見郡、埼玉県比企郡吉見町付近）・橘花《たちばな》（橘樹《たちばな》郡、神奈川県川崎市住吉または横浜市日吉付近か）・多氷《おおひ》（不詳、多摩か）・倉樔《くらす》（不詳、久良岐《くらき》郡＝横浜市か）の計四処の屯倉を設置した。

（『日本書紀』安閑天皇元年閏十二月、是月条）

北関東地方一帯で威勢を誇った上毛野君小熊側についた笠原直小杵と、倭国大王の側についた笠原直使主の同族による争乱である。結局、小杵が敗北し、大王側についた使主が、笠原一族で支配していた土地を大王に差し出すこととなる。屯倉は、大王による直轄地であって、大王の支配がここで武蔵にまで及んだのである。

群馬県藤岡市の七輿山古墳《ななこしやま》（墳丘長一五〇メートル）は、六世紀前半代においては、東国地方最大の前方後円墳で、前述したオオド王の元妃の目子媛《めこひめ》の父である尾張連草香《おのりのむらじくさか》が被葬者と考えられる断夫山《だんぷさん》古墳と同一規格である。上毛野君小熊がその被葬者に想定されている〔若狭二〇一七〕。

また、笠原直使主の墳墓については、埼玉《さきたま》古墳群の前方後円墳の築造順序とその墳丘規模から埼玉二子山古墳（墳丘長一三〇メートル）をあてる説〔若狭二〇一七〕、同じ埼玉古墳群にあって日本列島で第二位の規模をもつ円墳である丸墓山古墳（直径一〇五メートル）をあてる説〔中村二〇一一〕がある。笠原直使主と争って敗れた同族の小杵の墳墓については、丸墓山古墳説〔若狭二〇一七〕と埼玉古墳群の南西八・四キロ、荒川を挟んで対岸に位置する関東地方第二位の規模をもつ熊谷市甲山《かぶとやま》古墳（直径九〇メートルの円墳）説〔中村二〇一一〕とがある。

ここで注意すべきは、笠原直使主は、当初から国造として任命されていたわけではないことである。武蔵での同族による勢力争いを契機に、倭国の権力中枢がそこに介入して、はじめて国造を任命したという順序での理解が適当である〔舘野一九九九〕。

## 屯倉の設置

前述したとおり、「ツクシ」でおこった磐井の乱でも、磐井の死後にその子である葛子《くずこ》が糟屋屯倉《かすやのみやけ》を差しだしたことになっている（『日本書紀』継体天皇二十三年条、二九六ページ参照）。筑紫国造であった磐井が反乱をおこしたのち、糟屋屯倉を差しだしたというのは、実はその順序が逆であり、反乱後に葛子が国造となり、糟屋屯倉が設置されたとみるべきである。つまり、磐井の場合は、国造として中央から任命されていたわけではなく、独立していたのであって、葛子の代になってようやく「ツクシ」の国造におさまり、糟屋の地を大王の直轄する屯倉として召し上げられたのである。

　このような屯倉の設置の記事は、『日本書紀』安閑天皇元年から二年のあいだに集中して記載されている。

安閑天皇元年条にあるのは、次のようなものである。

○上総国《かずさのくに》伊甚《いじみ》（伊灊《いしみ》郡、千葉県夷隅《いすみ》郡・勝浦市）国造が、珠を献上することに応じなかったので、怒った膳臣《かしわでのおみ》大麻呂は国造らを捕らえて尋問した。国造は恐れて後宮の寝所に逃げ込んだ。春日山田《かすがやまだ》皇后はこれに驚き倒れた。みだりに後宮に入ったその罪科は重大であった。その贖罪のために、春日皇后に伊甚屯倉を差しだした。

○大伴金村《おおとものかなむら》が、皇后や妃の名を残すために、小墾田《おはりだ》（奈良県明日香村）屯倉、桜井《さくらい》（河内郡桜井郷、大阪府東大阪市）屯倉、難波（大阪市）屯倉をそれぞれ下賜することを提案し、天皇がこれを許した。

○大河内直《おおしこうちのあたい》味張《あじはり》が良田を耕し献上することを怠ったので、これを謝罪させて、天皇に钁丁《くわよぼろ》を献上させ、大伴金村が賂《まいない》として狭井田《さいた》を受け取った。これが三嶋竹村《みしまのたかふ》（大阪府茨木市）屯倉における河内《こうち》県《あがた》の部曲《かきべ》（豪族の私有民）の田部のはじまりである。

また、武蔵国造の乱がおこったのちの、安閑天皇二年条にあるのは次の記事である。

○五月に筑紫国（福岡県）、豊国（福岡県東部、大分県）、火国（佐賀県、長崎県、熊本県）、播磨国（兵庫県西部)、備後国(広島県東部)、婀娜国《あなのくに》(広島県深安郡《ふかやすぐん》、福山市)阿波国(徳島県)、紀国(和歌山県)、丹波国(兵庫県中・北部)、近江国(滋賀県)、尾張国(愛知県西部)、上毛野国(群馬県)、駿河国(静岡県)に屯倉をおいた。

○八月に屯倉を守衛する犬養部《いぬかいべ》が設置され、九月には桜井田部連、県犬養連、難波吉士《なにわのきし》に命じて屯倉の税を徴収させた。

このように、在地勢力を国造に任命する一方で、その勢力が支配していた土地を、大王が管理する屯倉とすることによって、ここではじめて中央と地方の関係が成立したのである。税の徴収に実態があれば、地方支配を実現したという短絡的な結論もだしうるが、それを証明する材料はない。中央政権みずからが水田開発をおこなって、地方に屯倉を設置するようになるのは飛鳥時代にはいってからである〔舘野 一九九二〕。

## 欽明大王の時代

**安閑、宣化は大王か**

『日本書紀』は、これらの事績をオオド大王と尾張連草香の子である目子媛のあいだに産まれた勾大兄《まがりのおおえ》のものとする。継体二十五年の春二月に天皇が崩御、そのときに大兄の勾大兄を天皇に立てたとあり、この月に大伴金村、物部麁鹿火《もののべのあらかひ》を大連としたとある。そして、元年春正月に都を大倭国《やまと》の勾金橋《まがりのかなはし》に遷し、地名によって宮号としたという(『日本書紀』安閑天皇即位前紀)。

この場合、継体二十五年の干支は辛亥で五三一年にあたり、安閑天皇元年の干支は甲寅で五三四年にあたり、天皇崩御にともない即位したという記述と矛盾がある。もっとも、継体二十八年に崩御という或本の説も記しており、この場合は矛盾がない。

『日本書紀』では、継体二十五年の崩御年を「百済本記」にもとづくものとする。あわせて、百済軍が安羅にすすみ乞乇城《こつとくのさし》（不詳）を築いたこと、高句麗の安《あん》王（安蔵王《アンジャン》）が殺されたこと、聞くところでは日本では天皇・太子・皇子がそろって亡くなったことを記している（『日本書紀』継体天皇二十五年条）。朝鮮半島情勢が激変するなかで、倭国において、天皇・太子・皇子が一挙に亡くなる異常事態がおきたということが記されていることから、「辛亥の変」とでも呼ぶべきクーデターがおこったのではないかという説が提起されている〔大橋 一九九九〕。

一方、『日本書紀』によると、安閑天皇の在位はわずか二年で、同母弟の宣化（檜隈高田皇子）が即位し、都を檜隈《ひのくま》の廬入野《いおりの》に遷す。あらたに蘇我稲目《そがのいなめ》が大臣、阿倍大麻呂を大夫とした。さらに、河内、尾張、伊勢、伊賀の屯倉の穀を運ばせ、那津《なのつ》に宮家を整備したという（『日本書紀』宣化天皇元年条）。在位は四年で、その次代がオオド王と手白香皇女のあいだに産まれた欽明天皇である。

『上宮聖徳法王帝説』では、欽明天皇の崩御年を〝志帰嶋（＝欽明）天皇治天下卅一年　辛卯年四月崩〟としているほか、百済聖明《せいめい》王（聖王《ソレ》）のいわゆる仏教公伝を戊午年（五三八）としている。同様に『元興寺伽藍縁起并流記資材帳』でも仏教公伝を、欽明七年（五三八）のこととしており、ここから割り出せば欽明即位年は辛亥年（五三一）で、仏教公伝は欽明朝の五三八年である。『日本書紀』では、戊午（五三八年）は宣化天皇三年にあたる。

さきの「辛亥の変」により、蘇我氏が擁立した欽明が即位する一方、旧来の大伴氏が擁立した安閑・宣化朝の二王朝が並立していたとする説がある〔林屋 一九五五〕。

宮の位置は、安閑の勾金橋は橿原市金橋町あたり、宣化の檜隈廬入野の檜隈は、明日香村檜前《ひのくま》であり奈良盆地南部にあたるが、いずれもその実態はつかめない。しかし、大伴氏とかかわる有力地域集団が藤原宮下層に六世紀前半代の支配拠点を構えていることは、二八八ページで述べたとおりである。

『日本書紀』によると、安閑天皇は安閑天皇二年冬十二月に勾金橋宮で崩御し、河内の旧市高屋丘《ふるいちたかやのおかの》陵《みささぎ》に葬られ、皇后の春日山田皇女と妹の神前皇女《かむさきのひめみこ》が合葬されたという。また、宣化天皇は、宣化天皇四年春二月に檜隈廬入野宮で崩御し、冬十一月に大倭《やまと》国の身狭《むさの》桃花鳥《つき》坂上陵《さかのうえのみささぎ》に葬られ、皇后の橘《たちばなの》皇女《ひめみこ》とその孺子《わくご》（幼児）を合葬したという。

古市古墳群の南寄りには、高屋城山古墳があり、安閑天皇陵に治定されている。ササン朝ペルシャ製のガラス碗が出土していることで著名であり、出土埴輪に年代的な矛盾はない。また、奈良県橿原市に鳥屋ミサンザイ古墳（墳丘長約一四〇メートル）があり、宣化天皇陵に治定されている。出土埴輪からみてその年代に矛盾はない。この地に深いかかわりがある大伴氏が造営にかかわっているものと考えられる〔白石二〇一八〕。

遺跡や古墳からみれば、奈良盆地南部に政治拠点をおき、古市古墳群や奈良盆地南部に六世紀代としては大型の墳丘長一〇〇メートル以上の前方後円墳を築いた人物が存在していたことは史実として確認できる。安閑、宣化と欽明という二王朝が並立していたかどうかはともかく、安閑、宣化にあたる人物が倭国王の地位にあったものと考えられる。

なお、河内大塚山《かわちおおつかやま》古墳を未完成の安閑陵とする説もある〔十河二〇一二〕。「辛亥の変」に史実性を求める見解であり、安閑は殺害され、突然の死に際して急遽、皇后の春日山田皇女の墳墓として造営中の高屋城山古墳に安閑を合葬したのであって、安閑の生前から造営中であった河内大塚山古墳には、葬ることができなかったというものである。

河内大塚山古墳については、墳丘が未完成であったとは考えがたく〔安村二〇一六〕、その築造年代も不明確である。安閑・宣化の政治拠点はあくまで奈良盆地であり、どのような経緯で亡くなったかという史実も明らかでない以上、これ以上の言及は避けたい。

## 伽耶諸国の滅亡

百済では武寧王のあとをついだ聖王が、栄山江《ヨンサンガン》流域、蟾津江《ソンジンガン》流域を支配下としたことは前述のとおりである。さらに、東進して五三一年に南江流域の安羅《あら》国（咸安）に進駐し、乞乇城《こつとくのさし》を造営する（『日本書紀』継体天皇二十五年分注『百済本記』）。

このとき、新羅の法興王《ポムンワン》は、洛東江《ナクトンガン》河口部の諸国に侵攻する。金官《きんかん》《クムグアン》国が完全に滅亡したのは、『三国史記』「新羅本紀」によると法興王十九年（五三二）である。

それまでのあいだ、『日本書紀』では継体天皇二十三年（五二九）条に、近江毛野臣を安羅に派遣し、南加羅《ありひしのから》（金官国）と喙己呑《とくことん》を再興させようとしたが、結局新羅に四村を掠《かす》められたという記事がある。新羅のたび重なる侵攻に対し、倭国が介入したが不調に終わったという内容である。金官国の西側、海岸部の卓淳《とくじゅん》国（昌原）と金官国と卓淳国の中間にあった喙己呑も、五三一年までのあいだに、新羅の侵攻にあって滅亡している〔田中俊明 一九九二〕。

百済の聖王は、五三八年に泗沘《サビ》（扶餘）に支配拠点を遷した。また、新羅とのあいだに軍事同盟を成立（羅済同盟）させ、五五一年に一時的ではあるが高句麗から漢城を奪還する。また、百済が主導して南加羅・喙己呑・卓淳国の三国を復興することを名目としたいわゆる「任那復興会議」を開き、倭国兵を介在させて、安羅国からさらに東侵しようとした。

そして、五五四年に百済・伽耶諸国の連合軍は、新羅の管山城（忠清北道《チュンチョンポクト》沃川郡《オクチョングン》）に攻勢をしかける。緒戦では優勢であったが、援軍が来て百済軍は敗れる。聖王は三年山郡（忠清北道報恩郡《ボウングン》）の高干《こうかん》（役職）であった都刀《トト》の奇襲にあって亡くなってしまう（『三国史記』「新羅本紀」真興王十五年）。『日本書紀』では、聖王を殺したのは佐知村《さちのすき》の飼馬奴《うまかいやっこ》の苦都《こつ》（または谷知《こくち》）とする（『日本書紀』欽明天皇十五年条）。

伽耶諸国の滅亡を、『日本書紀』は欽明天皇二十三年（五六二）、あるいは二十一年（五六〇）のこととする。新羅の攻勢により、この年までに伽耶諸国がすべて滅亡した。

> 新羅は任那の官家《みやけ》を討ち滅ぼした〔一本には、二十一年に任那が滅んだとある。総称して任那といい、個別には、加羅《から》国（高霊）・安羅国（咸安）・斯二岐《しにき》国（冨林《プイム》）・多羅《たら》国（陜川）・卒麻《そちま》国（生林《センイム》）・古嵯《こさ》国（固城）・子他《した》国（居昌《コチャン》）・散半下《さんはんげ》国（草渓《チョゲ》）・乞飡《こちさん》国（山清《サムチョ》）・稔礼《にむれ》国（宜寧《ウイニョン》）という。合わせて十国である。〕
>
> （『日本書紀』欽明天皇二十三年春正月条、括弧内の現在地比定は田中俊明 一九九二による）

『三国史記』「新羅本紀」では、真興王二十三年（五六二）九月〝加耶が反乱をおこし、王がこれを討伐した〟とある。

**蘇我氏の台頭**

このように、倭国においてはオオド大王の晩年から欽明大王の時代にかけての時期に、朝鮮半島西南部・南部の小国はすべて滅亡した。国内においては、大伴金村が失脚し、かわって台頭するのが蘇我氏である。

朝鮮半島西南部を出自とする渡来系集団が飛鳥の開発を主導し、氏族へと成長する。それが蘇我氏である〔坂二〇一八〕。そして欽明大王の時代に、飛鳥に拠点を構えたのが蘇我稲目である。蘇我稲目の女の堅塩媛《きたしひめ》が、欽明大王の妃で、用明大王と推古大王の母である。

欽明大王は、倭国《やまとの》の磯城嶋金刺《しきしまのかねさし》に都を遷し（『日本書紀』欽明天皇元年秋七月条）、檜隈坂合陵《ひのくまのさかあいのみささぎ》に埋葬された（『日本書紀』欽明天皇三十二年九月条）。堅塩媛が檜隈大陵《ひのくまのおおみささぎ》に改葬され、軽《かる》の衢《ちまた》で誄《しのびごと》がおこなわれる（『日本書紀』推古天皇二十年二月条）。さらに、砂礫を檜隈陵に敷いて、陵域のまわりに土盛りをして柱を立てるという記事がある（『日本書紀』推古天皇二十八年冬十月条）。

私は檜隈の範囲について考究し、増田一裕氏の見解にしたがって、欽明大王が埋葬され、堅塩媛をのちに改葬したという檜隈坂合陵（檜隈大陵）を、奈良県最大の前方後円墳である丸山古墳（墳丘長約三一〇メートル）であると考えた。また、檜隈陵は堅塩媛陵が初葬されたものであり、推古天皇二十八年に周辺を整備したもので、平田《ひらた》梅山《うめやま》古墳（墳丘長一四〇メートル）がこれにあたると考えた〔増田一九九一、坂二〇一八〕。

## 倭国の統一

倭国大王は、六世紀には国内の戦乱をおさえて、中央と地方の関係をつくりあげた。また、国外では高句麗と新羅の威勢のなかで、百済の聖王が南侵と東侵をすすめる。それに倭国が加担するものの、新羅真興王の軍勢の前に敗れるのである。

この時代の外交は新羅と敵対し、倭国大王が百済一辺倒の外交方針をとったかのようにみえる。伽耶諸国の滅亡について、『日本書紀』では、欽明大王が詔を発して〝新羅が任那を侵略し、人々の肝をさき、足を切るだけではあきたらず、骨を曝し、屍を焼くなど暴虐非道なふるまいをおこなったと糾弾した〟（欽明天皇二十三年条）とする。この詔は、『梁書』王僧弁伝の誓盟文をそのまま引用してものであり、史実ではない。しかし、これより先の百済聖王による仏教公伝と相まって、蘇我氏が介在しながら百済王と強くつながっていたことは、まぎれもない史実である。もちろん、倭国と高句麗や新羅とのあいだが没交渉であったわけではなく、物質的にも人的にも盛んな交易や交流がなされていたことは明らかである。しかし、倭国大王の外交方針は、百済外交を中心として展開されたのである。

そして、飛鳥の開発を主導した蘇我氏が、大王を飛鳥にむかえいれ、飛鳥に大王が支配拠点をおく飛鳥時代へとつながっていく。

ただし、倭国大王のもとには、大伴氏、物部氏、巨勢氏などがそれぞれ氏族としての活動をはじめ、欽明大王没後も、王族と氏族を巻き込んだ抗争がつづくことになる。その意味では、大王と氏族が一枚岩で国内外の政策にあたることはなかったわけである。そのときどきで国内の施策も外交方針も揺れ動き、戦乱もおこったが、それは大王と氏族で構成された倭国権力中枢の選択の結果である。結果的には、仏教が受容され、氏族の象徴として寺院の造営がはじまることとなる。そして、遣隋使の派遣がはじまった。

このように、欽明大王の時代に大王と有力氏族による統治のためのしくみがようやくつくりあげられ、その政権の方針に基づいた外交政策や地方政策が展開されることとなった。ここに倭国が統一され、専制的な国家体制が確立したのである。

## 倭国は古代国家か

ここまで、分立していた倭国が六世紀に統合されるまでの歩みを描出してきた。島根県岡田山一号墳（墳丘長約二四メートルの前方後方墳）の鉄刀に記された「各田卩臣（額田部臣）」の銘文がしめすように、氏姓や部民についても、六世紀代になって実体化したと考えられる。「人制《ひとせい》」や「府官制」など五世紀代の統治機構の存在を主張する見解もあるが、これまで述べてきたように、それが存在していたとしても強固なものであったわけではないだろう。六世紀になって倭国は、ようやく大王と氏族で構成される統治機構をつくり、飛鳥時代の「日本国」へ至る歩みをつづけていくことになるわけである。

こうした古代国家の成立については、かねてから七・五・三論争と呼ばれており、三世紀・五世紀・七世紀のいずれの画期を重視するかについて議論があった。そして、世界史的にみて古墳時代が「初期国家」段階であるという提起もなされている〔都出 一九九一〕。世界史的にみた国家の成立に関する議論は、原始社会から古代国家という階級的、段階的な歴史観が、必ずしも正しいものではなく、国家の成立は、数ある諸現象の一つとして捉えられるようになってきている〔松木 二〇二〇〕。そのようななかでも、日本列島独自のきわめて早い段階での国家成立を説く考古学者は多い。

考古学だけで古墳時代の政治秩序を述べる場合、各地に前方後円墳を築いた首長が割拠しており、相互に連合や同盟を結んでいたと説かれることが多い。首長連合や首長同盟と呼ばれるものである。

そして、論者によってちがいはあるが、鉄資源の獲得、前方後円墳にかかわる政治的儀礼、遠距離交易と威信財交換などが、首長層の政治的結合の原動力となったとするのである。そのなかで、ヤマト王権に一定の求心力があったことは事実である。

しかし、ヤマト王権の王の「おおやまと」の王から倭国の王への歩みは、ごく緩やかなものであった〔坂二〇二〇a〕。そして、倭国王となって中国と交渉を開始してからも国土を統一するまでには、五世紀のあいだ、ほぼ一〇〇年間の時間を要した。

本書でしめしたとおり、王権内部の多重構造や重層性とそれがもたらした混乱や戦乱、奈良盆地の有力地域集団や日本列島各地の王（首長）の自立性、独立性を認めるべきである。とりわけ、外交においては、動乱の朝鮮半島情勢のなかで、奈良盆地の有力地域集団や日本列島各地の王と、渡来系集団や帰属意識をもたない倭人たちが倭国の内外で盛んな活動をおこなっていたことを重視するべきであろう。

倭国がようやく統一され、国内統治機構と地方制度がつくられ、機能しはじめたのは六世紀であるが、これが世界史的にみて国家段階にあったかどうかは、なお検討を要する。日本の国号と天皇号、天皇支配とその制度を明文化した律・令の成文や、国家中枢としての都城の整備、国境の確定を背景とした国家間交渉などを開始したのは飛鳥時代であった。

世界史的にみて、日本列島に統一国家が成立したのは、やはり飛鳥時代以降であったとみるべきであろう。

# 引用・参考文献


青柳泰介　二〇一六「『大壁建物』研究の現状と課題および展望」『研究紀要』第二〇集、公益財団法人　由良大和古代文化研究協会

東　潮　二〇〇二「倭と栄山江流域」朝鮮学会編『前方後円墳と古代日朝関係』同成社

池田保信ほか　二〇二〇「大和布留遺跡における歴史的景観の復元」『研究紀要』第二四集、公益財団法人　由良大和古代文化研究協会

諫早直人　二〇一二「九州出土の馬具と朝鮮半島」『沖ノ島祭祀と九州諸勢力の対外交渉』第一五回九州前方後円墳研究会資料、九州前方後円墳研究会

石井正敏　二〇〇五「五世紀の日韓関係―倭の五王と高句麗・百済―」第一回日韓歴史共同研究（第一期）第一分科報告書（財）日韓文化交流基金

石部正志　一九八一「超巨大古墳を考える」原島礼二・石部正志・今井堯・川口勝康『巨大古墳と倭の五王』青木書店

一瀬和夫　二〇〇九『古墳時代のシンボル　仁徳陵古墳』シリーズ「遺跡を学ぶ」五五　新泉社

一瀬和夫　二〇一六『百舌鳥・古市古墳群　東アジアのなかの巨大古墳群』同成社

井上主税　二〇一四『朝鮮半島の倭系遺物からみた日朝関係』学生社

井上光貞　一九六〇『日本国家の起源』岩波新書

井上光貞　一九六五『日本古代国家の研究』岩波書店

今井啓一　一九六二「開中費直考―隅田鏡銘に見える―」『日本歴史』第一七五号

上田正昭　一九六七『大和朝廷』角川新書

上田正昭　二〇一五「「古代学」とは何か　展望と課題」藤原書店

宇垣匡雅　二〇一七「吉備の巨大古墳―両宮山古墳―」『両宮山古墳とその時代　赤磐市政施行一〇周年記念事業史跡シンポジウム』岡山県赤磐市教育委員会

江上波夫　一九六七『騎馬民族国家―日本古代史へのアプローチ』中公新書

大橋信弥　一九九六『日本古代の王権と氏族』吉川弘文館
大橋信弥　一九九九「継体・欽明朝の『内乱』」吉村武彦編『古代を考える　継体・欽明朝と仏教伝来』吉川弘文館
大橋信弥　二〇〇七『継体天皇と即位の謎』吉川弘文館
大平　聡　二〇二〇『日本古代の王権と国家』青史出版
大津　透　二〇一〇『天皇の歴史一　神話から歴史へ』講談社
岡田精司　一九七〇『古代王権の祭祀と神話』塙書房
小栗明彦・梓　二〇一九「布留遺跡周縁の大型古墳の被葬者像」『白石太一郎先生傘寿記念論文集　古墳と国家形成期の諸問題』山川出版社
乙益重隆　一九六五「隅田八幡神社画像鏡銘文の一解釈」『考古学研究』第一一巻第四号
笠井倭人　一九七三『研究史　倭の五王』吉川弘文館
鐘方正樹　二〇〇八「五世紀の倭王陵」菅谷文則編『王権と武器と信仰』同成社
門脇禎二　一九九二『吉備の古代史―王国の盛衰』ＮＨＫブックス　日本放送出版協会
門脇禎二　二〇〇五「吉備その風土の起点」門脇禎二・狩野久・葛原克人編『古代を考える　吉備』吉川弘文館
金井塚良一　二〇〇八『馬冑が来た道―古代東国研究の新視点―』吉川弘文館
亀田修一　二〇一七「両宮山古墳周辺の朝鮮半島系資料が語るもの」『両宮山古墳とその時代　赤磐市政施行一〇周年記念事業史跡シンポジウム』岡山県赤磐市教育委員会
亀田修一　二〇一九「造山古墳と作山古墳周辺の渡来系遺物」造山古墳蘇生会『造山古墳と作山古墳』吉備人出版会
河上邦彦　一九九五『後・終末期古墳の研究』雄山閣出版
川口勝康　一九八二「七支刀について」『歴史公論』七七号（八巻四号）特集 ナゾの四世紀
川西宏幸　二〇〇四『同型鏡とワカタケル―古墳時代国家論の再構築』同成社
神庭滋ほか　二〇一九「脇田遺跡の研究～奈良県葛城地域における大規模集落の一様相～」『研究紀要』第二三集、公益財団法人 由良大和古代文化研究協会
岸俊男・田中稔・狩野久一九七九「銘文の釈読と解説」『稲荷山古墳出土鉄剣金象嵌銘概報』埼玉県教育委員会
岸本直文　二〇一〇『史跡で読む日本の歴史二　古墳の時代』吉川弘文館
岸本直文　二〇一六「津堂城山古墳と河内政権」『塚口義信先生古稀記念　古代学論叢』和泉書院
岸本直文　二〇二〇『倭王権と前方後円墳』塙書房

金　元龍　一九八四（西谷正訳）『韓国考古学概説　増補改訂』六興出版
金　泰植　一九九三『加耶聯盟史』一潮閣（ソウル）　※韓国語
権　五榮　二〇一二「三国時代壁柱（大壁）建物研究、その後」『日韓集落の研究―弥生・古墳時代および無文土器
　～三国時代―（最終報告書）』日韓集落研究会
熊谷公男　二〇〇一『大王から天皇へ　日本の歴史〇三』講談社
熊谷公男　二〇一五「倭王武の上表文と五世紀の東アジア情勢」『歴史と文化』東北学院大学論集　五三号
倉西裕子　二〇〇三『日本書紀の真実―紀年論を解く』講談社選書メチエ
河内春人　二〇一五『日本古代君主号の研究』八木書店
河内春人　二〇一八『倭の五王』中公新書
小林行雄　一九六一『古墳時代の研究』青木書店
齊藤　忠　一九七五『日本人の祖先』講談社　日本の歴史文庫一
酒井清治　二〇一三『土器から見た古墳時代の日韓交流』同成社
坂元義種　一九七八『古代東アジアの日本と朝鮮』吉川弘文館
坂元義種　一九八一『倭の五王―空白の五世紀』教育社歴史双書
篠川　賢　二〇〇九『物部氏の研究』日本古代氏族研究叢書①　雄山閣
下垣仁志　二〇一八『古墳時代の国家形成』吉川弘文館
白石太一郎　二〇〇九『考古学からみた倭国』青木書店
白石太一郎　二〇一一「葛城の二つの大王墓―顕宗陵と武烈陵の問題」『大阪府立近つ飛鳥博物館報』一四
白石太一郎　二〇一六「古墳からみた大王と豪族―六世紀の大和と河内を中心に―」『大王と豪族』大阪府立近つ飛
　鳥博物館平成二八年度秋季特別展図録
白石太一郎　二〇一八『古墳の被葬者を推理する』中公叢書
申　敬澈　二〇〇四「筒形銅器論」『福岡大学考古学論集―小田富士雄先生退職記念―』
末永雅雄　一九八一『増補　日本上代の武器』木耳社
鈴木靖民　二〇一二『倭国史の展開と東アジア』岩波書店
清家　章　二〇二〇「古墳時代における王墓の巨大化と終焉―社会の変化とモニュメント」国立歴史民俗博物館編
　『日本の古墳はなぜ巨大なのか　古代モニュメントの比較考古学』吉川弘文館

十河良和　二〇一一「日置荘西町窯系円筒埴輪と河内大塚山古墳―安閑未完成陵説をめぐって―」『ヒストリア』第二二八号
十河良和　二〇一四「百舌鳥御廟山古墳の被葬者像」『関西大学博物館紀要』第二〇号
高木博志　二〇一〇『陵墓と文化財の近代』日本史リブレット　山川出版社
高久健二　二〇一一「楽浪・帯方郡との関係」『弥生時代の考古学　四』同成社
高口啓三　一九九六「隅田八幡画像鏡銘文の解釈」『古代学研究』第一三五号
高田貫太　二〇一七『海の向こうから見た倭国』講談社現代新書
高松雅文　二〇〇七「継体大王期の政治的連帯に関する考古学的研究」『ヒストリア』第二〇五号
武田幸男　二〇〇二「平西将軍・倭隋の解釈」朝鮮学会編『前方後円墳と古代日朝関係』同成社
舘野和己　一九九二「畿内のミタ・ミヤケ」『新版　古代の日本』⑤近畿Ⅰ　角川書店
舘野和己　一九九九「ミヤケと国造」吉村武彦編『古代を考える　継体・欽明朝と仏教伝来』吉川弘文館
田中晋作　二〇〇九『筒形銅器と政権交替』学生社
田中俊明　一九九二『大加耶連盟の興亡と「任那」―加耶琴だけが残った』吉川弘文館
田中俊明　二〇〇九『古代の日本と加耶』日本史リブレット　山川出版社
田中史生　二〇〇二「渡来人と王権・地域」鈴木靖民編『日本の時代史二　倭国と東アジア』吉川弘文館
塚口義信　一九九三『ヤマト王権の謎をとく』学生社
塚口義信　二〇一六「佐紀政権から河内政権へ―神功・応神伝説の意味するもの―」『塚口義信先生古稀記念　古代学論叢』和泉書院
塚口義信　二〇二〇「《新展開》顕宗・武烈天皇の奥津城をめぐって」木本好信編『古代史論聚』岩田書院
造山古墳蘇生会　二〇一九『造山古墳と作山古墳』吉備人出版会
辻川哲朗　二〇〇三「長浜市貝籠古墳の検討」松藤和人編『考古学に学ぶⅡ』同志社大学考古学シリーズⅧ
辻川哲朗　二〇〇七「埴輪生産からみた須恵器工人―『淡輪技法』の解釈と系譜をめぐって」『考古学研究』第五四巻第三号
辻川哲朗　二〇一〇「近江・林ノ腰古墳の再検討」『同志社大学考古学研究会50周年記念論集』50周年記念論集編集委員会
辻田淳一郎　二〇一九『鏡の古代史』角川選書

都出比呂志　一九九一「日本古代の国家形成論序説—前方後円墳体制の提唱—」『日本史研究』第三四三号
都出比呂志　二〇〇五『前方後円墳と社会』塙書房
都出比呂志　二〇一一a『古代国家はいつ成立したか』岩波新書
都出比呂志　二〇一一b「古墳と東アジア」『京都府埋蔵文化財論集』第六集　創立三〇周年記念誌
角田文衛　一九五四『古代学序説』山川出版社
出宮徳裕　二〇〇五「吉備の首長伝承の形成」門脇禎二・狩野久・葛原克人編『古代を考える　吉備』吉川弘文館
東野治之　一九七七『正倉院文書と木簡の研究』塙書房
東野治之　一九九三「銘文の釈読」東京国立博物館編『江田船山古墳出土　国宝銀象嵌銘大刀』吉川弘文館
藤間生大　一九六八『倭の五王』岩波新書
直木孝次郎　二〇〇五『古代河内政権の研究』塙書房
中村倉司　二〇一一「埼玉古墳群の墓主」『埼玉県立史跡の博物館紀要』第五号　埼玉県立さきたま史跡の博物館
新納　泉　二〇一八「前方後円墳の設計原理と墳丘大型化のプロセス」『国立歴史民俗博物館研究報告』第二一一集〔共同研究〕古代東アジアにおける倭世界の実態
西川寿勝　二〇二〇「考古学からみた『日本書紀』の原史料—陵墓記事を考える—」日本書紀研究会編『日本書紀研究』第三三冊　塙書房
西川　宏　一九七五『吉備の国　古代の国々—五』学生社
西嶋定生　一九九九『倭国の出現　東アジア世界のなかの日本』東京大学出版会
西田和浩　二〇二〇『吉備の超巨大古墳　造山古墳群』シリーズ「遺跡を学ぶ」一四八　新泉社
仁藤敦史　二〇〇四「ヤマト王権の成立」『日本史講座第一巻　東アジアにおける国家の形成』東京大学出版会
仁藤敦史　二〇〇九『卑弥呼と台与—倭国の女王たち』日本史リブレット　山川出版社
仁藤敦史　二〇一一『都はなぜ移るのか　遷都の古代史』吉川弘文館
仁藤敦史　二〇一八「神功紀外交記事の基礎的考察」『国立歴史民俗博物館研究報告』第二一一集〔共同研究〕古代東アジアにおける倭世界の実態
朴　淳發　二〇〇三（木下亘・山本孝文訳）『百済国家形成過程の研究　漢城百済の考古学』六一書房
朴　天秀　二〇〇七『加耶と倭　韓半島と日本列島の考古学』講談社選書メチエ
橋本達也　二〇二〇『巨大古墳の時代を解く鍵　黒姫山古墳』シリーズ「遺跡を学ぶ」一四七　新泉社

土生田純之　一九九八『黄泉国の成立』学生社
浜田耕策　二〇〇五「四世紀の日韓関係」第一回日韓歴史共同研究（第一期）第一分科報告書（財）日韓文化交流基金
林屋辰三郎　一九五五『古代国家の解体』東京大学出版会
坂　靖　二〇〇九『古墳時代の遺跡学―ヤマト王権の支配構造と埴輪文化―』雄山閣
坂　靖　二〇一三「前・中期古墳の『治定』問題―市野山古墳と佐紀ヒシャゲ古墳を中心に―」『季刊考古学』第一二四号　特集　天皇陵古墳のいま
坂　靖　二〇一七「風納土城と倭」『百済王都風納土城発掘成果と課題』風納土城発掘二〇周年記念国際学術大会　韓国国立文化財研究所
坂　靖　二〇一八『蘇我氏の古代学―飛鳥の渡来人』新泉社
坂　靖　二〇二〇ａ『ヤマト王権の古代学―「おおやまと」の王から倭国の王へ』新泉社
坂　靖　二〇二〇ｂ「森古代学と渡来文化」前園実知雄・今尾文昭編『森古代学をつなぐ』新泉社
坂靖・青柳泰介　二〇一一『葛城の王都　南郷遺跡群』シリーズ「遺跡を学ぶ」七九　新泉社
菱田哲郎　二〇〇七『古代日本国家形成の考古学』京都大学学術出版会
日野　宏　二〇一九『物部氏の拠点集落　布留遺跡』シリーズ「遺跡を学ぶ」一四〇　新泉社
平林章仁　二〇一九『物部氏と石上神宮の古代史　ヤマト王権・天皇・神祇祭祀・仏教』和泉書院
平林章仁　二〇二一『雄略天皇の古代史』志学社
広瀬和雄　二〇一三『古墳時代像を再考する』同成社
福永伸哉　一九九八「対半島交渉から見た古墳時代倭政権の性格」『青丘学術論集』第一二集　財団法人韓国文化研究振興財団
福山敏男　一九五四「隅田八幡鏡銘（図版解説・釈文）」『書道全集』第九巻　平凡社
藤田　覚　一九九四『幕末の天皇』講談社選書メチエ
古市　晃　二〇一九『国家形成期の王宮と地域社会』塙書房
古川隆久　二〇二〇『建国神話の社会史　史実と虚偽の境界』中公選書
前田晴人　二〇一七『物部氏の伝承と史実』同成社
増田一裕　一九九一「見瀬丸山古墳の被葬者」『古代学研究』一二四・一二五号

松木武彦　二〇一一『古墳とはなにか　認知考古学からみる古代』角川選書
松木武彦　二〇一八「倭王権の地域構造」『国立歴史民俗博物館研究報告』第二一一集〔共同研究〕古代東アジアにおける倭世界の実態
松木武彦　二〇二〇「日本列島の国家形成論」中塚武監修『先史・古代の気候と社会変化』気候変動から読みなおす日本史3　臨川書店
水谷千秋　二〇一九『古代豪族と大王の謎』宝島新書
水野　祐　一九六七『日本古代の国家形成―征服王朝と天皇家』講談社現代新書
宮崎市定　一九八三『謎の七支刀―五世紀の東アジアと日本』中公新書
森　公章　二〇一〇『倭の五王―五世紀の東アジアと倭王群像』日本史リブレット　山川出版社
森　浩一　一九九八『僕は考古学に鍛えられた』筑摩書房
森　浩一　二〇一〇『倭人伝を読みなおす』ちくま新書
森　浩一　二〇一一『天皇陵古墳への招待』筑摩選書
門田誠一　二〇〇六『古代東アジア地域相の考古学的研究』学生社
安村俊史　二〇一六「河内大塚山古墳を考える」『塚口義信先生古稀記念　古代学論叢』和泉書院
柳沢一男　二〇一四『筑紫君磐井と「磐井の乱」　岩戸山古墳』シリーズ「遺跡を学ぶ」九四　新泉社
柳本照男　二〇〇一「金海大成洞古墳群出土の倭系遺物について」『久保和士君追悼考古論文集』
山尾幸久　一九八三『日本古代王権形成史論』岩波書店
山尾幸久　一九八九『古代の日朝関係』塙選書
山尾幸久　二〇〇二「五、六世紀の日朝関係」朝鮮学会編『前方後円墳と古代日朝関係』同成社
山田良三　二〇〇〇「筒形銅器の再考察」『橿原考古学研究所紀要　考古学論攷』二三　奈良県立橿原考古学研究所
義江明子　二〇一一『古代王権論　神話・歴史感覚・ジェンダー』岩波書店
義江明子　二〇二〇『女帝の古代王権史』ちくま新書
吉田　晶　一九九五『吉備古代史の展開』塙書房
吉田　晶　二〇〇一『七支刀の謎を解く―四世紀後半の百済と倭』新日本出版社
吉田　孝　二〇〇六『歴史のなかの天皇』岩波新書
吉村武彦　一九九八『古代天皇の誕生』角川選書

吉村武彦　二〇一〇『ヤマト王権〈シリーズ　日本古代史　二〉』岩波新書
吉村武彦編　二〇一九『前方後円墳　巨大古墳はなぜ造られたか』シリーズ　古代史をひらく　岩波書店
米田敏幸　二〇一四「傍丘磐杯丘陵考」『古代学研究』第二〇四号
若狭　徹　二〇一七『前方後円墳と東国社会　古墳時代』古代の東国1　吉川弘文館
若槻真治　二〇一九『倭国軍事考』塙書房
和田　萃　一九九四「渡来人と日本文化」『岩波講座　日本通史』第三巻古代二　岩波書店
和田晴吾　二〇一八『古墳時代の王権と集団関係』吉川弘文館

【調査報告・図録】

大阪府立近つ飛鳥博物館　二〇一七『東国尾張とヤマト王権―考古学からみた狗奴国と尾張連氏』
大手前大学史学研究所　二〇〇五「滋賀県坂田郡近江町定納一号墳発掘調査現地説明会資料」
岡山市教育委員会　二〇一五『千足古墳―第一～第四次発掘調査報告書―』
岡山県赤磐市教育委員会　二〇一八『両宮山古墳二　史跡両宮山古墳墳丘裾保存整備工事に伴う確認調査』
小野山節編　一九九五『琵琶湖周辺の六世紀を探る　近江における後期前方後円墳の系譜』（科学研究費補助金（一般研究〈B〉）研究成果報告書　平成六年度）京都大学文学部考古学研究室
春日井市教育委員会　二〇〇四『味美二子山古墳―二子山公園遺跡第一次～第三次発掘調査報告書』
葛城市歴史博物館　二〇一二『忍海と葛城　渡来人の歩んだ道』
金　海　市　一九九八『金海の古墳文化』（※韓国語）
九州国立博物館　二〇一五『古代日本と百済の交流―大宰府・飛鳥そして公州・扶餘―』
宮内庁書陵部陵墓課　二〇一七『宇和奈辺陵墓参考地旧陪冢ろ号（大和六号墳）―出土遺物の整理報告―』
宮内庁書陵部陵墓調査室　二〇一二「平成二二年度陵墓関係調査報告」『書陵部紀要』第六三号〔陵墓編〕
宮内庁書陵部陵墓調査室　二〇一四「平成二四年度陵墓関係調査報告」『書陵部紀要』第六五号〔陵墓編〕
宮内庁書陵部陵墓調査室　二〇一六「平成二六年度陵墓関係調査報告」『書陵部紀要』第六七号〔陵墓編〕
宮内庁書陵部陵墓調査室　二〇一八「平成二八年度陵墓関係調査報告」『書陵部紀要』第六九号〔陵墓編〕
高霊郡・（財）大東文化財研究院　二〇一二『高霊池山洞古墳群Ⅱ』（※韓国語）
埼玉県教育委員会　一九八〇『埼玉稲荷山古墳』

堺市　二〇一五『百舌鳥古墳群測量図集成』
堺市教育委員会　二〇一八『百舌鳥古墳群の調査一一　ニサンザイ古墳発掘調査報告書』
阪口英毅編　二〇一四『七観古墳の研究―一九四七・一九五二年出土遺物の再検討―』京都大学大学院文学研究科
磯城・磐余の諸宮調査会　二〇一九『奈良県桜井市脇本遺跡の調査』
四条畷市教育委員会　二〇二一『四条畷市文化財調査年報第八号　中野遺跡3（墓ノ堂古墳）』
末永雅雄・島田暁・森浩一　一九五四『和泉黄金塚古墳』綜芸社
伝丹比柴籬宮跡・上田町遺跡発掘調査団　一九九一『伝丹比柴籬宮跡　上田町遺跡発掘調査報告書』
東京国立博物館編　一九九三『江田船山古墳出土　国宝銀象嵌銘大刀』吉川弘文館
奈良県教育委員会　一九五九『室大墓』
奈良県立橿原考古学研究所　一九七八『桜井市外鎌山北麓古墳群』
奈良県立橿原考古学研究所　一九八七「忍阪遺跡発掘調査概報」『奈良県遺跡調査概報一九八六年度』
奈良県立橿原考古学研究所　二〇〇一『大和前方後円墳集成』
奈良県立橿原考古学研究所　二〇一一『脇本遺跡Ⅰ』
奈良県立橿原考古学研究所　二〇一四『脇本遺跡Ⅱ』
奈良県立橿原考古学研究所　二〇一五『脇本遺跡Ⅲ』
奈良県立橿原考古学研究所　二〇一七「佐紀古墳群」『奈良県遺跡調査概報二〇一五年度』
奈良県立橿原考古学研究所附属博物館　二〇一三『五世紀のヤマト～まほろばの世界～』
奈良県立橿原考古学研究所附属博物館　二〇一五『春季特別展　継体大王とヤマト』
羽曳野市教育委員会　一九八八『史跡峯ケ塚古墳範囲確認調査報告書』
樋口隆康ほか　一九八五『増補　大谷古墳』同朋舎
兵庫県立考古博物館　二〇〇九『窟屋一号墳（主）平野三木線緊急道路整備事業に伴う発掘調査報告書』兵庫県教育委員会
古市古墳群世界文化遺産登録推進会議　二〇一五『古市古墳群測量図集成』
松木武彦・和田剛・寺村裕史編　二〇一四『天狗山古墳』天狗山古墳発掘調査団
向日市教育委員会　一九八八『物集女車塚』

# あとがき

二〇二一年八月八日、コロナ禍で延期され、無観客で開催されていた東京オリンピックが閉幕した。会期中も感染拡大がつづき、将来は見通せずいまだ不透明である。

さかのぼって、一九六四年にも東京オリンピックが開催されている。十月一日に東海道新幹線が開業し、十月十日がオリンピック開幕式であった。大規模インフラ整備が進捗し、高度経済成長につながっていく。理念や目標が揺れ動いたうえに、さまざまな不祥事が重なり、さらにはコロナ禍で翻弄された今回のオリンピックは、将来どのように評価されるだろうか。

本書は、私が本年十一月に満六十歳を迎えるにあたって、書き下ろしたものである。その内容は、今までのつたない研究を前進させたいという思いで、考古学と専門外の文献・金石文の資料などを参考にしながら、五世紀代を中心とした倭国の歴史を、通時的にたどったものである。

とりわけ、激動の東アジアのなかでの倭国を捉えることに留意したが、考古学の通説とは異なって、この時代は有力地域集団や地域の諸勢力の自立性や独立性が高く、それぞれが支配領域を確保して独自の生産をおこない、独自の国際外交を展開していたことや、ヤマト王権内でも、異なる勢力基盤をもつ王族相互の権力抗争が繰り広げられ、日本国以前の倭国では、制度や組織において国家といえるような段階にまで到達していない状況にあったことなどを述べた。

このように結論づけるにいたる契機となったのは、奈良県立橿原考古学研究所に考古学の技師として採用されて四年目にあたる一九九二年度から一九九四年度まで本書で「かづらぎ」の王の支配拠点として記述した南郷遺跡群の発掘調査を担当したことにある。私は、初年度に武器生産工房や、中間層の屋敷地、鉄器生産・玉生産などをおこなった渡来系技術者集団の住居跡、ハカナベ古墳などの調査を担当したが、その後の一九九四年度から二〇〇四年度までの調査で、大型導水施設、大型建物、倉庫群などが次々と確認された。これらは、前方後円墳の被葬者が、地域支配を実現するために設けた諸施設であって、北にある名柄遺跡の調査結果や、交通の要衝としての地理的条件、一言主神社の存在などとあわせ、この地を葛城氏の本拠地の「高宮」であると判断するのに十分な内容であった。調査前のこの地は、金剛山の山麓に棚田が広がる景観であった。その水田の下から多くの遺構・遺物が忽然とあらわれたのである。そして、五世紀代にこの地域を治めた支配者の姿と、その支配者がどのようにして権力を行使したかが明らかになった。遺跡群は地中に埋め戻され、現在、周辺一帯は整備された棚田が広がっている。

その後、私は奈良県立橿原考古学研究所で奈良県内の数々の遺跡や古墳の発掘調査を担当し、二〇〇四年には韓国国立文化財研究所での海外研修の機会もえた。そして、二〇一一年から二〇一七年までの博物館での勤務、二〇二〇年までの県庁勤務を経て、再び橿原考古学研究所に戻った。

こうした経歴のなかで、奈良盆地のみならず日本列島各地域、東アジアのなかの倭国の政権のおかれていた状況などについて検討してきた。二〇〇九年に、博士論文として『古墳時代の遺跡学―ヤマト王権の支配構造と埴輪文化―』（雄山閣）を上梓し、ついで「ヤマト王権中枢部の有力地域集団―『おおやまと』古墳集団の伸張―」（国立歴史民俗博物館研究報告二一一集、二〇一八）をまとめた。

そして、「はじめに」で述べたとおり、本書より以前の時代について述べた『ヤマト王権の古代学―「おおやまと」の王から倭国の王へ』（新泉社、二〇二〇）、本書より以後の時代について述べた『蘇我氏の古代学―飛鳥の渡来人』（新泉社、二〇一八）をまとめた。この両著と本書は、先の論文をもとに、普及書として書き下ろしたものである。

このように本書の原点は、南郷遺跡群の発掘調査の現場に立ち、同時代の実態を目の当たりにしたという経験にある。奈良盆地西南部の地域支配者を「かづらぎ」の王として意義づける一方、奈良盆地東北部の「ふる」の王、備前・備中地方のキビ王権、大阪府南部から紀ノ川河口部に盤踞した「キ」の王などの動向と、「ヤマト」と「カワチ」の王族同士による権力抗争、倭の五王の政治拠点や墳墓、ワカタケル大王やオオド王がどのように権力を掌握したかなどについて、考古資料と文献資料を使いながら、大胆に推論してみた。

近年の歴史書を標榜する著作のなかには、〝倭国〟〝邪馬台国〟〝倭の五王〟が登場しないようなものがある一方で、倭国の時代には存在しないはずの「日本」の「天皇」が、あたかも最初から国を統治していたかのように記述しているものがあって、それは決して看過することはできない。

浅学のうえ思い込みや独断が先行し、十分に諸先学の研究を消化したものではないと思うが、時として人物が不在で、また、難解といわれがちな考古学をいささかでもわかりやすいものにしようとした試みであり、非礼の段はご寛恕いただきたい。

最後に、同志社大学、大学院を卒業し、奈良県に奉職して三十二年、ここまでの歩みを支えてくださったすべての方々に感謝したい。

二〇一一年八月九日

坂　靖

## 写真提供（所蔵）

石上神宮：図1／坂二〇一七：図5（韓神大学校博物館）／九州国立博物館：図6／奈良県立橿原考古学研究所附属博物館：図14（御所市教育委員会所蔵）・15（神戸大学工学部 建築史研究室制作）・16・17（御所市教育委員会所蔵）・28（五條猫塚古墳武装復元画）・50／奈良県立橿原考古学研究所：図19・32／岡山市教育委員会：図22・23（岡山県教育委員会所蔵）／岡山大学考古学研究室：図26／京都大学総合博物館：図28（七観古墳出土帯金具）／明治大学博物館：図29（原資料は大英博物館蔵、後藤和雄複写、明治大学博物館寄託）／宮内庁書陵部：図31（『書陵部所蔵資料目録・画像公開システム』より転載）・33・34（図33・34は奈良県立橿原考古学研究所附属博物館撮影、奈良県立橿原考古学附属博物館二〇一三より転載）／鹿児島大学総合研究博物館・橋本達也：図37（堺市立みはら歴史博物館所蔵）／和歌山市立博物館：図40・41（国〈文化庁保管〉）／和歌山県教育委員会：図42／和歌山県立紀伊風土記の丘：図43（和歌山市所蔵）／埼玉県立さきたま史跡の博物館：図44（国〈文化庁保管〉）／東京国立博物館（Image: TNM Image Archives）：図45・48（郡川西塚古墳出土鏡）／隅田八幡神社：図47・48・49／國立公州博物館：図51／名古屋市教育委員会：図57／高槻市立今城塚古代歴史館：図58／国立歴史民俗博物館：図60／高取町教育委員会：図63／八女市教育委員会：図64・65

## 図版出典

巻頭図　古墳と関連遺跡編年表：津堂城山古墳＝岸本直文「津堂城山古墳と河内政権」『塚口義信博士古稀記念日本古代学論叢』和泉書院二〇一六をもとに作製、仲ツ山古墳・墓山古墳・誉田御廟山古墳・軽里大塚古墳・市野山古墳・岡ミサンザイ古墳・白髪山古墳・野中ボケ山古墳・高屋城山（築山）古墳＝古市古墳群世界文化遺産登録推進会議二〇一五（百舌鳥・古市古墳群世界遺産保存会議）、上石津ミサンザイ古墳・百舌鳥御廟山古墳・田出井山古墳・大山古墳・土師ニサンザイ古墳＝堺市二〇一五（百舌鳥・古市古墳群世界遺産保存会議）、河内大塚山古墳・太田茶臼山古墳・西陵古墳・太田天神山古墳・七輿山古墳・八幡観音塚古墳＝近藤義郎編『前方後円墳集成』山川出版社二〇〇一をもとに作製、黒姫山古墳＝橋本二〇二〇をもとに作製、今城塚古墳＝高槻市教育委員会『継体天皇と今城塚古墳』吉川弘文館一九九七をもとに作製、宝来山古墳・ヒシャゲ古墳・鳥屋ミサンザイ古墳・川合大塚山古墳、狐井城山古墳・室宮山古墳・掖上鑵子塚古墳・新庄屋敷山古墳・北花内大塚古墳・市尾墓山古墳・二塚古墳・西乗鞍古墳・東乗鞍古墳・石上大塚古墳・ウワナリ塚古墳・西山塚古墳・火振山古墳・小墓古墳＝奈良県立橿原考古学研究所二〇〇一をもとに作製、コナベ古墳＝奈良県立橿原考古学研究所・アジア航測株式会社、巣山古墳＝小栗明彦「巣山古墳二重周濠論」『河上邦彦先生古稀記念論集』二〇一五、新木山古墳＝宮内庁書陵部陵墓調査室二〇一二をもとに作製、島の山古墳＝奈良県立橿原考古学研究所附属博物館『やまとのみやけと女性司祭者』二〇一六、ウワナベ古墳＝奈良文化財研究所『平城宮跡発掘調査報告Ⅶ』一九七六、丸山古墳＝京都橘大学文学部『京都橘大学文化財調査報告二〇一二』二〇一三をもとに作製、造山古墳＝岡山市教育委員会原図をもとに作製、作山古墳＝新納泉編二〇一二『岡山市造山古墳群の調査概報』岡山大学大学院社会文化科学研究科、両宮山古墳＝岡山県赤磐市教育委員会『両宮山古墳とその時代』二〇一七、淡輪ニサンザイ古墳＝宮内庁書陵部陵墓課二〇一六をもとに作製、車駕之古址古墳＝和歌山市教育委員会『車駕之古址古墳発掘調査概報』一九九三をもとに作製、大谷古墳＝樋口隆康ほか一九八五をもとに作製、味美二子山古墳＝春日井市教育委員会二〇〇四をもとに作製、断夫山古墳＝赤塚次郎「断夫山古墳をめぐる諸問題」『断夫山古墳とその時代』一九八九、江田船山古墳＝東京国立博物館一九九三、岩戸山古墳＝柳沢一男二〇一四、埼玉稲荷山古墳・埼玉二子山古墳・埼玉鉄砲山古墳・埼玉将軍山古墳・中の山古墳＝城倉正祥「埼玉古墳群の埴輪編年」『埼玉県立史跡の博物館紀要』第五号二〇一一をもとに作製、二子山古墳・八幡塚古墳・薬師塚古墳＝かみつけの里博物館『山麓の開発王　井出二子山古墳の世界』二〇〇九をもとに作製、綿貫観音山古墳＝大塚初重ほか『東アジアに翔る上毛野の首長　綿貫観音山古墳』新泉社二〇一七／図2：河川旧流路・谷地形は池田保信ほか二〇二〇による／図7：大手前大学史学研究所二〇〇五、末永ほか一九五四をもとに作製／図9：上段地図原図＝金海市一九九八／図12：地図原図＝高霊郡・（財）大東文化研究所二〇二一／図13：室宮山古墳石棺＝奈良県教育委員会一九五九／図21：A～Gは松木二〇一八、海岸線は西田二〇二〇による／図25：天狗山古墳の胡籙金具＝松木ほか二〇一四、末永一九八一／図30：宮内庁書陵部陵墓調査室二〇一八／図39：辻川二〇〇七、各報告書等による／図44：銘文＝埼玉県教育委員会一九八〇／図45：銘文＝東京国立博物館一九九三／図54：小野山節編一九九五、向日市教育委員会一九八八、羽曳野市教育委員会一九八八ほか各報告書をもとに作製／図55：春日井市教育委員会二〇〇四、大阪府立近つ飛鳥博物館二〇一七などをもとに作製／図66：坂二〇一八、古墳測量図＝各報告書による

装幀　菊地幸子

著者紹介

坂　靖（ばん・やすし）

1961年生まれ。同志社大学大学院文学研究科修了、博士（文化史学）。

元奈良県立橿原考古学研究所企画学芸部長。

2023年、逝去。

主な著作　『古墳時代の遺跡学―ヤマト王権の支配構造と埴輪文化』（雄山閣）、シリーズ「遺跡を学ぶ」079『葛城の王都　南郷遺跡群』（共著、新泉社）、『蘇我氏の古代学―飛鳥の渡来人』（新泉社）、『ヤマト王権の古代学―「おおやまと」の王から倭国の王へ』（新泉社）

# 倭国の古代学

2021年11月15日　第1版第1刷発行
2024年 5 月15日　第1版第3刷発行

著　者　坂　靖

発　行　新泉社
東京都文京区湯島1－2－5　聖堂前ビル
TEL 03(5296)9620 ／ FAX 03(5296)9621

印刷・製本　太平印刷社


ISBN978-4-7877-2115-0　C1021

## 蘇我氏の古代学　飛鳥の渡来人
坂　靖 著／A5判並製／二六二頁／二五〇〇円＋税

## ヤマト王権の古代学　「おおやまと」の王から倭国の王へ
坂　靖 著／A5判並製／二七二頁／二五〇〇円＋税

シリーズ「遺跡を学ぶ」　A5判並製／九六頁

## 079 葛城の王都　南郷遺跡群
坂　靖・青柳泰介 著／一五〇〇円＋税

## 102 古代国家形成の舞台　飛鳥宮
鶴見泰寿 著／一六〇〇円＋税

## 森浩一古代学をつなぐ
前園実知雄・今尾文昭 編／A5判並製／三六六頁／三五〇〇円＋税

## 森浩一著作集　第1巻～第5巻
森浩一著作集編集委員会 編／四六判上製／各巻三二〇頁前後／各巻二八〇〇円＋税

第1巻　古墳時代を考える
第2巻　和泉黄金塚古墳と銅鏡
第3巻　渡来文化と生産
第4巻　倭人伝と考古学
第5巻　天皇陵への疑惑